Nuevas relaciones humanas
en el núcleo familiar

Nuevas relaciones humanas en el núcleo familiar

Virginia Satir

Nuevas relaciones humanas en el núcleo familiar

Título original: *The New Peoplemaking*

Portada: Raymundo Ríos Vázquez
Ilustraciones: Barry Ives
Traducción: José Ignacio Rodríguez y Martínez

Primera edición: agosto 2022

© 2022, Virginia Satir
© 2022, Editorial Terracota bajo el sello Pax

ISBN: 978-607-713-518-0

Reservados todos los derechos. Queda rigurosamente prohibida, sin la autorización previa y por escrito de los titulares del *copyright*, bajo las sanciones establecidas en las leyes, la reproducción parcial o total de esta obra por cualquier medio o procedimiento.

Editorial Terracota

DR © 2022, Editorial Terracota, SA de CV
Av. Cuauhtémoc 1430
Col. Santa Cruz Atoyac
03310 Ciudad de México

Tel. +52 55 5335 0090
www.terradelibros.com

Impreso en México / *Printed in Mexico*

2026	2025	2024	2023	2022
5	4	3	2	1

*A mis hijas, Mary y Ruth,
y a sus hijos: Tina, Barry, Ángela,
Scott, Julie, John y Michael,
que contribuyeron a darme textura,
y a los miembros de la Red Avanta, que llegaron
a crear nuevas posibilidades en el mundo.*

Índice

Prefacio   11
Nota de la editora   15
Introducción   17

1. ¿Cómo es tu familia?   23
2. La autoestima: la olla que nadie vigila   33
3. La autoestima: la fuente de energía personal   41
4. Tu mandala personal   51
5. Comunicación: hablar y escuchar   57
6. Patrones de comunicación   81
7. Juegos de comunicación   97
8. Las reglas que te rigen   109
9. Sistemas: ¿abiertos o cerrados?   121
10. La pareja: arquitectos de la familia   129
11. Familias especiales   143
12. Tu mapa familiar   161
13. El bote de lombrices en acción   171
14. El diseño de la familia   183
15. Algunos elementos esenciales del diseño de la familia   209
16. La ingeniería familiar   233
17. La familia extendida   253
18. El ciclo vital   263
19. Adolescencia   269
20. Parejas positivas   281
21. Espiritualidad   289
22. Los últimos años   295
23. La familia en la sociedad   311
24. Paz interior, paz entremedias y paz entre todos   319
25. La familia del futuro   325

Acerca de la autora   335

Prefacio

Cuando en 1972 se publicó por primera vez *Relaciones humanas en el núcleo familiar* invité a los lectores a compartir sus respuestas al libro y sus experiencias con él. En consecuencia, recibí cientos de cartas y todas contenían algo útil: reflexiones, impresiones, preguntas, sugerencias y críticas constructivas. La gente solicitaba nuevos temas, además de una expansión y explicación de los anteriores.

Esta revisión es mi respuesta a todos ustedes, los lectores. Me pidieron que analizara:

- La adolescencia.
- La vida en los últimos años: el retiro y las transiciones.
- La paz en el mundo.
- La espiritualidad.

Así, he añadido nuevos capítulos sobre estos aspectos. También solicitaron que profundizara en la comprensión de las familias de un solo padre, mixtas y de padres homosexuales. He añadido lo que aprendí a lo largo de los últimos 15 años, entretejiendo la información en la trama de los capítulos ya existentes. Empero, este libro no puede hacer justicia a la gran variedad de inquietudes de estas familias, y por ello sugiero que revisen la bibliografía para buscar información adicional.

Me siento muy satisfecha por que respondieran con tanta generosidad. Eso significa que muchas personas se interesan en las familias. También les complacerá saber que *Relaciones humanas en el núcleo familiar* se ha traducido a varios idiomas, incluyendo japonés, hebreo, chino y braille; es obvio que goza de una amplia popularidad entre los lectores, y espero que sigan escribiéndome sus respuestas.

Mi mensaje fundamental ha sido y es que existe un fuerte lazo entre la vida familiar y la clase de adultos en que se convierten los hijos de esa familia. Debido a que los individuos son los que conforman la sociedad, es muy importante que desarrollemos personas lo más fuertes y congruentes posible. Todo empieza dentro de la familia. Con el tiempo, el liderazgo de personas congruentes propiciará un cambio en las características de nuestra sociedad.

Las nuevas relaciones humanas en el núcleo familiar es uno de mis esfuerzos para crear una diferencia positiva que permita la formación de adultos congruentes. He escrito este libro utilizando las múltiples experiencias compartidas con familias de todo el mundo para apoyar, educar y habilitar a la familia. Sabemos que hay métodos más adecuados para resolver nuestras dificultades personales y en la relación con los demás, solo tenemos que ponerlas en práctica. Cada individuo que actúe así contribuye a crear un mundo más fuerte y positivo para todos. Cada uno de nosotros puede hacer una diferencia; todos somos necesarios. Esa diferencia empieza con el desarrollo de una elevada autoestima individual. Mi gran esperanza con esta obra es que nos capacite y comprometa con la congruencia. Nuestras experiencias y modelado congruentes conducirán a métodos creativos de comprensión entre individuos, al cuidado personal y de los demás, y darán a nuestros hijos fundamentos firmes a partir de los cuales puedan desarrollar su fortaleza e integración.

Es importante recordar que toda la energía empleada en luchar con nosotros mismos y los demás, divide y disemina la energía que podríamos aprovechar para el descubrimiento y la creatividad. Después de todo, al terminar la lucha, debemos volver a la mesa de negociaciones. Somos capaces de hallar medios más sencillos y eficaces para resolver los conflictos; podremos beneficiarnos de ellos, en vez de destruirnos.

Creo que vivimos en un momento histórico importante. La mayoría de los lectores de esta obra verán el año 2000. Está a punto de iniciarse una nueva evolución para la humanidad. Todos los que trabajen para llegar a ser más humanos, servirán de puente para esa nueva época. Nosotros somos la gente que realizará la transición.

Percibo señales de esto en todas partes. Para que sobrevivan el planeta y sus habitantes, tenemos que desarrollar nuestra capacidad para vivir armoniosamente juntos. Para mí, esto significa aprender a ser congruente, y conduce a la consecución de una condición más humana.

La noche siempre es más oscura antes de la salida del sol. En este momento nos encontramos en un sitio muy sombrío; nuestro pasado destructor y la sombra de extinción que proyectan las armas nucleares, junto con el dolor del presente, nos recuerdan nuestra capacidad mortífera. También debemos recordar que tenemos los recursos para ser nutricios, para dar alimento. La esperanza depende de nuestras decisiones. Es fundamental que protejamos y desarrollemos los retoños de cordura y humanidad que empiezan a aparecer. El futuro nos depara un fantástico conocimiento de desarrollo técnico y una capacidad intelectual comprobada. Todos sabemos indagar e investigar prácticamente todo. Hoy, nuestro desafío es desarrollar seres humanos con valores —morales, éticos y humanistas que puedan utilizar, de manera eficaz, este desarrollo—. Cuando logremos esto, tendremos la capacidad de disfrutar de nuestro maravilloso planeta y la vida que habita en él.

¡Ya estamos en el camino!

Virginia M. Satir

Nota de la editora

Para mí, los escritos de Virginia Satir son como el pan horneado en casa. Tienen levadura, consistencia y alimento. Ofrecen grandes promesas, su sabor es delicioso, son fáciles de digerir y dan gran satisfacción.

Entonces, ¿por qué revisar este libro? Virginia describe el nuevo material en el prefacio, y yo deseo subrayar su devoción a la paz mundial. Al sumergirse en su vida espiritual personal, Virginia enfrenta con valor la difícil tarea de escribir sobre la paz y la espiritualidad.

Mi trabajo con Virginia ha sido una bendición por la que estoy muy agradecida. También deseo dar las gracias a Ann Austin Thompson, quien revisó con cuidado el manuscrito; a Betsy y Ellen Stevens, quienes aportaron el punto de vista de madre e hija al nuevo capítulo sobre la adolescencia, y a M. Ruth Whitcomb, quien se encargó, de forma especial, del capítulo: "Los últimos años".

June Y. Schwartz

Introducción

Cuando contaba con cinco años, decidí que de grande sería "detective de niños para investigar a los padres" no tenía claro qué era lo que debía buscar, pero me di cuenta de que, dentro de la familia, ocurrían muchas cosas que pasaban inadvertidas. Había infinidad de situaciones que no sabía interpretar.

Hoy, muchos años más tarde, después de trabajar con algunos millares de familias, me doy cuenta de que todavía hay muchas interrogantes. He aprendido en mi trabajo, y el aprendizaje abre nuevas posibilidades y direcciones para el descubrimiento. Ahora veo con claridad que la familia es un microcosmos del mundo. Para entender el mundo, podemos estudiar a la familia: situaciones críticas como el poder, la intimidad, la autonomía, la confianza y la habilidad para la comunicación son partes vitales que fundamentan nuestra forma de vivir en el mundo. Así, para cambiar al mundo tenemos que cambiar a la familia.

La vida familiar es como un témpano de hielo: la mayoría percibe solo la décima parte de lo que sucede —la décima parte que pueden ver y escuchar—. Algunos sospechan que ocurre algo más, pero no saben qué es y no tienen idea de cómo pueden averiguarlo. El desconocimiento puede llevar a la familia por un sendero peligroso; al igual que el destino de un marinero depende de su conocimiento de la masa de hielo oculta bajo el agua, la vida de la familia depende de la comprensión de los sentimientos y las necesidades subyacentes a los acontecimientos familiares cotidianos. (¿Qué ocurre *por debajo* de la mesa?).

Con el paso de los años, también he descubierto métodos para hallar las soluciones a muchas interrogantes y me gustaría compartirlas con ustedes en este libro. En los próximos capítulos analizaremos la parte oculta de ese témpano de hielo.

En estos tiempos de creciente conocimiento sobre el diminuto mundo de partículas elementales y el gigantesco entorno de astronomía extragaláctica, también aprendemos algunas cosas nuevas sobre las relaciones de las personas entre sí. Creo que, dentro de mil años, los historiadores describirán nuestra época como una nueva era en el desarrollo de la humanidad, como la etapa en que la gente comenzó a vivir más a gusto con su humanidad.

Al transcurrir los años he desarrollado una imagen de cómo son los seres humanos que viven humanamente. Veo a individuos que comprenden, valoran y desarrollan sus cuerpos al hallarlos hermosos y útiles; son reales y sinceros consigo y con los demás; son amorosos y bondadosos con ellos mismos y quienes los rodean. La gente que vive con humanidad está dispuesta a correr riesgos, a ser creativa, a competir y a cambiar cuando la situación así lo amerita. Siempre encuentran medios para adaptarse a cosas nuevas y distintas, conservando la parte útil de su antigua personalidad y desechando lo que no sirve.

Si sumamos todo esto, tendremos seres humanos físicamente sanos, de mente alerta, con sentimientos amorosos, alegres, auténticos, creativos, productivos y responsables. Son estas las personas que pueden valerse por sí mismas, amar con profundidad y luchar justa y eficazmente. Son capaces de encontrarse en buenos términos con sus rasgos de ternura y rudeza, y conocen la diferencia entre estas características.

El contexto dentro del que se desarrolla una persona con estas dimensiones es la familia, y los adultos que se encuentran a su cargo son los responsables de la creación de estos seres.

A lo largo de mi experiencia como terapeuta familiar, he observado cuatro aspectos de la vida en familia que siempre saltan a la luz:

- Los sentimientos e ideas que el individuo tiene de sí mismo, a los que llamo *autoestima*.
- Los métodos que utilizan las personas para expresar sus ideas a los demás; a esto lo llamo *comunicación*.
- Las *reglas* que usan los individuos para normar cómo deben sentir y actuar, y que después se convierte en lo que denomino *sistema familiar*.
- La manera como la gente se relaciona con otros individuos e instituciones ajenas a la familia, y que denomino *enlace con la sociedad*.

Sin importar cuál fuera el problema original que condujo a la familia a mi consultorio —la infidelidad de una esposa o la depresión del marido, una hija delincuente o un hijo esquizofrénico—, muy pronto me di cuenta de que la receta era la misma. Para aliviar el dolor familiar, era necesario encontrar alguna forma de cambiar estos cuatro factores clave. También noté que en todas las familias con problemas:

- La autoestima estaba disminuida.
- La comunicación era indirecta, vaga y poco sincera.
- Las reglas eran rígidas, inhumanas, fijas e inmutables.
- El enlace de la familia con la sociedad era temeroso, aplacador e inculpador.

He tenido el gusto de conocer familias relativamente libres de dificultades, en particular en los talleres de trabajo donde las familias aprenden a desarrollar su potencial nutricio. En estas familias vitales e interesadas, he observado un patrón diferente:

- Autoestima elevada.
- Comunicación directa, clara, específica y sincera.
- Reglas flexibles, humanas, adecuadas y sujetas a cambios.
- El enlace con la sociedad es abierto y confiado, y está fundamentado en la elección.
- Todos los cambios dependen de nuevos aprendizajes, de nuevos conocimientos y una nueva conciencia. Todos pueden alcanzar este estado.

No importa dónde estudie su carrera un cirujano, al final está capacitado para operar a cualquier ser humano en cualquier parte del mundo debido a que los órganos internos y los miembros se encuentran en el mismo sitio. A través de mi labor con familias, perturbadas y nutricias, en la mayor parte de los continentes del globo, he aprendido que el núcleo familiar, en cualquier sitio, enfrenta las mismas situaciones. En todas las familias:

- *Cada persona tiene un sentimiento de valía, positivo o negativo*; la interrogante es: ¿cuál de los dos?
- *Toda persona tiene la capacidad para comunicarse*; la interrogante es: ¿cómo lo hace y cuáles son las consecuencias?
- *Toda persona obedece ciertas reglas*; la interrogante es: ¿de qué clase, y cómo funcionan en su caso?
- *Toda persona tiene un enlace con la sociedad*; la interrogante es: ¿de qué manera y cuáles son los resultados?

Estas situaciones se aplican a cualquier familia, bien sea *natural*, donde el hombre y la mujer que han engendrado y concebido al niño se hacen cargo de su crianza hasta que este ha crecido; una familia *de un progenitor*, donde una de las partes se ausenta de la familia por muerte, divorcio o abandono, y el progenitor que queda asume todas las responsabilidades paternas; una familia *mixta*, donde los hijos son criados por padrastros, padres adoptivos, sustitutos u homosexuales; o una familia *institucional*, en la que grupos de adultos se encargan de la crianza de grupos de niños, como es el caso de instituciones, comunas o familias extendidas. En la actualidad, los niños se crían en múltiples configuraciones.

Cada una de estas variedades familiares tiene problemas y posibilidades específicos, y los analizaremos con detalle en otro capítulo. Empero, en esencia, todas se hallan sometidas a las mismas fuerzas operantes: *la autoestima, la comunicación, las reglas y los enlaces con la sociedad*.

La presente obra los ayudará a descubrir cómo operan estos elementos en sus familias, y a señalar nuevos caminos que permitirán el cambio. Consideren que yo hablo con la experiencia que he acumulado al compartir la alegría y la tristeza, el dolor y la ira, así como el amor de muchas familias, incluyendo la propia.

Este libro no pretende inculpar a los padres. Todos hacemos lo mejor que podemos; el desarrollo de una familia es la tarea más difícil y complicada del mundo. El hecho mismo de que lean estas páginas indica que les interesa el bienestar personal y de la familia. Espero que todos podamos encontrar una vida más agradable como familia, que disfrutemos de la experiencia de ver cómo se enciende la mirada del otro al momento del reencuentro.

Las relaciones son los eslabones vivos que unen a los miembros de una familia; al explorar distintas partes de estas relaciones podrán alcanzar un mayor entendimiento del sistema en el que viven hoy, y despertarán en los otros una nueva vitalidad y la alegría de trabajar en equipo.

A lo largo de la lectura encontrarán ejercicios o experimentos diseñados para darles nuevas experiencias y medios de comprender lo que está sucediéndoles; espero que los pongan en práctica al llegar a ellos, aun cuando al principio les parezca algo muy simple o ridículo. Todo cambio se inicia con el conocimiento de algo y la experiencia es lo que permite el cambio. Estos experimentos son medidas positivas y concretas que la familia puede adoptar para ser menos conflictiva y más nutricia. Cuanto mayor sea el número de participantes en la familia, más eficaces serán los resultados. Recuerden, aprendemos a nadar mejor al meternos en el agua.

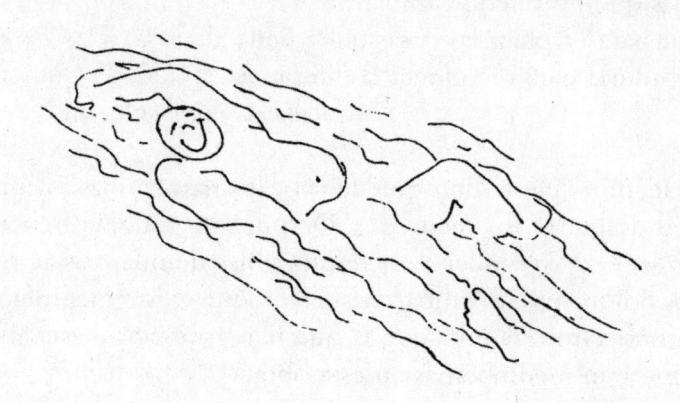

Si tienen reservas o dudas al invitar a un miembro de la familia a participar con ustedes en estos ejercicios, es necesario que conozcan a la perfección lo que piden, que sientan la experiencia como algo muy íntimo y profundo, y expresen sus deseos de una manera sencilla y directa. Si se muestran entusiastas y esperanzados con lo que solicitan, es posible que contagien esta sensación, lo que hará que la invitación resulte más atractiva y la familia se muestre bien dispuesta a colaborar con ustedes. Al presentar su petición con una pregunta simple y directa: "¿Quieres participar conmigo en un experimento que podría ser útil?", incrementarán las probabilidades de una respuesta positiva.

Si atosigan, exigen o importunan a una persona para que participe, convertirán la transacción en una lucha de poder que tendrá un efecto opuesto al deseado; a esas alturas, la situación puede quedar tan deteriorada que ya nada pueda hacerse para remediarla. Sin embargo, habrá mayores posibilidades de éxito si los miembros de la familia viven aún bajo el mismo techo, pues se mostrarán dispuestos a intentarlo, por lo menos, siempre que expresen su deseo de manera adecuada. Sean pacientes y tengan confianza.

He presenciado mucho dolor en las familias; cada una de ellas me conmovió profundamente. A través de este libro espero aliviar algo del sufrimiento a las familias a las que nunca he tenido la oportunidad de conocer en persona. De esta manera, también pretendo evitar que el dolor de las familias pase a los hijos que formarán. Parte del dolor humano es inevitable, lo sé. He visto dos clases de dolor: el dolor que viene de reconocer los problemas, y el dolor de la culpa. El primero es inevitable, a diferencia del segundo. Podemos dirigir nuestros esfuerzos a cambiar todo lo posible y a encontrar soluciones creativas para vivir con aquello que no podamos alterar.

Oración de la serenidad
Dios, dame la serenidad para aceptar
las cosas que no puedo cambiar,
el valor para cambiar las cosas que pueda alterar,
y la sabiduría para reconocer la diferencia.
Reinhold Niebuhr

La simple lectura de este libro puede evocar una o ambas formas del dolor, porque despierta los recuerdos. Después de todo, enfrentarnos con nosotros mismos y aprender a ser responsables de nuestros actos provoca momentos dolorosos. Sin embargo, si creen que existe una mejor manera de vivir juntos como familia que la que han conocido hasta ahora, también encontrarán recompensas en esta obra.

1
¿Cómo es tu familia?

¿*Te agrada vivir con tu familia en la actualidad?* Parece que la mayor parte de las familias con las que he trabajado no se habían planteado esta pregunta hasta que yo la formulé. La vida en común era algo que daban por hecho; si no se hacía evidente una crisis familiar, todos suponían que los demás estaban satisfechos. Quizá muchos miembros de familia no se atrevían a enfrentar esa pregunta; consideraban que estaban atrapados dentro de la familia, para bien o para mal, y que no conocían medio alguno para cambiar su situación.

¿Sientes que vives con amigos, con personas que te agradan y en quienes confías, y a quienes agradas y a su vez confían en ti?

Esta interrogante siempre evocaba la misma respuesta de sorpresa: "Cielos, nunca lo había pensado; es solo mi familia". ¡Como si los miembros de la familia fueran diferentes del resto de la humanidad!

¿Ser miembro de tu familia es divertido y emocionante?

Sí, hay familias cuyos miembros consideran que el hogar es el lugar más interesante y satisfactorio que puede haber. Pero muchas personas viven muchos años con familias que representan una amenaza, una carga o un motivo de aburrimiento.

Si puedes responder "sí" a estas tres preguntas, estoy segura de que vives en lo que llamo una familia *nutricia*. Si contestas "no" o "no mucho". es posible que vivas en una familia que tiene ciertos conflictos; lo cual no significa que sea una mala familia, solo que los miembros no son felices ni han descubierto la forma de amar y valorar abiertamente a los demás. Después de conocer a cientos de familias, encuentro que es posible colocarlas a todas en un punto de la escala que va desde *muy nutricia* hasta *muy perturbada* o *conflictiva*. He observado muchas similitudes en el funcionamiento de las familias nutricias. Del mismo modo, y sin importar la naturaleza de sus problemas, las familias conflictivas tienen mucho en común. Por ello me gustaría ofrecerles un retrato hablado de estas dos variantes de familia, según mis observaciones. Por supuesto, ninguno de los retratos se adapta con exactitud a una familia específica, pero podrán reconocer, en algunos de ellos, características particulares del comportamiento de su familia.

Es fácil percibir el ambiente de una familia conflictiva; cuando me encuentro con un grupo así, de inmediato me siento incómoda. A veces el clima es frío, como si todos estuvieran helados; el ambiente es muy cortés y todos se muestran aburridos. A veces es como si todo girara sin parar, como un trompo; me siento mareada y no encuentro mi equilibrio. O es posible que el ambiente sea tenso, como la calma que presagia una tormenta, cuando el trueno estalla y el relámpago cae sin previo aviso. A veces el medio se llena de secretos; en ocasiones me siento muy triste y no encuentro la razón. Entonces me doy cuenta de que esto se debe a que la razón está oculta.

Cuando me encuentro en alguno de estos ambientes de conflicto, mi cuerpo responde con violencia. Se contrae el estómago; pronto me duelen hombros y espalda, y también la cabeza. Al principio me preguntaba si los cuerpos de estos individuos respondían como el mío; más tarde, cuando los conocía mejor y ellos se sentían en libertad para hablarme de la vida en familia, me enteraba de que tenían las mismas sensaciones. Después de repetir esta experiencia una y otra vez, empezaba a comprender por qué tantos miembros de familias conflictivas se veían aquejados de males físicos: simplemente, sus cuerpos respondían de forma humana a un ambiente muy inhumano.

Quizá las respuestas que aquí describo les sorprendan. Todos —todo cuerpo— responden físicamente a los individuos que los rodean. Muchas personas no se dan cuenta de esto: al crecer; aprendimos a controlar estos sentimientos. Con años de práctica logramos desconectarlos con tanta facilidad que no tenemos conciencia de la respuesta hasta que, horas más tarde, sufrimos un dolor de cabeza, hombro o alteraciones gástricas. Y aun entonces es posible que no comprendamos el motivo. En mi papel de terapeuta he aprendido a armonizar con estas sensaciones físicas en mi cuerpo y a reconocer sus señales en otras personas. Dichas respuestas revelan mucho de lo que está sucediendo. Espero que este libro los ayude a reconocer, en sí mismos, estas útiles manifestaciones. El primer paso para el cambio es reconocer lo que sucede.

En las familias conflictivas, los cuerpos y rostros de la gente manifiestan su sufrimiento. Los cuerpos se vuelven rígidos y tensos, o encorvados. Los rostros parecen ceñudos, tristes, o indiferentes como máscaras. Los ojos miran hacia el suelo y más allá de la gente que está enfrente. Resulta evidente que los oídos nos escuchan y las voces son ásperas y estridentes, o apenas audibles.

No hay muestras amistosas entre los miembros individuales, no existen demostraciones de alegría en la convivencia. La familia parece permanecer junta por obligación y unos tratan apenas de tolerar a los demás. A veces he visto que alguien trata de aligerar la tensión del ambiente, pero sus palabras son recibidas con frialdad. Más a menudo el humor es cáustico, sarcástico, incluso cruel. Los adultos están tan ocupados en decir a los hijos, y uno al otro, lo que deben y no deben hacer, que jamás aprenden a disfrutarse como personas. Los miembros de las familias conflictivas suelen sorprenderse de que, de hecho, *puedan* disfrutar de la compañía de los demás.

Cuando veía a las familias que trataban de vivir unidas en tal ambiente, me preguntaba cómo lograban sobrevivir. Descubrí que, en ciertos grupos familiares, la gente se limitaba a evitar a los demás; estaban tan ocupadas en el trabajo y sus actividades fuera de la casa, que rara vez entraban en contacto real con otros miembros de la familia. Es muy sencillo vivir con otros individuos en una casa, y no verlos en varios días.

Me embarga una profunda tristeza cuando me encuentro con estas familias. Veo en ellos la desesperanza, la impotencia y su soledad; también el valor de quienes tratan de guardar las apariencias —una valentía que puede provocar la muerte prematura—. Algunos se aferran a una débil esperanza, otros insisten en gritar, atosigar o lloriquear todo el día; a otros más ya nada les importa. Estos individuos viven año tras año soportando su sufrimiento o, en su desesperación, lastimando a otros. Jamás lograría entrevistarme con estas familias si no tuviera la esperanza de que pueden cambiar, y así ha sido en la mayor parte de los casos. La familia puede ser el sitio donde encontramos amor, comprensión y apoyo, aun cuando falle todo lo demás; el lugar donde podemos refrescarnos y recuperar energías para enfrentar con mayor eficacia el mundo exterior. Pero para millones de familias conflictivas, esto es nada más un sueño.

En nuestra sociedad urbana e industrial, las instituciones con que vivimos han sido diseñadas para ser prácticas, eficaces, económicas y redituables, pero rara vez protegen y sirven al aspecto humano de los seres humanos. Casi todos hemos sentido la pobreza, la discriminación, las presiones u otras consecuencias negativas de nuestras instituciones sociales inhumanas. Para los elementos de las familias conflictivas, quienes encuentran condiciones inhumanas en el hogar, estas dificultades suelen ser más difíciles de aceptar.

Nadie elegiría, de manera deliberada, este estilo de vida perturbador. Las familias solo lo aceptan porque no conocen otra forma de convivencia.

Interrumpan la lectura unos minutos y mediten en algunas familias conocidas que encajen en la descripción de "conflictivas". ¿La familia en la que crecieron tiene alguna de estas características: a veces era fría, opresiva, exageradamente cortés, recelosa u ocasionaba confusión? ¿Cuáles son las características de la familia con la que viven hoy? ¿Pueden observar en ella algún signo de conflicto que antes no hubieran percibido?

¡Cuán distinta es una familia nutricia! De inmediato puedo presentir su viveza, naturalidad, sinceridad y amor. Percibo que el alma y el corazón se encuentran presentes al igual que la mente. La gente demuestra su afecto, intelectualidad y respeto por la vida.

Considero que de haber vivido en una familia semejante, me habrían escuchado y me hubiera interesado escuchar a los demás; me habrían tomado en consideración y yo hubiera hecho lo mismo por los demás. Habría demostrado abiertamente mi afecto, así como el dolor y la desaprobación. No temería correr riesgos, porque todos los miembros de la familia se darían cuenta de que, al arriesgarme, existía el peligro de cometer errores; que dichos errores son una señal de mi crecimiento. Me habría sentido una persona por derecho propio: notable, valorada, amada y comprometida a dar atención, valor y amor a los demás. Me sentiría en libertad de responder con humor y risa cuando fuera pertinente.

Cualquiera puede ver y escuchar la vitalidad de tales familias. Sus cuerpos son elegantes, las expresiones faciales relajadas. La gente *mira* a los demás, no *a través* de los otros o hacia el suelo; y hablan con voces sonoras y claras. Hay cierta fluidez y armonía en sus relaciones interpersonales; los niños, aun los muy pequeños, son abiertos y amistosos, y el resto de la familia los trata como personas.

Las casas de estas familias tienden a ser luminosas y coloridas. Para que sean lugares *habitables* por personas, estos hogares han sido diseñados para brindar comodidad y placer, no como un edificio que se exhibe a los vecinos por su belleza.

Cuando reina la calma, esta es pacífica, no es la tranquilidad que provoca el miedo y la cautela. Cuando hay ruido, el sonido es producto de una actividad significativa, no el estruendo que trata de ahogar las voces de los demás. Cada persona parece segura de que tendrá la oportunidad de ser escuchada. Si no ha llegado aún su momento, esto solo se debe a que no ha habido tiempo, y no a una falta de amor.

Las personas se sienten a gusto con el contacto físico y las manifestaciones de afecto, sin importar la edad. El amor y el afecto no se demuestran sacando la basura, preparando la comida o llevando el dinero a casa; en vez de ello, la gente demuestra su amor e interés al hablar abiertamente y escuchar con atención, al ser franca y real con los demás, y permaneciendo unida. Los miembros de una familia nutricia tienen la libertad de comunicar lo que sienten. Pueden hablar de cualquier cosa: sus desencantos, temores, heridas, enfados y críticas, así como de sus alegrías y logros. Si el padre se encuentra malhumorado por cualquier motivo, su hijo puede decirle con franqueza: "Caramba, papá, hoy estás de muy mal humor". El niño no teme que el padre responda con violencia, diciendo: "¡Cómo te atreves a hablarle así a tu padre!". En vez de esto, el padre responde con franqueza a su vez: "Claro que lo estoy. ¡Hoy tuve un día terrible!".

Las familias nutricias pueden planificar. Si hay algo interesante que interfiera con el proyecto, son capaces de hacer ajustes, y a menudo lo hacen con sentido del humor. De esta manera pueden resolver, sin ser presas del pánico, muchos de los problemas que presenta la vida. Por ejemplo, supongamos que un niño deja caer un vaso y lo rompe; en una familia conflictiva, este accidente provocaría un sermón de media hora, una paliza y, tal vez, despedir de la habitación a un niño lloroso.

En una familia nutricia, lo más probable es que alguien comente: "Vaya, Juanito, rompiste el vaso. ¿Te cortaste? Te voy a poner una curita y luego vas a buscar la escoba para barrer los pedazos. Te daré otro vaso". Si el padre se dio cuenta de que el accidente ocurrió porque el niño no sujetaba bien el vaso, podría añadir: "Creo que dejaste caer el vaso porque no lo sujetabas con las dos manos". De esta manera, el accidente será una oportunidad de aprendizaje (lo que elevará la autoestima del pequeño), en vez de una ocasión de castigo, que cuestiona dicha autoestima. En una familia nutricia, es sencillo asimilar el mensaje de que la vida y los sentimientos humanos son más importantes que cualquier cosa.

Estos padres suelen considerarse como guías habilitadores, y no como jefes autoritarios; opinan que su labor primaria es enseñar a los niños a ser verdaderamente humanos en todas las situaciones. Reconocen sin temor, ante el hijo, sus juicios correctos o equivocados; su dolor, ira o desilusión, así como el placer. La conducta de estos padres concuerda con sus palabras. Son muy diferentes del padre conflictivo que dice a los niños que no se lastimen, y los abofetea cuando está disgustado.

Los padres son personas; no se convierten automáticamente en dirigentes el día en que nace su primer hijo. Tienen que aprender que los buenos dirigentes son cuidadosos en la elección del momento: buscan la oportunidad adecuada para hablar con sus hijos cuando estos están dispuestos a escuchar. Si un niño ha actuado mal, el padre o la madre se acercan físicamente para ofrecerle apoyo. Esto permite que el niño se sobreponga al miedo y los sentimientos de culpa, y aproveche mejor la enseñanza que el progenitor le impartirá.

Hace poco presencié la forma en que una madre nutricia solucionaba una situación conflictiva hábil y humanamente. Sus hijos de cinco y seis años estaban peleando, y los separó con tranquilidad, tomó sus manos y se sentó en medio de los dos. Sin soltar sus manos, les pidió que le dijeran qué sucedía; escuchó con atención el relato de uno de los niños, y después el del otro. Al formular preguntas, dedujo qué había ocurrido: el niño de cinco años había tomado una moneda del cajón del de seis años. Cuando los dos expresaron su malestar y sentimientos de injusticia, ella los ayudó a establecer un nuevo contacto, devolvió la moneda al dueño legítimo y preparó el camino para un método de relación más apropiado. Además, los niños recibieron una magnífica lección sobre la solución constructiva de los problemas.

Los padres de familias nutricias saben que sus hijos no son malos deliberadamente. Si alguien se conduce de manera destructiva, los progenitores se dan cuenta de que ha ocurrido algún malentendido, o que la autoestima de un miembro está muy baja. Saben que un individuo tiene la capacidad de aprender solo cuando conoce su valor y se siente valorado, de tal forma que no responde a la conducta de los demás de una manera que devalúe a otras personas. Aun cuando es posible cambiar las conductas mediante la vergüenza o el castigo, la cicatriz resultante no sanará con facilidad ni rapidez.

Cuando deben corregir a un niño, como suele suceder con todos los pequeños en algún momento, los padres nutricios recurren siempre a la claridad: piden información, escuchan, tocan, comprenden, buscan la oportunidad adecuada y tienen conciencia de los sentimientos del niño y su deseo natural de aprender y agradar. Todo esto nos permite ser maestros eficaces; los niños aprenden del modelado de la conducta directa.

Tal vez una de las tareas más difíciles del mundo sea la crianza de la familia. Es semejante a la fusión de dos empresas que combinan sus recursos respectivos para la creación de un producto único. Todas las posibles dificultades de una operación así se presentan cuando un hombre y una mujer adultos unen sus esfuerzos para guiar al hijo de la infancia a la edad adulta. Los padres de una familia nutricia saben que habrá problemas, simplemente porque la vida los presenta, y estarán alertas para encontrar soluciones creativas a cada nueva dificultad que se suscite. Por otra parte, las familias conflictivas invierten todas sus energías en un esfuerzo inútil para evitar la aparición de los problemas; cuando estos llegan —y, por supuesto, siempre llegarán— estos individuos no tienen ya los recursos necesarios para resolver la crisis.

Los padres nutricios comprenden que es inevitable el cambio: los niños pasan con rapidez de una etapa a otra, los adultos nutricios nunca dejan de crecer y adaptarse, y el mundo que nos rodea jamás detiene su marcha. Así, estas personas aceptan que el cambio es parte de la vida y tratan de aprovecharlo de manera creativa para hacer que sus familias sean aún más nutricias.

¿Conocen a alguna familia que pueda recibir el nombre de nutricia, al menos parte del tiempo? ¿Recuerdan una ocasión reciente en la que su familia recibió el calificativo de nutricia? Traten de recordar lo que sintieron al formar parte de su familia en aquel momento. ¿Son frecuentes dichas ocasiones?

Algunas personas desdeñan mi retrato de una familia nutricia, y declaran que es imposible que una familia viva siempre de esta manera. La vida familiar insatisfactoria es tan común que a menudo es fácil creer que no existe otra forma de convivencia. Me gustaría decir a estas personas que he tenido la suerte de conocer, íntimamente, a muchas familias nutricias, y que esta forma de vida *es posible.* El corazón humano siempre busca el amor.

Algunos podrían protestar que no tienen tiempo para rehabilitar sus vidas familiares. A ellos quisiera decir que de esto podría depender su supervivencia; las familias conflictivas crean personas conflictivas y contribuyen así a la devaluación del yo, situación que está muy relacionada con el crimen, las enfermedades mentales, el alcoholismo, la drogadicción, la pobreza, la juventud enajenada, el terrorismo y muchos otros problemas sociales. Al darnos la autorización para convertir a la familia en un sitio que desarrolle individuos más humanos, esto se verá reflejado en un mundo más seguro y humanamente responsivo.

Podemos hacer que la familia sea un lugar real para el desarrollo de personas reales. Cada uno de nosotros es un descubrimiento, y cada uno de nosotros puede crear una diferencia.

Todos los que tienen una posición de poder o influencia en el mundo, fueron niños alguna vez. La forma como este individuo utilice el poder de la influencia dependerá mucho de lo que haya aprendido de la familia durante su desarrollo. Cuando ayudamos a que las familias conflictivas se vuelvan nutricias —y las nutricias lo sean más aún— la mayor humanidad del individuo llegará a los gobiernos, las escuelas, los negocios, las religiones y todas aquellas instituciones que contribuyen a la calidad de nuestras vidas.

Estoy convencida de que una familia conflictiva puede convertirse en nutricia. Casi todas las cosas motivo de conflicto en la familia, se aprenden después del nacimiento. Como son aprendidas, es posible desaprenderlas y reemplazar este conocimiento con nuevas cosas. La pregunta es: ¿cómo hacerlo?

Primero, es necesario reconocer que tu familia, en ocasiones, *es* una familia conflictiva.

Seguro, necesitas perdonarte por los errores del pasado y darte la oportunidad para cambiar, con la conciencia de que las cosas pueden ser distintas.

Tercero, tomar la determinación de cambiar las situaciones.

Cuarto, adoptar alguna medida para iniciar el proceso de cambio.

Cuando comiences a percibir con mayor claridad los conflictos de tu familia, te darás cuenta de que cualquier cosa que haya ocurrido en el pasado se debió a que no sabías actuar de otra manera. No hay motivo alguno para que un individuo siga sintiéndose culpable o insista en inculpar a los otros miembros de la familia. Es posible que las causas del sufrimiento familiar hayan pasado inadvertidas para todos, no porque no querían verlas, sino porque no sabían dónde buscarlas o habían aprendido a ver la vida a través de unos espejuelos mentales que les impedían distinguir con claridad.

En este libro empezarán a quitarse estos espejuelos y mirarán, directamente, todas las situaciones motivo de placer o dolor en la vida familiar. La primera de ellas es la autoestima.

2
La autoestima: la olla que nadie vigila

La autoestima es un concepto, una actitud, un sentimiento, una imagen, y está representada por la conducta.

De niña viví en una granja en Wisconsin; en el patio trasero había una enorme olla de hierro negro, con los costados redondeados y tres patas. Mi madre hacía su propio jabón, así que, durante una parte del año, la olla estaba llena de jabón. Cuando llegaban los grupos de trilladores en verano, llenábamos la olla de cocido; en otras ocasiones, mi padre almacenaba en ella estiércol para los lechos de flores de mamá. Con el tiempo llegamos a llamarla la olla de "tres usos" y cualquiera que quisiera utilizarla debía enfrentar dos interrogantes: ¿de qué estaba llena la olla en ese momento? y ¿qué tan llena estaba?

Mucho después, cuando la gente me hablaba de sí —diciendo que se sentían llenos, vacíos, sucios o incluso "agrietados"— recordaba esa vieja olla. Un día, hace muchos años, había una familia sentada en mi consultorio tratando de encontrar palabras para comunicarse lo que sentían unos por otros; muy pronto los miembros de la familia comenzaron a hablar de sus "ollas" individuales, las cuales podían contener sentimientos de valía o culpa, de vergüenza o inutilidad. Después me dijeron que esta metáfora les resultó muy provechosa.

En poco tiempo, este término sirvió a muchas familias para expresar los sentimientos que no podían manifestar. Un padre decía: "Mi olla está llena hoy", y el resto de la familia sabía que se sentía superior a cualquier cosa, pleno de energía y buen humor, seguro de su importancia. O tal vez un hijo decía: "Me siento con la olla vacía", y esto comunicaba a los demás que tenía la sensación de ser insignificante, que estaba fatigado, aburrido o lastimado, que no era digno de ser amado; que tenía que aceptar lo que recibía sin quejarse.

Olla es una palabra muy simple en este sentido, un término casi ridículo. Muchas de las palabras profesionales que la gente utiliza para hablar de su autoestima tienen un sonido estéril y carecen de imágenes vivas. A menudo las familias pueden expresarse con mayor facilidad en términos de olla, y comprender a los miembros que desean comunicarse de esta manera; de repente se sienten más a gusto, liberados de nuestro tabú cultural que nos impide hablar de los sentimientos. Una esposa que vacila ante la posibilidad de decirle a su marido que se siente inadecuada, deprimida o indigna, puede manifestar con franqueza: "No me molestes ahora; ¡mi olla está por los suelos!". En este libro, al hablar de "olla", me refiero a la *valía personal o autoestima;* puedo utilizar los términos de manera alterna (si prefieren otra palabra graciosa que tenga más sentido para ustedes, utilícenla). Como dije antes, todo individuo tiene un sentimiento de valía, positivo o negativo. Como sucedía en el caso de mi olla familiar, las interrogantes son: ¿mi autoestima es negativa o positiva en este momento? y ¿cuánta tengo?

La autoestima es la capacidad de valorar el yo y tratarnos con dignidad, amor y realidad. Cualquier persona que reciba amor, estará abierta al cambio. Nuestros cuerpos no son distintos en este sentido; a lo largo de muchos años de enseñanza con niños, de tratar familias de todos los niveles sociales y económicos, de conocer personas de toda extracción, a partir de las experiencias cotidianas de mi vida profesional e íntima, he llegado a convencerme de que el factor fundamental implícito en lo que sucede *dentro* y *entre* los individuos es la autoestima, la olla personal.

La integridad, sinceridad, responsabilidad, compasión, el amor y la competencia, todo surge con facilidad en aquellos que tienen una elevada autoestima. Tenemos la sensación de ser importantes, de que el mundo es un mejor lugar porque nos encontramos en él. Tenemos fe en nuestra competencia; podemos pedir ayuda a los demás, a la vez que conservamos la confianza de que podemos tomar nuestras propias decisiones y, a la larga, contamos solo con nuestras capacidades. Si respetamos nuestra valía, podremos percibir y respetar el valor de los demás; irradiamos confianza y esperanza. No tenemos reglas que limiten nuestras sensaciones y sabemos que no tenemos que actuar basados en lo que sentimos. Podemos elegir; nuestra inteligencia es lo que dirige los actos. Nos aceptamos por completo como seres humanos.

La gente vital siente que tiene la olla llena todo el tiempo. Por supuesto, todos tenemos momentos en que desearíamos alejarnos de todo, cuando la fatiga nos domina y el mundo nos ha dado muchas desilusiones en un mismo día, cuando los problemas de la vida de pronto parecen superiores a nuestras fuerzas. Empero, la gente vital trata estas sensaciones temporales de olla vacía como lo que son: una crisis momentánea. Es posible que esta crisis sea los dolores de parto de una nueva posibilidad personal; nos sentimos incómodos en el momento, pero no tenemos que ocultarnos, pues sabemos que saldremos intactos de la crisis.

Cuando la gente siente que vale poco, espera el engaño, el maltrato y el desprecio de los demás; esto la abre a la posibilidad de convertirse en víctima. Cuando alguien espera lo peor, baja la guardia y permite que lo peor suceda. Para defenderse, tendrá que ocultarse detrás de un muro de desconfianza y hundirse en la terrible sensación de soledad y aislamiento. De esta forma, al verse separado de los demás, se vuelve apático, indiferente hacia sí mismo y quienes lo rodean. Para estas personas es difícil ver, escuchar o pensar con claridad y, por tanto, tienden a sufrir el maltrato y el desprecio de otros. La gente que siente así erige una monstruosa muralla psicológica detrás de la cual se oculta, y luego se defiende negando que lo ha hecho.

El temor es la consecuencia natural de esta desconfianza y aislamiento. El temor nos limita y ciega; impide que problemas nuevos medios para solucionar los problemas. Por el contrario, adoptamos una conducta aún más derrotista. (Por cierto, el miedo representa siempre un temor de algo *futuro*. He observado que tan pronto como un individuo enfrenta o desafía aquello que le causa temor en el momento presente, el temor se desvanece.)

Cuando las personas que tienen sentimientos constantes de olla vacía experimentan una derrota, suelen calificarse como fracasados. La respuesta interna es: "Debo ser un inútil, pues de lo contrario estas cosas no me ocurrirían". Después de sentir con suficiente frecuencia estas respuestas, el yo se vuelve vulnerable a las drogas, el alcohol u otras formas de fuga de la realidad.

La depresión no es equivalente a una olla vacía. La sensación de vacío significa, en esencia, que cuando uno tiene sentimientos indeseables, trata de conducirse como si dichas emociones no existieran. Se requiere una gran autoestima para reconocer los sentimientos de depresión.

También es importante recordar que las personas que poseen una alta autoestima pueden sentirse deprimidas. La diferencia radica en que quienes se sienten deprimidos no se califican de inútiles ni fingen que esos sentimientos de depresión no existen. Tampoco proyectan sus sensaciones en los demás. La depresión es algo normal que sucede a veces; existe una gran diferencia entre la persona que condena a su yo y quien considera que el momento depresivo es una condición humana que necesita resolver. Con frecuencia llamaré su atención hacia este proceso de resolución.

Un sentimiento de depresión y su negación es una forma de engaño ante uno mismo y los demás. Al devaluar así los sentimientos, estamos devaluándonos también y, en consecuencia, acentuamos el estado de olla vacía. Mucho de lo que nos sucede es resultado de nuestra actitud. Y como se trata de un problema de actitud, podemos cambiarlo.

Relájate un momento. Cierra los ojos y percibe tu condición actual. ¿Qué sientes hacia ti? ¿Qué ha ocurrido o está sucediendo en este momento? ¿Cómo respondes a este suceso? ¿Qué sientes por tu manera de responder a los acontecimientos? Si te encuentras tenso, comunícate un mensaje de amor, relaja tu cuerpo y entra en contacto con tu respiración. Ahora, abre los ojos. Te sentirás más fuerte.

Este sencillo remedio te ayudará a incrementar tu sentimiento de valía: puedes cambiar tu estado de ánimo en cuestión de momentos. Después, enfrentarás los acontecimientos con una mente clara y un fundamento personal más firme.

Invita a tu familia a realizar el siguiente experimento. Toma a un compañero, luego expresen sus sentimientos ("En este momento siento miedo/tensión/vergüenza/alegría/etcétera"). Después, cada uno dará las gracias al otro sin emitir juicios o hacer comentarios. De esta forma, han escuchado los sentimientos de la otra persona y ambos conocen al otro un poco mejor. Necesitamos practicar mucho para romper el tabú que nos impide compartir las emociones. *Practica tanto como puedas con las personas en quienes confíes.*

Ahora, digan qué es lo que los deprime o estimula. Es posible que descubran nuevas dimensiones en la persona con la que han vivido todos estos años y, en consecuencia, se sentirán más unidos o reales en su presencia. Cuando hayan terminado con el ejercicio, trata de compartir lo que te ha ocurrido.

El niño que llega al mundo no tiene pasado, no sabe cómo conducirse, no cuenta con una escala para juzgar su valor. El bebé depende por completo de las experiencias de otras personas, así como de sus mensajes sobre el valor que tiene como individuo. Durante los primeros cinco o seis años, la autoestima del niño quedará conformada casi exclusivamente por su familia. Cuando inicie sus estudios escolares, recibirá otras influencias; empero, la familia conserva su importancia. Las fuerzas externas tienden a reforzar los sentimientos de valía o inutilidad que el niño aprendió en el hogar: el pequeño confiado podrá superar muchos fracasos, tanto en la escuela como con sus compañeros; el niño de baja autoestima experimentará muchos éxitos, pero siempre le asaltará la duda de su verdadero valor. Una experiencia negativa única podría producir respuestas desproporcionadas al acontecimiento.

Cada palabra, expresión facial, ademán o acto de un progenitor, envía al niño un mensaje de autoestima. Es deprimente comprobar que muchos padres no se percatan de los mensajes que envían. Una madre puede aceptar un ramo de flores de manos de su hija de tres años y decir: "¿De dónde las sacaste?", a la vez que su voz y una sonrisa expresan: "¡Qué maravilloso regalo! ¿En dónde crecen estas flores tan hermosas?". Este mensaje fortalecerá el sentimiento de valía de la pequeña. O tal vez podría decir: "¡Qué lindas!", pero concluir con tono de reproche: "¿Las tomaste del jardín de la vecina?", implicando que la niña actuó mal al robarlas. Este mensaje hará que la pequeña de tres años se sienta mala e indigna.

¿Qué clase de autoestima fomenta tu familia en los niños, y refuerza en los adultos? Puedes averiguarlo con el siguiente experimento.

Esta noche, cuando la familia se encuentre sentada a la mesa para cenar, observa lo que sientes por ti cuando los otros miembros te dirigen la palabra. Habrá comentarios que no evoquen una respuesta especial en ti. Sin embargo, te sorprenderá descubrir que, aun la petición de: "Dame las papas, por favor", provocará en ti un sentimiento de valía o devaluación, dependiendo del tono de voz del interlocutor, su expresión facial, el momento en que hace la petición (¿acaso su mensaje te interrumpió, o ignoró algo que dijiste?), y lo bien que te sientas contigo.

Si te sientes bien, encontrarás muchas opciones para responder. Empero, si te sientes mal, verás que tus opciones son limitadas (consulta el capítulo 6 sobre la comunicación).

A mitad de la cena, cambia la perspectiva. Escucha lo que dices a los demás. Trata de ponerte en el sitio de los otros e imagina lo que sentirías si te hablaran como tú lo haces en ese momento. Por ejemplo, ¿te sentirías amado y valorado?

La noche siguiente, explica este juego a los otros miembros de la familia e invítalos a participar contigo. Sería útil que leyeras en voz alta este capítulo para los demás, antes de iniciar el ejercicio. Después de la cena, comenten sus descubrimientos y sensaciones.

Los sentimientos de valía solo pueden florecer en un ambiente en el que puedan apreciarse las diferencias individuales, donde el amor se manifieste abiertamente, los errores sirvan de aprendizaje, la comunicación sea abierta, las normas flexibles, la responsabilidad (compaginar las promesas con el cumplimiento) sea modelada y practicada la sinceridad: la clase de ambiente que observamos en una familia nutricia. No es accidental que los hijos de familias que practican todo lo anterior, se sientan bien consigo mismos y, en consecuencia, sean individuos amorosos, saludables y competentes.

Por el contrario, los hijos de familias conflictivas a menudo tienen sentimientos de inutilidad, crecen como pueden con una comunicación "torcida", reglas inflexibles, críticas por sus diferencias, castigos por los errores y sin experiencia alguna en el aprendizaje de la responsabilidad. Estos niños tienen el riesgo de desarrollar conductas destructivas contra sí mismos y los demás. Gran parte del potencial individual se entorpece cuando sucede esto. Si tal es tu situación, espero que empieces a tomar las medidas necesarias para liberar esa energía. Las herramientas básicas y las indicaciones para hacerlo se hallan contenidas en este libro, en particular en los capítulos sobre comunicación y autoestima.

Podemos observar estas mismas diferencias de autoestima en los adultos de la familia. Esto no depende tanto de que la familia afecte el sentido del yo del adulto (aunque suele suceder), sino que los padres con una autoestima elevada tienen mayor capacidad para crear familias nutricias, y los de autoestima baja producen familias conflictivas. Así, el sistema se desarrolla a partir de los arquitectos de la familia: los padres.

Después de muchos años de trabajo con familias, me doy cuenta de que ya no puedo culpar a los padres, sin importar cuán destructivos o torpes hayan sido sus actos. Considero que los padres son responsables de aceptar las consecuencias de sus actos y de aprender a conducirse de otra manera. Este es un buen comienzo para mejorar la situación familiar.

Por fortuna, es posible elevar la autoestima de un individuo, sin importar su edad o condición. Debido a que el sentimiento de baja valía fue aprendido, es factible desaprenderlo e integrar un nuevo conocimiento en su lugar. Esta posibilidad de aprendizaje dura toda la vida, así que nunca es muy tarde para empezar. En cualquier momento de la vida de un individuo, este tiene la capacidad de iniciar el aprendizaje de una autoestima elevada.

Pretendo que este sea el mensaje más importante del libro: *siempre existe la esperanza de que cambie tu vida, porque tienes la capacidad de aprender cosas nuevas.* Los seres humanos pueden crecer y cambiar a lo largo de su existencia; esto es un poco más difícil al pasar los años y en ocasiones se requiere más tiempo. Todo depende de nuestra voluntad de aferrarnos a ciertas actitudes. Los primeros pasos son: conocer que existe la posibilidad de un cambio y comprometernos al cambio. Algunos aprendemos con lentitud, pero todos somos educables. Estos pensamientos contienen mis sentimientos e ideas sobre la autoestima.

Mi declaración de autoestima

Yo soy yo.

En todo el mundo, no hay otro que sea igual a mí. Hay personas que tienen algunas partes semejantes a las mías, pero nadie es exactamente como yo. Por tanto, todo lo que provenga de mí es auténticamente mío, porque yo así lo he decidido. Soy dueño de todo lo que hay en mí: mi cuerpo, incluyendo todo lo que hace; mi mente, incluyendo todos sus pensamientos e ideas; mis ojos, incluyendo las imágenes que contemplan; mis sentimientos, cualesquiera que sean: ira, alegría, frustración, amor, desencanto, emoción; mi boca, y todas las palabras que salgan de ella: amables, dulces o ásperas, correctas o incorrectas; mi voz, fuerte o suave; y todos mis actos, ya sean dirigidos a otros o a mí mismo.

Soy dueño de mis fantasías, mis sueños, esperanzas y temores.

Soy dueño de todos mis triunfos y éxitos, de todos mis fracasos y errores.

Como soy dueño de todo lo que hay en mí, puedo conocerme íntimamente. Al hacerlo, puedo amar y ser amistoso conmigo en todas mis partes. Así, puedo hacer posible que todo mi ser trabaje en beneficio de mis intereses.

Reconozco que hay aspectos en mí que me intrigan, y que hay otros aspectos que desconozco. Pero mientras sea amistoso y amoroso conmigo, puedo buscar con valor y esperanza las soluciones a estas interrogantes y los medios para descubrir más sobre mí.

Como quiera que parezca y suene, cualquier cosa que diga y haga, y cualquier cosa que piense y sienta en un momento determinado, seré yo. Esto es auténtico y representa lo que soy en ese momento.

Cuando más tarde analice cómo parecía o sonaba lo que dije e hice, y cómo pensé y sentí, algunas partes podrían parecer inadecuadas. Puedo desechar aquello que no sea adecuado y conservar lo que sí lo sea, e inventar algo nuevo para lo que haya descartado.

Puedo ver, escuchar, sentir, pensar, decir y hacer. Tengo los medios para sobrevivir, para estar unido a los demás, para ser productivo y encontrar sentido y orden en el mundo de las personas y cosas que están fuera de mí.

Me pertenezco y, por tanto, puedo construirme. Yo soy yo y estoy bien.

3
La autoestima: la fuente de energía personal

Supongamos que dentro de cada uno de nosotros existe un centro de poder que es el responsable de conservar la vida y está conectado con una fuente de poder universal. Cada centro tiene un generador que produce la energía para continuar la vida. Este centro recibe su combustible de nuestra respiración, la cual procede de una fuente central de energía. Sin respiración, no hay vida.

El generador tiene muchas válvulas que controlan la frecuencia de energía de cada persona, su cantidad y las direcciones en que será canalizada. Imaginemos también que las válvulas de control son el conocimiento y lo que sentimos por nosotros. Nuestro lenguaje y actividades corporales reflejan nuestros pensamientos y emociones. Cuando nos apreciamos y amamos, nuestra energía crece; cuando utilizamos esta energía de forma positiva y armoniosa para conservar un sistema que funcione sin problemas en nuestro interior, la energía crea un fundamento firme a partir del cual el yo puede resolver de manera creativa, realista y compasiva todo aquello que nos presente la vida. Otro modo de expresarlo es: "Cuando me siento bien conmigo y me agrado, hay magníficas posibilidades de que pueda enfrentar la vida desde una postura de dignidad, sinceridad, fortaleza, amor y realidad". Tal es el estado de la autoestima elevada.

Por otra parte, si una persona se desprecia, se siente limitada, disgustada o tiene alguna actitud negativa, la energía se vuelve difusa y fragmentada. El yo se debilita hasta convertirse en una víctima derrotada por la vida: "Si no me agrado, me devalúo y castigo. Enfrento la vida desde una postura de temor e impotencia, creo un estado en el que me siento víctima y actúo en consecuencia. Me castigo ciegamente, y hago lo mismo con los demás. Soy a la vez sumiso y tiránico. Responsabilizo a los demás por mis actos". Tal estado psicológico hace que la persona sienta que no cuenta, que perciba la constante amenaza del rechazo y carezca de la capacidad para conservar una perspectiva de *sí* misma, de los demás y los acontecimientos. Tal es el estado de autoestima baja.

Una persona que no sabe valorarse espera que los demás —la esposa, el marido, un hijo o una hija— sean los responsables de asignarle un valor. Por ello se dan manipulaciones interminables que a menudo afectan a las dos partes.

A muchos puede parecerles radical, o incluso destructiva, la idea de que los seres humanos necesitan amar y saber valorarse. Para muchas personas amar al yo es egoísmo y, en consecuencia, un acto contra los demás, una guerra entre individuos.

Para evitar el enfrentamiento con otras personas, los individuos aprenden a amar a los demás *en vez de* a sí mismos; esto conduce a la autodevaluación. Debido a esto, podemos plantear la siguiente interrogante: si un individuo no se ama, ¿cómo podrá amar a los demás? Tenemos muchos ejemplos que demuestran que al amarnos, estamos mejor capacitados para amar al prójimo; la autoestima y el egoísmo no son lo mismo. El egoísmo es una forma de arrogancia que transmite el mensaje: "Soy mejor que tú". El amor a uno mismo es una declaración de valor; cuando sé valorarme, puedo amar a los otros concediéndoles un valor igual. Pero cuando me desagrado, mis sentimientos hacia otros serán de envidia o temor.

También podemos temer a la crítica de parecer egocéntricos. He observado que la primera medida para vencer dicho temor es reconocer el sentimiento abiertamente. Por ejemplo, podrías decir: "Tengo miedo de que me rechaces si te digo que me agrado". Luego analiza tu percepción: "¿Esto es cierto?". Noventa y cinco por ciento de las veces, la respuesta será: "No, no te rechazo; considero que eres muy valiente al decir esto". Cuando enfrentamos a este monstruo personal —el temor al rechazo—, el resultado suele ser asombroso, en particular cuando lo hacemos de una manera tan simple como esta.

Las relaciones humanas positivas y la conducta adecuada y amorosa tienen origen en personajes con fuertes sentimientos de autoestima. Dicho de otra manera, los individuos que se aman y valoran, pueden amar y valorar a los demás, y enfrentar la realidad de manera adecuada. Una autoestima fuerte es el medio que nos permite ser más humanos, saludables y felices, crear y conservar relaciones satisfactorias y ser individuos adecuados, eficaces y responsables.

Cuando una persona se quiere, no hará algo que pueda lastimar, devaluar, humillar o destruir a sí misma ni a los demás, y no responsabilizará a otros de sus actos. Por ejemplo, quienes tienen aprecio por sí mismos no se perjudican utilizando drogas, alcohol o tabaco, ni permiten que los demás los maltraten emocional o físicamente. Los individuos que saben apreciarse no violarían sus relaciones interpersonales recurriendo a la violencia.

Quienes no se aman se convierten en instrumentos de odio y destrucción a manos de seres sin escrúpulos. Cuanto más nos valoramos, menos demandamos de los demás; cuanto menos demandamos de otros, más confianza sentimos; cuanto más confiamos en nosotros mismos y los demás, más podemos amar; cuanto más amemos a los otros, sentiremos menos temor. Cuanto más edifiquemos con los demás, mejor llegaremos a conocerlos y cuanto mejor conozcamos a los otros, mayor será el puente de unión con quienes nos rodean. De este modo, una conducta de autoestima nos ayuda a terminar con el aislamiento y la enajenación entre individuos, grupos y naciones.

Les invito a analizar dos hechos humanos:

- PRIMER HECHO. Todos tenemos huellas digitales y cada grupo de huellas es único, pertenece solo a una persona. *En verdad soy el único que es exactamente igual a mí en todo el mundo. Por lo tanto, tengo la garantía de ser distinto, en algún sentido, de todos los demás.*

- SEGUNDO HECHO. Todos los seres humanos poseemos los mismos ingredientes físicos elementales; pies, brazos, cabeza, etcétera, y estos son iguales en relación con los demás. *Por lo tanto, soy como todos los demás en algunos aspectos físicos fundamentales.*

Empero, como también soy único, soy diferente *e* igual a todos los demás en muchos sentidos.

Estas perspectivas tienen gran importancia para el desarrollo de la autoestima. Cada persona es un descubrimiento; es imposible que forjemos moralmente a un individuo siguiendo la imagen de otro. Esto significa que no podemos pretender que un niño viva a la sombra de la imagen de su progenitor, y viceversa.

Cuando logro reconocer que soy un ser único, con las semejanzas y diferencias de los restantes seres humanos, dejo de compararme con los demás y, de este modo, dejo de juzgarme y castigarme.

Así puedo aprender más sobre mí. Muchas personas actúan como si pensaran que la semejanza crea amor, y la diferencia crea disensión y dificultades. Con este punto de vista, nunca nos sentimos plenos; siempre tendremos la sensación de estar divididos. Afirmo que todos los seres humanos confluyen en la base de su igualdad y crecen sobre el fundamento de sus diferencias.

Al respetar todas las partes de la personalidad y tener la libertad de aceptar dichas partes, ponemos los cimientos para edificar la autoestima; si actuamos a la inversa, estaremos desafiando a la naturaleza. Muchos nos hemos creado graves problemas al ser incapaces de comprender que somos seres únicos. En vez de aceptar esto, hemos tratado de ajustarnos a un molde para parecernos a todos los demás.

Algunos estilos de criar a los hijos se basan en la comparación y la conformidad, y esto, casi siempre, provoca una baja autoestima. Un fundamento importante para la autoestima es la aceptación de nuestra exclusividad. Es necesario que los padres se unan al niño en el descubrimiento de su personalidad. Pensemos que un hijo es producto de la conjunción de dos semillas. Estas semillas albergan los recursos físicos de los individuos que precedieron al niño; dichos recursos incluyen las tendencias y habilidades, además de las características físicas.

Todo espermatozoide y óvulo son canales que comunican el pasado con el presente.

Cada individuo posee una reserva distinta de la cual extrae sus características; cualquiera que sea la herencia, nuestra respuesta a la misma y el uso que hagamos de ella serán lo que determine nuestras diferencias. Llegamos al mundo con un conjunto específico de atributos, con un grupo único de variables seleccionadas del sinfín de posibilidades que caracterizaron a las personas que nos precedieron.

Tal vez otra forma de enfocar la situación es la siguiente: el espermatozoide de cualquier hombre contiene manifestaciones físicas de toda la gente que vivió antes que él, es decir, de su madre, su padre, su abuela, su abuelo; todas las personas relacionadas con él por la sangre. Del mismo modo, el óvulo de toda mujer posee manifestaciones físicas de todos los seres que la precedieron. Estos son los recursos iniciales de los que todos extraemos nuestras características.

De esta manera, cada individuo se convierte en un estudio de exclusividad y necesita ser descubierto y tratado en los términos de su condición humana especial. Todo ser humano es semejante a una semilla no clasificada; la plantamos y luego esperamos a ver qué planta saldrá a la luz. Una vez que aparece, tenemos que descubrir sus necesidades, su aspecto, cómo florece y otras situaciones. Si, como adultos, todavía no hemos descubierto esto, debemos empezar cuanto antes.

Quizás el mayor desafío para los padres es plantar nuestras semillas de buena fe y luego aguardar para ver qué clase de planta obtendrán. El objetivo es no abrigar prejuicios sobre el niño; en vez de ello, los padres deben aceptar el hecho de que la planta será única en su especie. El niño tendrá todas las semejanzas y las diferencias en relación con sus padres y los restantes seres humanos; esta situación hace que los progenitores sean descubridores, exploradores y detectives, más que jueces y moldeadores. Deben recurrir al tiempo, la paciencia y la observación para conocer el tesoro que ha llegado al mundo.

Todos los individuos cambian y varían sin cesar. Un individuo tiene un aspecto distinto a los 16 años, del que tuvo a los cinco o tendrá a los ochenta. Esto también se aplica a la experiencia: una mujer que no ha tenido hijos es diferente de la que ya ha dado a luz. Debido a este proceso continuo de cambio, sugiero que sigamos descubriendo, conscientemente, quiénes somos. *Podríamos decir que este es nuestro Programa de Actualización. Vuelvan a familiarizarse consigo mismos y con los otros miembros de la familia. Actualicen su información de los cambios y crecimientos que han ocurrido.*

Las familias que saben actualizarse han constatado la utilidad de encontrar el tiempo para hacer esto de manera regular. *Aprovechen un sábado o domingo por la mañana. El tema será: "¿Qué cosas nuevas me han ocurrido últimamente?". Todos tendrán la oportunidad de participar, no solo los niños. La dirección del ejercicio puede rotar entre todos los miembros del grupo.*

Es importante mantener el contexto del amor incondicional y una actitud no crítica. Los crecimientos pueden abarcar un nuevo desarrollo físico ("Crecí dos centímetros"), nuevas habilidades ("Mira, mamá, voy en bicicleta sin usar las manos"), nuevos puntos de vista, nuevas interrogantes y nuevos chistes.

No olviden organizar una fiesta de celebración para después. Sin duda descubrirán que estas ocasiones son muy satisfactorias; por ejemplo, pueden crear una representación romántica o graciosa.

Este proceso sirve para fortalecer la autoestima de todos los miembros. Todos tenemos la posibilidad de ser apreciados como somos en el momento actual, y no como fuimos hace cinco meses o dos años. Esto también permite que demos perspectiva a los acontecimientos del pasado.

Algunos adolescentes protestan diciendo: "Ya no soy un niño". Esta antigua afirmación de cambio es un buen recordatorio. Si permanecemos actualizados con los demás, mejoramos la comprensión y desarrollamos nuevas oportunidades de relación y emoción. A veces los descubrimientos son dolorosos; esto también es parte de la vida, y necesitamos analizarlo.

He creado una metáfora que resulta de utilidad para las familias. Imaginen una fuente circular que tiene cientos de orificios por donde salen los chorros; imaginen que cada uno de estos orificios es un símbolo del crecimiento personal. Al crecer, estos chorros se agrandan; otros más terminan y sus orificios se cierran. La fuente siempre será hermosa y nosotros somos seres dinámicos que permanecemos en constante movimiento.

Cada una de nuestras fuentes entra en juego aun en la infancia. La reserva psicológica de la que un niño extrae su autoestima es producto de los actos, las respuestas y las interacciones entre y con las personas que cuidan de ese niño.

Como llega al mundo con las manos limpias, el sentido de valor y valía personal del niño es un producto resultante de la manipulación de los adultos. Estos últimos quizá no saben que la forma como tocan a un niño puede afectar su autoestima. Los niños aprenden la autoestima a partir de las voces que escuchan, de las expresiones en las miradas de los adultos que los atienden, de los tonos musculares de los cuerpos que los sostienen, de la manera como los adultos responden a su llanto.

Si el niño pudiera hablar, quizá diría: "Me aman". "Paso inadvertido; me siento rechazado y solo". O "No cuento. Soy un estorbo". Todo lo anterior es un presagio de los mensajes posteriores de autoestima. Para los padres que se inician con un nuevo bebé es importante que presten atención a los siguientes puntos, mismos que permitirán fortalecer la autoestima de sus hijos:

1. Aprendan a ser conscientes de sus caricias. Si fueran ustedes los que recibieran el contacto, ¿cómo se sentirían? Cuando tocan a su bebé, imaginen que el niño está aprendiendo. ¿Su caricia es suave, dura, débil, húmeda, amorosa, tímida, ansiosa? Digan a su hijo o hija lo que sienten.
2. Aprendan a tomar consciencia de la expresión de su mirada. Después, reconózcanla: "Estoy enfadado". "Tengo miedo". "Estoy feliz" y demás. Lo importante es que den al bebé una información emocional de lo que les sucede.
3. Los niños pequeños tienden a pensar que ellos provocan lo que sucede a su alrededor; esto abarca los acontecimientos buenos y malos. Un aspecto importante de la enseñanza de la autoestima es diferenciar con exactitud entre los acontecimientos que fueron provocados por el niño y los que tienen relación con los demás. Cuando hablen con el pequeño, sean específicos sobre las personas a quienes representan los pronombres que utilizan. Por ejemplo: una madre, alterada por la conducta del hijo, podría decir: "¡Estos niños nunca me escuchan!". Los niños presentes percibirán esto y pensarán que las palabras son para todos, cuando en realidad el mensaje está dirigido a uno en particular.
4. Apoyen la capacidad y libertad de sus hijos para emitir comentarios y hacer preguntas, de tal manera que cada persona pueda verificar lo

que sucede. En el ejemplo anterior, un niño que tenga libertad para inquirir preguntará: "¿Te refieres a mí?".

Todos los acontecimientos, actos, voces y demás situaciones que rodean a los niños son asimilados y, en algún nivel, adquieren significado. Estas conclusiones han sido validadas por los adultos que retroceden a la infancia a través de la hipnosis. Los niños suelen asimilar los acontecimientos sin el contexto que les daría una explicación adecuada; al no comprender estas circunstancias, los acontecimientos sirven de fundamento para conclusiones falsas posteriores y la conducta consiguiente.

Recomiendo que los padres comuniquen a sus hijos lo que sucede, indicando con claridad el contexto y las personas implicadas en el hecho. Cuando tu cónyuge y tú tengan una discusión, por ejemplo, ambos deben acudir al lecho o habitación del niño y explicar, por turnos, lo que está ocurriendo. Esto tiene especial importancia cuando alguno de los dos ha utilizado el nombre del niño. Por ejemplo:

MADRE (*sacando al bebé de la cuna; lo abraza con ternura*): Tu padre y yo acabamos de discutir. Quería llevarte a casa de mi madre esta noche y tu padre se opuso. Tengo poca paciencia; me puse furiosa y lo insulté.

PADRE (*abrazando al niño; lo mira a los ojos*): Tu madre y yo acabamos de tener una fuerte discusión. Todavía nos enfadamos cuando tenemos opiniones distintas. Quiero quedarme en casa esta noche, y tu madre desea salir. Es importante que sepas que no fuiste tú quien provocó esta pelea. Todo lo hicimos nosotros.

Sentir ira es muy distinto a describir dicha emoción; la voz sufre cambios en el tono. Conozco a un bebé de cuatro meses que lloró cuando sus padres discutían. Cuando terminó la pelea y los padres hablaron con el niño de la manera descrita, este sonrió y se quedó dormido.

No es necesario que los acontecimientos sean negativos para confundir a un niño. También pueden ser positivos: "Tu abuela vendrá hoy", o: "Tu padre ganó un millón de pesos en la lotería"; todos los acontecimientos disparan respuestas emocionales. Los acontecimientos colorean el contexto emocional; también deben explicar esto a los niños.

Los bebés no saben diferenciar *el contexto del acontecimiento, y el acontecimiento del yo,* a menos que alguien los ayude. El objetivo es verbalizar y esclarecer la situación para que el niño entienda lo que sucede.

Otra forma de ayudar a un niño pequeño a incrementar su autoestima es hablarle directamente, poniéndonos en su nivel visual, utilizando su nombre, caricias y una cuidadosa enunciación de los pronombres "yo" y "tú". Al hacer esto, el padre debe dedicar algún tiempo a centrarse y estar presente para el niño, en vez de pensar en otra cosa. Estas condiciones permitirán un contacto total con el pequeño, y la comunicación exitosa del afecto.

La autoestima se incrementa al dirigir la atención hacia las semejanzas y diferencias del niño. Hagan esto como si realizaran un descubrimiento y no en un contexto de competencia o comparación (consulten: "Mi declaración de autoestima", al final del capítulo anterior).

La autoestima también se aprende cuando ofrecemos al niño múltiples oportunidades para estimular su interés y, después, orientarlo con paciencia para que adquiera seguridad.

Ustedes, como padres, también enseñan autoestima por la forma como presentan la disciplina. Cuando perciban que es necesario fortalecer la autoestima del niño, a la vez que actúan de una manera muy realista, sus esfuerzos reproducirán el valor y la fortaleza para moldear la conducta. Un niño que recibe un trato de gran estima responde muy bien a la dirección.

Por ejemplo, acaban de pedir al niño de tres años que recoja sus juguetes. El pequeño no responde de inmediato y actúa como si no hubieran hablado. Con el objeto de incrementar la autoestima, reconocen que la comunicación no fue completa y recuerdan que, cuando una persona se enfrasca en algún pensamiento o actividad, apenas escucha la voz de los demás.

También reconocen que, tal vez, la respuesta del niño puede ser una reacción al tono de su voz. O quizás hicieron su petición de una manera incongruente o con un regaño. Además, reconocen que su hijo está empezando a jugar con el poder.

Pueden resolver todas estas posibilidades con éxito, si establecen contacto visual con el pequeño, lo tocan con afecto y después, con voz suave, aunque firme, le dicen que ya es hora de que guarde sus cosas. Denle ánimo cuando obedezca, y conviertan la situación en una feliz ocasión de aprendizaje.

El apoyo de la autoestima permite que el niño adopte conductas creativas de enmienda y acepte las consecuencias de su comportamiento. Este es otro medio de hacer de la disciplina una oportunidad de aprendizaje. El efecto más destructor para la autoestima es el producido por los adultos que avergüenzan, humillan, restringen o castigan a los niños a causa de una conducta inadecuada.

Un yo amado y valorado aprenderá con mayor facilidad las nuevas conductas.

Los adultos son los iniciadores, maestros y modelos de la autoestima: sin embargo, no podremos enseñar aquello que desconocemos. Cuando la gente inteligente se da cuenta de que no sabe algo, está dispuesta a aprender. Cuando los individuos llegan a la paternidad sin una elevada autoestima, tienen nuevas oportunidades para edificarla a la vez que orientan a sus hijos.

Muchos padres sufrimos la baja autoestima que aprendimos durante nuestros años de desarrollo; es quizá excesivo que nos obliguemos a enseñar algo que jamás aprendimos. Empero, el aspecto positivo de la autoestima es que puede ser remodelada en cualquier edad. Una vez que el individuo descubre que está devaluado, se muestra dispuesto a reconocer esta situación, y dispuesto a cambiar, puede alcanzar una elevada autoestima. El desarrollo de la autoestima requiere tiempo, paciencia y el valor necesario para correr el riesgo de probar cosas nuevas. Si invertimos energía en este esfuerzo, descubriremos recursos ocultos a través del desarrollo de sentimientos de valía personal. A menudo tengo la fantasía de lo que podría suceder si, después de una noche de sueño, todos despertáramos con una elevada autoestima. Creo que nuestro mundo sería muy distinto. La gente podría tratar a los demás, y a sí misma, con amor, bondad y realidad.

4
Tu mandala personal*

Este capítulo pretende facilitar un mayor conocimiento personal y, a través de su ejemplo, estimular a quienes los rodean, en particular a los miembros de su familia, a ser más seres humanos y a vivir con mayor intensidad.

Deseo interesarlos en aprender cómo funcionan las diversas partes del individuo, y en descubrir que todos somos un tesoro. Los humanos poseemos una composición maravillosa.

Para empezar, imaginen que miran con unos anteojos que tienen ocho lentes, cada uno de los cuales refleja una parte esencial del individuo:

Su cuerpo	– la parte física.
Sus pensamientos	– la parte intelectual.
Sus sentimientos	– la parte emocional.
Sus sentidos	– las partes sensoriales: ojos, oídos, piel, lengua y nariz.
Sus relaciones	– la parte interactiva.
Su contexto	– espacio, tiempo, aire, color, sonido y temperatura.
Su nutrición	– los líquidos y sólidos que ingiere.
Su alma	– la parte espiritual.

A través de la primera lente verán el cuerpo físico con todas sus partes y sistemas. Si jamás han visto el interior de un cuerpo humano, busquen un buen libro de anatomía que muestre dibujos o fotografías de huesos, músculos, órganos internos, así como todos los distintos sistemas y aparatos (respiratorio, circulatorio, etcétera). Asómbrense y sorpréndanse ante la maravillosa ingeniería de su cuerpo y contemplen el tesoro de recursos que contiene.

---

* Mandala: del sáncrito: *círculo*. En la psicología junguiana, es un símbolo que representa el esfuerzo para reunificar al yo.

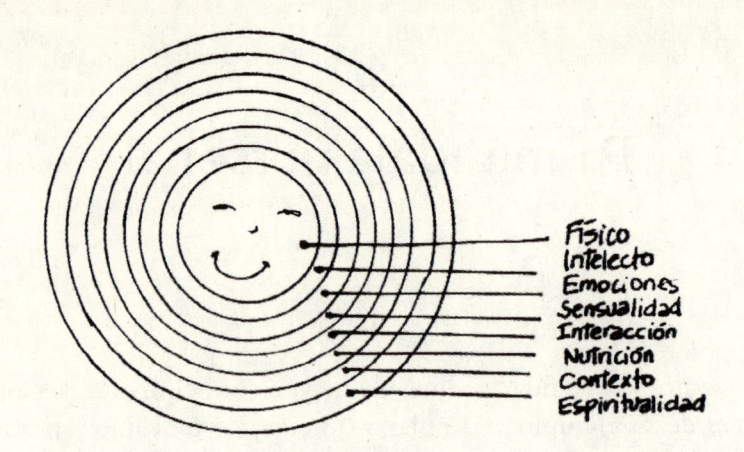

Físico
Intelecto
Emociones
Sensualidad
Interacción
Nutrición
Contexto
Espiritualidad

Apliquen esta información a su cuerpo. ¿Acaso tú, el dueño, satisfaces sus necesidades? ¿Lo escuchas con atención? El cuerpo te dirá cuando está cansado, hambriento o tenso, o te alertará sobre cualquiera de sus componentes que requiera atención especial.

La segunda lente muestra tu intelecto, la parte cognoscitiva de tu cerebro. Esta lente revela la información que recibes, los pensamientos que tienes y el significado que les asignas. A partir de esta parte cognoscitiva y racional, pueden encontrar respuestas a interrogantes como: "¿Qué entiendo?, ¿cómo aprendo cosas nuevas?, ¿cómo analizo las situaciones y resuelvo los problemas?".

Apenas empezamos a aprender algo sobre las fabulosas proezas de aprendizaje que realiza el cerebro. En la bibliografía presento una lista que incluye interesantes libros sobre este tema y aspectos relacionados.

La tercera lente es la de tus emociones, tus sentimientos.

¿Tienes libertad para reconocerlos y aceptarlos? ¿Cómo los restringes? ¿Cómo los expresas? ¿Puedes ser amistoso con tus sentimientos, sabiendo que la forma como los enfrentes puede hacer una importante diferencia? Todos los sentimientos son humanos; dan textura, color y sensibilidad a la vida. Sin sentimientos seríamos como máquinas. Tus sentimientos *acerca de* estos sentimientos demuestran dónde está tu autoestima en relación con los sentimientos.

La cuarta lente permite que sepas cómo te percibes. ¿Cuál es el estado físico de tus órganos de los sentidos? ¿Qué libertades te tomas para mirar, oír, tocar, gustar y oler? ¿Cuáles son las restricciones que presentas a estas maravillosas partes de tu cuerpo? ¿Te permitirías eliminar estas restricciones? Muchos aprendimos, en la infancia, que solo podíamos mirar, tocar o escuchar ciertas cosas; eso, a menudo, provocó una limitación de nuestro uso de los sentidos, Reconocer, respetar y utilizar a plenitud y libremente nuestros sentidos es la mejor manera de interactuar con el mundo exterior y estimular nuestro interior. Necesitamos abundante alimento sensorial para despertar el interés de nuestros sentidos; a su vez, esto estimula al yo psicológico.

La quinta lente muestra cómo interactuamos con la gente que puebla *nuestro* mundo. La interacción moldea la naturaleza de las relaciones. ¿Cómo valoramos la calidad de las distintas relaciones? ¿Cómo utilizamos el poder? ¿Renunciamos a él para convertirnos en víctimas? ¿Lo utilizamos para ser dictadores? ¿Lo aprovechamos para desarrollar la armonía interior y con los demás, convirtiéndonos así en líderes habilitadores? En otras palabras, ¿usan su poder para ser nutricios consigo mismos y con los demás, o para amenazar? ¿Forman equipo con los miembros de la familia u otras personas, para realizar cosas juntos? ¿Se divierten, hacen bromas y utilizan el buen humor para que la vida sea más amable y feliz? Recuerden que el amor y el humor son dos fuerzas curativas muy poderosas.

La sexta lente tiene que ver con la nutrición. ¿Qué clase de alimento y bebida metes en tu cuerpo? ¿Sabes que necesitas de una buena nutrición para alimentar a tu cuerpo? Las investigaciones recientes demuestran que existe una relación entre lo que come y bebe el individuo, y la forma como siente y actúa.

La séptima lente tiene relación con tu contexto. Las imágenes y sonidos, la sensación de los objetos, la temperatura, la luz, el color, la calidad del aire y el espacio donde vives y trabajas. Cada uno de estos factores ejerce una influencia importante en tu vida, Por ejemplo, la clase y la cantidad de luz tienen mucho que ver con tu salud. También empezamos a percibir una relación entre el color, el sonido y la música, y lo que ocurre dentro del cuerpo humano.

La octava lente tiene que ver con tu acoplamiento espiritual. Tu relación con la fuerza vital. ¿Cómo consideras tu vida? ¿La respetas? ¿Utilizas tu acoplamiento espiritual en la vida cotidiana?

Cada una de estas ocho partes realiza una función distinta, y puede estudiarse de manera independiente. Empero, ninguna de ellas puede funcionar por su cuenta en el interior del individuo. Todas las partes interactúan entre sí en todo momento; dicho de otra manera, lo que sucede a una afectará a las demás.

A continuación presento una figura que muestra las ocho partes como si fueran círculos distintos. Todos se unen en el centro, que está representando por el Yo, es decir Tú.

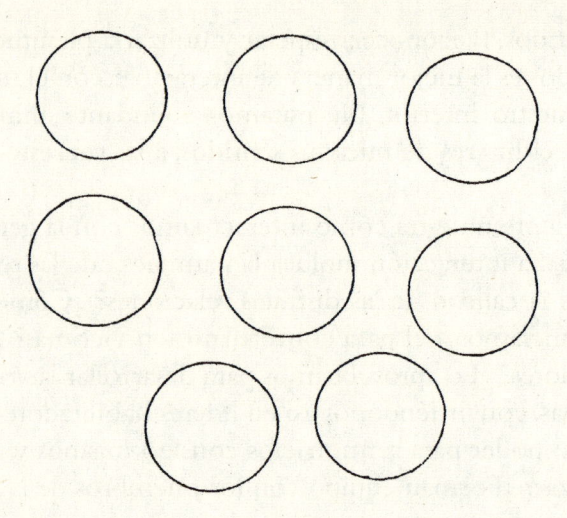

Imagina que cada disco es de un color diferente; quizá quieras hacerlos. Recorta ocho discos de tamaño graduado, en un papel de color.

Coloca tu fotografía en el centro, sobre un disco independiente al que podrás llamar tu mandala personal. Toma el tiempo necesario para meditar en lo que sabes y cómo utilizas tus diversas partes. Por ejemplo, es muy posible que hayas experimentado lo que te sucede cuando comes algo a lo que eres alérgico, o cuando debes enfrentar la crítica de una persona, o estás enfadado y no puedes expresarlo. Estos resultados negativos son manifestaciones de la conducta de tus partes.

Hasta hace 40 años, la idea de que nuestras partes interactúan entre sí era un concepto extraño, especialmente para la medicina occidental. Después los médicos comenzaron a percatarse de que la falta de armonía en la interacción entre mente, emoción y cuerpo era un factor importante en el desarrollo de las úlceras; esto condujo a la creación de una nueva especialidad, la medicina psicosomática. Si seguimos la línea de pensamiento que condujo a este hallazgo, veremos que es igualmente factible que la interacción armónica entre estas tres partes produzca la salud.

Fue un inicio maravilloso, y hoy empezamos a descubrir que las ocho partes influyen y reciben influencias de las demás. Tenemos que aprender todo lo posible al respecto, y apenas comenzamos a disponer de la tecnología que nos permita comprender este proceso. Por ejemplo, ya es posible estudiar el efecto de los pensamientos negativos en las respuestas químicas del organismo.

Comienza a abrirse ante nosotros un mundo nuevo de información. Hoy hablamos mucho del estrés (tensión) y sus efectos negativos en el cuerpo, la mente y las emociones. Ahora que conoces la existencia de estas interrelaciones, aprenderás a observarte y sabrás qué te sucede. Empezarás a percatarte de muchas cosas de las que antes no tenías conciencia.

Conforme crece el conocimiento de nosotros mismos, el desarrollo y la conservación de la salud adquieren trascendencia. Para crear el ambiente más adecuado para la salud y el bienestar totales, deberíamos:

1. Cuidar, atender, ejercitar y amar el cuerpo.
2. Desarrollar el intelecto averiguando cómo aprendemos y rodeándonos de ideas, libros, actividades, experiencias de aprendizaje y oportunidades estimulantes para entablar un diálogo con los demás.
3. Permitirnos ser más amistosos con nuestras emociones y lograr que estas nos beneficien en vez de perjudicarnos.
4. Desarrollar los sentidos, aprender a cuidarlos, considerarlos y utilizarlos como vehículos esenciales para asimilar las cosas.
5. Desarrollar métodos armoniosos para resolver problemas, para ser más nutricios y solucionar conflictos, y desarrollar relaciones congruentes y sanas.
6. Averiguar cuáles son nuestras necesidades nutricionales y satisfacerlas; recuerden que el cuerpo de todo individuo es único.
7. Llenar el sitio donde vivimos y trabajamos de imágenes y sonidos, la temperatura, la luz, el color, la calidad de aire y espacio que mejor favorezcan la vida.
8. Participar en lo que significa vivir, formar parte del universo, manifestarnos completamente y saber que fuera de nosotros existe una energía vital.

Al atender mejor nuestra salud, tendremos una vida feliz, responsable y eficaz. Quizá la mayor recompensa sea el desarrollo de un contacto más estrecho entre nosotros y el planeta.

En estos momentos nos encontramos a la sombra de las armas nucleares que podrían anunciar el fin de nuestra existencia.

No hace mucho, en un programa de televisión, vi la fotografía de un arma nuclear y, a los pocos minutos, el lanzamiento de una nave espacial. Los dos objetos tenían un sorprendente parecido en sus formas, aunque sus objetivos eran muy distintos. Uno servía para destruir y el otro para descubrir.

Como seres humanos, gozamos de dones muy especiales; de nosotros depende decidir cómo aprovecharemos estos recursos. Creo que tenemos la energía, la inteligencia, la información, la voluntad, el amor y la tecnología que pueden ayudarnos a tomar las determinaciones que nos permitan continuar con nuestro proceso evolutivo. Los seres humanos poseemos una naturaleza superior; si nos conocemos y apreciamos de verdad en todas nuestras partes, alcanzaremos esa naturaleza superior.

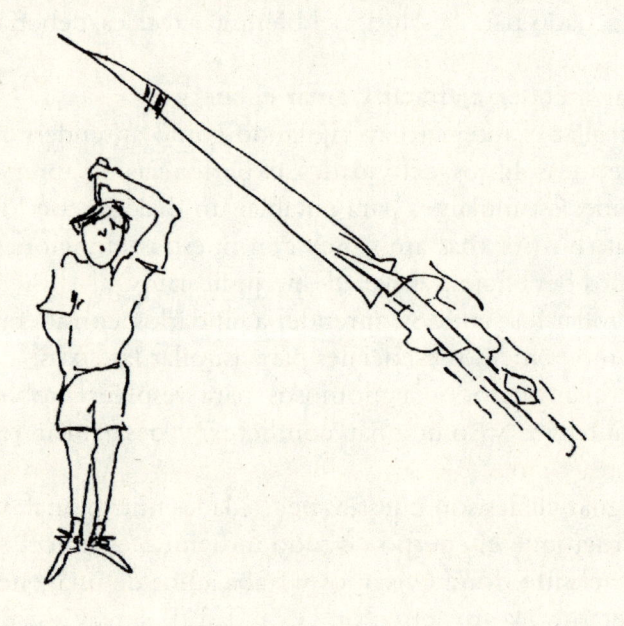

5
Comunicación: hablar y escuchar

Veo la comunicación como una enorme sombrilla que cubre y afecta todo lo que sucede entre los seres humanos. Una vez que el individuo llega al planeta, *la comunicación es el factor determinante de las relaciones que establecerá con los demás, y lo que suceda con cada una de ellas en el mundo*. La manera como sobrevivimos, la forma como desarrollamos la intimidad, nuestra productividad, nuestra coherencia, la manera como nos acoplamos con nuestra divinidad, todo depende de nuestras habilidades para la comunicación.

La comunicación tiene muchos aspectos; es el calibrador con el cual dos individuos miden la autoestima del otro. También es la herramienta para cambiar el "nivel de la olla". La comunicación abarca la diversidad de formas en que la gente transmite información: qué da y qué recibe, cómo la utiliza y cómo le da significado.

Toda comunicación es aprendida; cada bebé llega al mundo con los elementos en bruto: no tiene concepto de sí mismo, experiencia alguna de interacción con los demás, ni experiencia para enfrentar al mundo. Los bebés aprenden estas cosas a través de la comunicación con las personas que se hacen cargo de ellos desde su nacimiento.

Cuando alcanzamos los cinco años de edad, es posible que hayamos tenido millones de experiencias en compartir la comunicación. A esta edad todos desarrollamos ideas sobre cómo nos percibimos, nuestras expectativas de los demás y lo que consideramos posible o imposible para nosotros en el mundo. A menos que algo muy poderoso cambie estas conclusiones, este aprendizaje temprano se convierte en la base sobre la cual construimos el resto de nuestras vidas.

Una vez entendido que toda comunicación es aprendida, podemos cambiarla si así lo deseamos. Primero, debemos revisar los elementos de la comunicación. En cualquier momento todos los individuos aportan los mismos elementos al proceso de comunicación.

Aportamos nuestros *cuerpos*, que se mueven, tienen forma y figura.

Aportamos nuestros *valores*, los conceptos que representan el estilo personal para sobrevivir y tener una "buena" vida (los *debiera* y *debería* para uno mismo y los demás).

Aportamos nuestras *expectativas* del momento, mismas que brotan de las experiencias pasadas.

Aportamos nuestros órganos de los sentidos, ojos, oídos, nariz, boca y piel, los cuales nos permiten ver, escuchar, oler, gustar, tocar y ser tocados.

Aportamos nuestra *capacidad para hablar*, palabras y voz. Aportamos nuestro *cerebro*, los almacenes del conocimiento, que incluyen lo que hemos aprendido de experiencias pasadas, lo que hemos leído y asimilado mediante el aprendizaje y lo que ha quedado registrado en los dos hemisferios cerebrales. Respondemos a la comunicación como una cámara de película equipada con sonido: el cerebro graba las imágenes y sonidos que se suceden en el momento presente, entre tú y yo.

Es así como funciona la comunicación: te encuentras frente a mí; tus sentidos asimilan mi aspecto, mi sonido, mi olor y, si llegas a tocarme, la sensación que te provoco. Tu cerebro informa entonces lo que esto significa para ti, evocando experiencias del pasado, en particular las vividas con tus padres u otras figuras de autoridad, tu aprendizaje en libros y tu capacidad para utilizar esta información con el fin de explicar el mensaje de tus sentidos. Según el informe de tu cerebro, te sentirás cómodo o incómodo; tu cuerpo se tensará o relajará.

Entre tanto, algo similar sucede en mi interior. Yo también veo, escucho, siento algo, pienso en algo, tengo un pasado al igual que valores y

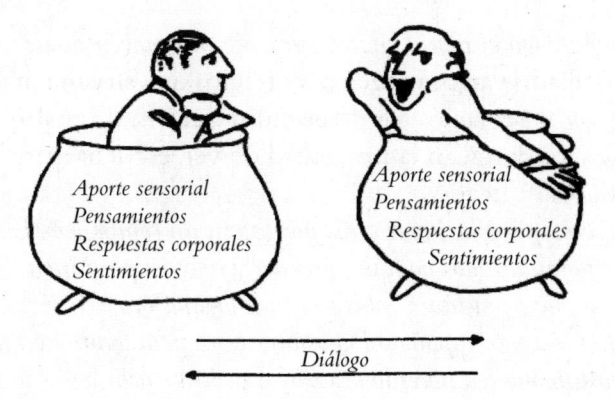

Aporte sensorial
Pensamientos
Respuestas corporales
Sentimientos

Aporte sensorial
Pensamientos
Respuestas corporales
Sentimientos

Diálogo

expectativas. Tú no sabes lo que percibo, lo que siento, cuál fue mi pasado, cuáles son mis valores o lo que hace mi cuerpo. Solo puedes imaginar lo que sucede y tener fantasías, y lo mismo ocurrirá en mí con respecto a ti. A menos que estas ideas y fantasías sean comprobadas, suelen convertirse en "hechos" y entonces provocar problemas y trampas de la comunicación.

Esta es una imagen de la comunicación entre dos individuos. Con el fin de ilustrar el mensaje sensorial, su interpretación cerebral y las emociones consecuentes, así como las sensaciones *acerca de* dichos sentimientos, consideremos lo siguiente: estoy frente a ti, eres un hombre. Pienso: "Tus ojos están muy espaciados, debes ser un gran pensador", o "Tienes el cabello largo, debes ser *hippie*". Para dar sentido a lo que veo, recurriendo a mi experiencia y conocimiento, todo aquello que piense evocará ciertas emociones acerca de mí misma y hacia ti, antes de pronunciar una palabra.

Por ejemplo, si me digo que eres *hippie* y yo temo a estos individuos, sentiré miedo en mi interior e ira contra ti; es posible que huya de esta situación atemorizante, o quizá te golpee. También es factible que piense que eres un genio y, como admiro a las personas inteligentes y siento que eres como yo, tal vez inicie una conversación. Por otra parte, si me considerase tonta y tu condición de intelectual me causara vergüenza, agacharía la cabeza y me sentiría humillada. En otras palabras, te asigno características según la interpretación que hago de ti. Es casi imposible que sepas lo que percibo en ti, así que mi respuesta a tu presencia tal vez no tenga sentido para ti.

Entre tanto, tú también me asimilas y tratas de darme sentido. Quizá percibiste mi perfume y has decidido que soy cantante de cabaret, lo cual te resulta ofensivo, así que me vuelves la espalda. Por otra parte, tal vez mi perfume te lleve a la conclusión de que soy una chica estupenda, y buscarás la manera de establecer contacto conmigo. Una vez más, todo esto se lleva a cabo en una fracción de segundo, antes de que se diga nada.

¿Con quién tengo el placer ahora, contigo o mi imagen de ti?

He desarrollado varios juegos o ejercicios que sirven para profundizar tu conciencia y apreciación de la comunicación. Al igual que este capítulo, los ejercicios destacan la necesidad de ver, escuchar, prestar atención, entender y dar significado.

Lo mejor sería que practicaras estos juegos con un compañero. Elige a cualquier miembro de tu familia. Todos podrán aprender y crecer si participan. Si nadie quiere jugar contigo, entonces practica a solas con tu imaginación.

Siéntate frente a tu compañero lo bastante cerca para tocarlo con facilidad. Quizá no estés acostumbrado a hacer lo que voy a pedirte; incluso puede parecerte tonto o incómodo. Si sientes esto, trata de seguir el juego y observa qué sucede. Por lo que a mí respecta, nadie ha resultado lastimado hasta ahora.

Ahora, imagina que son dos personas y cada cual tiene una cámara para tomar fotografías del otro. Esto es lo que sucede cuando dos personas se encuentran frente a frente. Es posible que haya más gente presente, pero solo dos individuos pueden establecer contacto visual en un momento dado.

Es necesario procesar la fotografía para ver qué hemos captado en la película. Los seres humanos procesan sus imágenes en el cerebro, que las interpreta; la acción es consecuencia de esto.

Ahora, inicien el ejercicio. Primero, siéntate cómodamente en la silla y mira a la persona que tienes enfrente. Olvida que papá y mamá dijeron que no debes mirar con fijeza. Disfruta de la oportunidad de observar con detenimiento; no hables mientras lo haces. Estudia cada una de las partes móviles del rostro; mira qué hacen los ojos, los párpados, las cejas, las alas de tu nariz, los músculos faciales y del

cuello, y cómo se colorea la piel. ¿Se ha vuelto sonrosada, roja, blanca, anaranjada? Observarás el cuerpo, su tamaño y forma, y la ropa que lo cubre. Y podrás ver cómo se mueve: Lo que hacen las piernas y los brazos, la postura de la espalda.

Haz esto durante un minuto y cierra los ojos. Observa con cuánta claridad puedes evocar en tu mente el rostro y el cuerpo de esa persona. Si has olvidado algo, abre los ojos y analiza los detalles que pasaste por alto.

Este es el proceso para tomar una fotografía. Nuestro cerebro podría revelarla así: "Tiene el cabello muy largo. Podría sentarse más erguido. Es igual a su madre", o "Me gustan sus ojos, sus manos. Me desagrada el color del vestido. No me gusta que arrugue el ceño". O podrías preguntarte: "¿*Siempre tiene el ceño fruncido?* ¿Por qué no me mira más? ¿Por qué se descuida de esa manera?". Tal vez quieras compararte con esa persona: "Jamás seré tan listo como ella". Es posible que recuerdes viejas heridas: "Una vez tuvo una aventura, ¿cómo confiar en él?".

Esto forma parte de tu diálogo interior. ¿Te das cuenta de que siempre hay un diálogo que se desarrolla en tu mente? Cuando tienes los sentidos concentrados en algo, ese diálogo interior se acentúa.

Al tomar conciencia de tus pensamientos, quizá notes que algunos te hacen sentir mal. También es posible que percibas una respuesta de tu cuerpo: puede ponerse rígido, sentir un vacío en el estómago, tus manos sudarán, tus rodillas se debilitarán y tu corazón latirá rápidamente. Es posible que sientas un vahído o te ruborices. Por otra parte, si tienes pensamientos agradables, tu cuerpo se relajará. Los pensamientos y las respuestas corporales tienen una fuerte interrelación.

Muy bien, estamos listos para continuar con el ejercicio. Has mirado detenidamente a tu compañero. Ahora, cierra los ojos. ¿Te recuerda a alguien? Casi todos nos recuerdan a otra persona. Podría ser un padre, un antiguo novio —o novia—, una estrella de cine, un personaje literario o de cuento de hadas; cualquier persona. Si encuentras algún parecido, sé consciente de lo que sientes por esa otra persona. Es posible que, si la semejanza es grande, confundas a la otra persona con la que tienes delante. Tal vez has estado respondiendo a tu compañero o a otro individuo. En tal caso, tu compañero se sentirá perdido y la situación le parecerá irreal.

Después de un minuto, abre los ojos y comparte con tu compañero lo que has descubierto. Si encontraste a otra persona mientras tenías los ojos cerrados, comunica a tu compañero quién era, qué parte de su cuerpo te hizo recordar al compañero, y cómo te sentiste al respecto. Por supuesto, tu compañero hará lo mismo.

Cuando suceden estas cosas fuera del contexto de este ejercicio, la comunicación se desarrolla con sombras del pasado, no con personas reales. Conozco a mucha gente que ha vivido unida durante 30 años, tratando a la pareja como si fuera otro individuo y, en consecuencia, sufriendo constantes decepciones. "¡No soy tu padre!", grita al fin el marido enfurecido.

Como dije antes, tus respuestas a una persona ocurren casi instantáneamente. La manifestación verbal dependerá de la libertad de expresión que compartas con tu compañero, de la seguridad que tengas en ti y de la conciencia que tengas al expresarte. Digan todo lo que sea posible; no ejerzas presión en ti o tu compañero.

Ya has mirado a tu compañero y tienes conciencia de lo que sucede en tu interior. *Ahora, cierra los ojos un momento. Toma conciencia de lo que sentiste y pensaste al mirarlo: tus sensaciones corporales y también lo que sentiste ante algunos pensamientos y emociones. Imagina que dices a tu compañero todo lo que puedes expresar de la actividad en tu espacio interior: ¿Esta posibilidad te pone nervioso y asustado? ¿Estás emocionado? ¿Te atreverías? Manifiesta con palabras todo lo que quieres o puedes expresar acerca de la actividad en tu espacio interior; hazlo con suavidad y con una actitud de compartir lo que ha ocurrido en ti.*

¿Cuánta de la actividad de tu espacio interior estuviste dispuesto a compartir con tu compañero? La respuesta te dará una idea muy aproximada de tu postura, en términos de la libertad que existe con tu compañero. Si te pusiste nervioso ante la idea de compartir, es posible que no quisieras manifestar mucho. Si tuviste sentimientos negativos, quizá deseaste ocultarlos. Si esta respuesta negativa fue muy intensa, es posible que hayas tenido conflictos con tu relación. Si sentiste que debías ser cauteloso, *¿puedes averiguar la razón?, ¿podrías ser sincero y directo?*

He aquí otro ejercicio importante relacionado con el que acabas de terminar. Lo llamo: *ponerte al día.*

Todos los miembros de la familia tienen un historial con los demás. A veces las cosas ocurridas en el pasado jamás se expresan y dejan viejas heridas y muchas fantasías. En los seres humanos hay algo que busca siempre la culminación de una situación no resuelta.

Aprovecha la ocasión para concluir un asunto. Cuando lo hayas hecho, podrás actualizarte o ponerte al día con cada miembro de la familia, y empezar de cero. Las antiguas situaciones inconclusas suelen presentar una barrera para la aceptación total en las relaciones; adopta la costumbre de hacer lo que describo a continuación cuando sea necesario.

Invita a un miembro de la familia a participar contigo. Recuerda que no se trata de un enfrentamiento; es, más bien, como terminar el capítulo de un problema no resuelto, y hacerlo con comprensión. Si esta persona acepta tu invitación, elige un sitio cómodo para sentarte, colóquense en un mismo nivel visual, tranquilízate y respira de manera consciente. Ahora, di al miembro de la familia que hay co-

sas que te gustaría aclarar, corregir o concluir: Tal vez lo único que debas hacer es expresar con palabras la situación. En algunos casos será necesario algo más: por ejemplo, si el problema inconcluso incluye suposiciones, tal vez debas formular algunas preguntas.

El diálogo sería algo parecido a esto: "El lunes, hace dos semanas, te dije que saldría a dar un paseo contigo. Pero no lo hice, pues lo olvidé. Quiero decirte que deseo esforzarme para cumplir mis promesas". O "Anoche me enfadé cuando elegiste a otra persona, en vez de a mí. Ya no estoy enojado. ¿Podrías decirme por qué motivo no me elegiste?". O "Estoy muy orgulloso de tu actuación en el concierto de ayer. Creo que me sentí un poco celoso, y no te lo dije".

Muchas familias han manifestado que este ejercicio de actualización ha evitado posibles divisiones, resuelto algunas de ellas, fortalecido los lazos entre los miembros de la familia y favorecido una mayor comprensión de los demás.

Cuando hayas terminado de expresar lo que querías decir, incita al miembro de la familia a compartir sus sentimientos y cualquier idea sobre la situación. Termina el ejercicio con una muestra de agradecimiento y compartiendo tus emociones ahora que las cosas se encuentran resueltas.

Es importante recordar que cualquier invitación es susceptible de aceptación o rechazo. Si el miembro de la familia a quien te has dirigido no acepta tu invitación, dale las gracias por haberte escuchado y busca una nueva oportunidad.

Después de ejecutar los ejercicios del proceso para tomar fotografías, estarán listos para activar el sonido de la cámara. Cuando tu compañero comience a respirar con fuerza, toser, emitir sonidos o hablar, tus oídos te lo indicarán. El sentido del oído estimula las experiencias pasadas del espacio interior, igual que la vista.

Al escuchar la voz de la otra persona, aparecerán sonidos de fondo. La voz puede ser fuerte, suave, aguda, grave, clara, apagada, lenta o acelerada. Una vez más, tendrás pensamientos y emociones respecto de lo que escuchas. Tienes la capacidad de observar y responder a la calidad de esa voz; a veces lo haces con tal intensidad que no asimilas las palabras y debes pedir a tu compañero que las repita.

Estoy convencida de que mucha gente no hablaría como lo hace si supiera la impresión que causa su sonido. Las voces son como instrumentos musicales: pueden estar afinados o no.

Como no nacemos con nuestro tono de voz, hay esperanza. Si la gente de verdad pudiera escucharse, tal vez cambiaría su voz. Estoy segura de que la mayoría no percibe su sonido real, sino solo cómo *pretenden* que los escuchemos.

En una ocasión, una mujer y su hijo visitaron mi consultorio. Ella dijo en voz muy alta: "¡Siempre gritas!". Y el hijo respondió con suavidad: "Estás gritando ahora". La mujer lo negó y, como yo tenía la grabadora encendida, le pedí que se escuchara. Después, la madre comentó con tono más grave: "¡Por Dios, cómo grita esa mujer!".

No tenía conciencia del sonido de su voz; solo se percataba de sus ideas, las cuales no podía comunicar porque su voz las apagaba. Si alguna vez has estado en compañía de personas cuyas voces son agudas o ásperas, graves o apenas audibles, o que hablan como si tuvieran la boca llena, sin duda has sentido la resultante agresión para tus oídos. La voz de un individuo puede facilitar o entorpecer la comprensión de sus palabras.

Comunica a tu compañero la impresión que recibes de su voz, y pide que haga lo mismo.

Cuando aprendamos a escuchar nuestras voces, estas cambiarán de manera considerable. *Escucha lo que dices en una grabadora; prepárate para recibir una sorpresa.* Si oyes la grabación en presencia de otras personas, es posible que seas la única que perciba la diferencia en tu voz. Todos los demás dirán que es la misma; y te aseguro que la grabadora no está descompuesta.

Ahora, sigamos explorando la comunicación. En esta ocasión analizaremos lo relacionado al tacto. Para encontrar mayor significado a los siguientes ejercicios, toma en cuenta lo que he dicho sobre el contacto.

Al igual que la respiración es nuestro lazo con la vida, el contacto es el medio más revelador para transmitir la información emocional entre dos individuos. Nuestra introducción más concreta al mundo ocurrió a través del contacto de las manos humanas, y el tacto conserva su papel de la relación más confiable entre las personas; creeré en tu contacto más que en tus palabras. Las relaciones íntimas dependen de la manera como la gente experimente el contacto.

Recuerda las distintas formas de utilizar las manos; para levantar, acariciar, sujetar, golpear, equilibrar. Cada contacto lleva implícita una emoción, incluyendo el amor, la confianza, el temor, la debilidad, la excitación y el aburrimiento.

Parte de mis funciones es enseñar a la gente a tener conciencia de la sensación que provoca su contacto en los demás. Para lograr esto les pregunto: "¿Cómo te sientes cuando te toco así?". Hemos recibido poco entrenamiento para aprender a percibir nuestro contacto. Para muchos, la pregunta anterior puede resultar incómoda. Después de practicar durante un tiempo, podrás apreciar su valor.

Otra parte de la experiencia táctil consiste en decir a los demás lo que sientes con su contacto. Es importante recordar que hasta que alguien nos llama la atención al respecto, muchos de nosotros no nos damos cuenta de la sensación que provoca nuestro contacto. Recuerdo muchas ocasiones en que individuos amorosos y entusiastas me dejaron las manos ensangrentadas: usaba anillos cuando me estrecharon los dedos en un fuerte apretón de manos.

También creo que la mayoría de los padres no tienen la intención de lastimar a sus hijos cuando los golpean; no tienen conciencia alguna de la fuerza de sus manos. Muchos padres se horrorizan al ver las consecuencias de sus actos. Esto se aplica, en particular, a los individuos que aprendieron a ser físicamente muy fuertes sin tener conciencia de su efecto en los demás, en especial con los niños.

Conocí a un oficial de policía que le fracturó tres costillas a su esposa cuando la abrazó después de un periodo de ausencia. Sé que este hombre no abrigaba sentimientos hostiles hacia su mujer; es solo que no tenía idea alguna de su fuerza.

Deseo destacar que tenemos que aprender a percibir nuestro contacto, además de pensar en él. Para muchos no existió esta parte de nuestra educación. Podemos cambiar la situación si reunimos el valor necesario para preguntar: "¿Cómo te sientes cuando te toco?". *La próxima vez que estreches las manos de una persona, o la acaricies, sé consciente de lo que ocurre al tocar a ese individuo. Luego compara tus observaciones con él o ella: "En ese momento, sentí... ¿Y tú?".*

Ahora estamos preparados para otro ejercicio. *Vuelve a sentarte con tu compañero a la distancia suficiente para tocarlo, y mírense durante un minuto. Luego* toma sus manos y cierra los ojos. Con lentitud, explora las manos de tu compañero. Piensa en su forma y textura; sé consciente de tus actitudes hacia lo que descubras en esas manos. Experimenta la sensación de tocar esas manos y ser tocado por ellas. Vive la sensación de percibir los pulsos que laten en las puntas de tus dedos.

Después de dos minutos, abre los ojos y sigue tocando, al tiempo que observas. Experimenta lo que sucede. ¿Hay un cambio en tu experiencia táctil cuando miras?

Después de 30 segundos, cierra los ojos, sigue tocando y experimenta los posibles cambios. Transcurrido un minuto, libera tus manos con un movimiento suave que no sea de rechazo. Reclínate contra el respaldo de la silla y siente el impacto de la experiencia. Abre los ojos y comparte tu espacio interior con el compañero.

Prueba esta variación: una persona cierra los ojos y la segunda utiliza las manos para recorrer todos los rincones del rostro de la primera, teniendo conciencia del contacto. Inviertan la situación y luego compartan la experiencia.

En este momento del experimento, muchas personas dicen que se sienten incómodas. Algunas manifiestan que despiertan sus respuestas sexuales, y es como si tuvieran una relación sexual en público. Mi contestación es: "Lo que tocaban era sus manos y rostros, ¡nada más!". Algunos comentan que nada sintieron; que la situación les pareció ridícula y absurda. Esto me entristece, ya que podría significar que estos individuos se han puesto tras una barrera que les impide disfrutar del contacto físico. ¿Es posible que haya alguien que pueda superar el deseo y la necesidad de la confortación física y el contacto?

Durante los últimos diez años, la gente ha empezado a volverse más receptiva de sus necesidades de contacto. En muchos lugares han aparecido cupones y pases de abrazos; el abrazo es un contacto no sexual y muy humano para dar y recibir nutrimento. Del mismo modo, poco a poco comienza a abarcar a los hombres, pues la piel de estos es tan sensible como la de las mujeres. Tal vez si la gente se diera mayor libertad para satisfacer sus necesidades de contacto, no sería tan agresiva.

He observado que cuando las parejas comienzan a disfrutar del contacto mutuo, sus relaciones mejoran en todas las áreas. El tabú que impide tocar y ser tocado explica las experiencias estériles, insatisfactorias, monstruosas que tienen muchos individuos en sus vidas sexuales. El mismo tabú me sirve para entender por qué los jóvenes a menudo inician una vida sexual prematura: sienten la necesidad de contacto físico, y creen que la única posibilidad de recibirlo es mediante el coito.

Al realizar estos experimentos, quizá te diste cuenta de que están sujetos a interpretaciones personales. Cuando nuestras manos tocan, tú y yo experimentamos distintas sensaciones. Es muy importante que todos comuniquemos a los demás lo que sentimos con su contacto; si yo pretendía darte una caricia afectuosa y tú la percibiste como un contacto brusco, necesito saberlo. Es muy común el desconocimiento de nuestro aspecto o sonido, o de la sensación que provoca nuestro contacto, y como a menudo no logramos comunicar nuestra intención, sufrimos desilusiones innecesarias y mucho dolor en nuestras relaciones.

Ahora, traten de olerse. Quizá esto les parezca un poco vulgar; empero, cualquiera que se aplique un perfume sabe que el sentido del olfato es muy importante para la forma como nos perciben los demás. Muchas posibles relaciones íntimas han abortado o permanecen distantes debido a los malos olores o aromas. Observa lo que sucede al romper el tabú que te impide oler, y toma la libertad de expresarte y escuchar una opinión sobre tus olores.

A estas alturas, después de haber establecido contacto con los ojos, los oídos y la piel, y habiendo compartido las actividades del respectivo espacio interior, es posible que hayan alcanzado una apreciación mayor del compañero. También es factible que al mirar por primera vez, revivieran recuerdos tan intensos de sus viejas heridas que esto haya sido todo lo que pudieron percibir. A esto lo llamo viajar en el camión de basura. Mientras mires en el presente y solo veas el pasado, las barreras crecerán; si encuentras el camión de basura, comunica la situación y procede a vaciarlo.

Lo más importante es que puedan mirarse en el presente, en el aquí y ahora. Aunque no lo crean, he conocido a cientos de parejas que solo se tocan cuando les embarga la ira o el deseo sexual, y que jamás se han mirado excepto en sus fantasías o de reojo. Los ojos nublados por el resentimiento del pasado, o por el temor del futuro, limitan la visión y ofrecen pocas posibilidades de crecimiento y cambio.

El siguiente ejercicio tiene que ver con las posturas y cómo afectan la comunicación.

Coloquen sus sillas respaldo contra respaldo, con una separación de cinco centímetros, y tomen asiento. Hablen; muy pronto observarán algunos cambios. Se sentirán físicamente incómodos, el placer que deriven del compañero disminuirá, y tendrán dificultades para oír.

Agreguen otra dimensión al ejercicio: separen las sillas cinco metros, permaneciendo de espaldas. Observen los drásticos cambios en su comunicación. Incluso es posible que "pierdan" por completo a su compañero.

Cuando inicié mis estudios del funcionamiento familiar, uno de mis primeros descubrimientos fue cuánta comunicación se desarrollaba, precisamente, de esta manera. El contexto es el siguiente: el marido mira la televisión; la esposa se oculta tras un periódico. Cada uno pone su atención en otra cosa, empero, hablan de algo importante: "Espero que hayas pagado hoy la hipoteca", dice uno. El otro gruñe. Dos semanas más tarde, reciben una nota de desahucio. Tal vez puedas recordar varios ejemplos similares en tu familia.

No te engañes pensando que la cortesía requiere una gran distancia física entre los individuos. Considero que una separación mayor de un metro ejerce una gran presión en cualquier relación.

Ahora, hagamos otra cosa. *Decidan quién será A y quién B. En la primera ronda, A se pone de pie y B se sienta en el suelo, frente a A. Hablen de la sensación que experimentan. Interrúmpanse después de un minuto. Compartan sus impresiones de hablar en esta postura. Luego cambien de sitio y vuelvan a compartir.*

En algún momento, todos nos encontramos en la postura de "a nivel del suelo" en relación con los adultos que nos rodean. Tal es la situación de muchos niños en tu familia, en este momento.

Aun en esta postura, tomen conciencia de las sensaciones de su cuerpo. Quien se encuentra sentado debe mirar hacia arriba; en 30 segundos, tendrá dolor en el cuello y los hombros, sus ojos estarán tensos y es posible que empiece a dolerle la cabeza. El que está parado tendrá que arquear la espalda para mirar hacia abajo, y los músculos dorsales y del cuello le dolerán. Es posible que tenga dificultades para ver al crecer la tensión.

(Adopten estas posturas durante 30 segundos y sabrán a qué me refiero. Las sensaciones son terribles transcurrido un minuto.)

La incomodidad física de estas posturas tiene una influencia negativa en la tónica sensorial de cualquier interacción. Dicha tónica sensorial es subliminal y, por tanto, no es consciente.

Todos nacemos pequeños y permanecemos así, en relación con nuestros padres, durante diez o 15 años (a veces más). Si tomamos en cuenta el hecho de que la mayor parte de nuestra comunicación ocurre en las posturas descritas antes, entenderemos por qué muchas personas se sienten diminutas durante toda su vida. Al comprender esto, también entenderemos por qué tantos individuos crecen con una imagen distorsionada de sí mismos y de sus padres como personas.

Vuelvan a colocarse en estas posturas, pero esta vez utilicen personajes adultos. Por ejemplo, inicien el ejercicio con un hombre o una mujer y visualicen cuál de sus padres se encontraba arriba y cuál abajo. Analicemos este experimento desde una perspectiva un poco distinta. Una vez más, en la postura del último ejercicio, los dos deben fijar la mirada al frente y observar el ambiente. Desde el suelo, verán rodillas y piernas y, si bajan la mirada, verán pies, y pies muy grandes. Miren hacia arriba y percibirán todas las protuberancias: genitales, vientres, senos, barbillas y narices. Todo estará fuera de perspectiva.

Muy a menudo he escuchado que la gente habla del aspecto terrible de sus progenitores, de los enormes senos, vientres, genitales, barbillas y demás. Luego, al conocer a los padres, me percaté de que la situación era todo lo contrario. El niño había creado esta imagen amenazadora partiendo de una postura en que se encontraba fuera de perspectiva.

El padre también percibe al niño fuera de perspectiva, y quizá siempre le parezca pequeño. Las imágenes formadas en la infancia pueden convertirse en el fundamento para las experiencias posteriores. Y estas quizá *nunca* cambien.

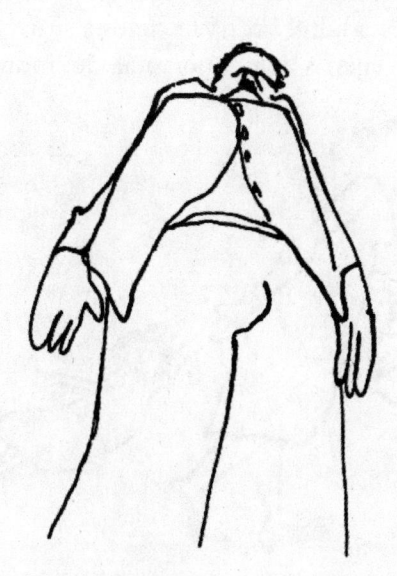

Prueben con esta variación. En las mismas posturas superior e inferior, hagan contacto con las manos. Quien se encuentra en el suelo tendrá que elevar una mano y un brazo; el que está de pie bajará el brazo. 30 segundos son tiempo suficiente para que el brazo levantado quede entumecido.

Siempre que el adulto disfrute de una postura más cómoda, con el brazo en declive, no podrá percatarse de la incomodidad que ocasiona al niño. Este tal vez forcejee para alejarse y entonces el adulto se mostrará irritado por esta "conducta negativa". Lo único que desea el pobre chico es sentirse cómodo. La consecuencia de esta situación es un maltrato no intencional.

¿Cuántas veces has visto a un niño, con los dos brazos elevados, que es virtualmente arrastrado por los padres? ¿O a un progenitor que camina de prisa y arrastra tras de sí a su hijo, tirando de un brazo?

Colóquense en sus posturas de sentado y parado durante 30 segundos. Luego interrumpan el contacto visual y observen la rapidez con que este cambio de posición alivia la tensión de cuello, ojos, hombros y espalda.

Una vez más, imaginemos lo fácil que sería, para un adulto, interpretar como una falta de respeto este acto por parte de un niño. Por otro lado, el niño que trata de establecer contacto con sus padres podría interpretar como indiferencia, o incluso rechazo, una situación similar.

Para un niño sería natural tirar de alguna parte del cuerpo del progenitor para llamar su atención; este acto quizá irrite al padre, al grado de que propine un golpe al chiquillo malcriado. Esto sería muy humillante para el niño, quien además podría resultar lastimado. Una interacción semejante prepara el terreno para fomentar sentimientos de temor y odio en el niño, y rechazo por parte del adulto. Lo triste de esta situación es que las causas son, en su mayor parte, ajenas a la conciencia del individuo. Si tienes hijos pequeños o más pequeños que tú, realiza una investigación con ellos para averiguar cómo establecen contacto en la actualidad.

Existe la posibilidad de que el padre responda a un tirón con lo que pretende ser una caricia tranquilizadora en la cabeza del niño, pero sin medir la fuerza que aplica.

Tú, quien se encuentra de pie, da una palmadita deliberada en la cabeza del que está sentado. ¿sintió el contacto como una caricia consoladora o como un estallido en la cabeza?

En estos últimos ejercicios podemos constatar la importancia del contacto visual. Para que dos individuos puedan establecer un contacto visual efectivo, es necesario que se encuentren al mismo nivel y uno frente al otro; cuando sus imágenes y expectativas mutuas se encuentran en formación, el contacto visual tiene un papel fundamental entre adultos y niños. Las primeras experiencias dejan una honda huella y, a menos que ocurra algo que las transforme, estas experiencias servirán como puntos de referencia para el futuro.

Si tienes hijos pequeños, encuentra la forma de establecer un buen contacto visual con ellos. La mayor parte del tiempo, esto significa que los adultos deben acuclillarse o, como alternativa, fabricar muebles de una altura apropiada para que el niño se ponga de pie y se encuentre al nivel de los ojos del padre o la madre.

Ahora, me gustaría realizar algunos ejercicios que profundizarán la comprensión y darán significado a la interacción de dos individuos. Las buenas relaciones humanas dependen de que una persona entienda el significado de las palabras pronunciadas por otra. Como nuestros cerebros funcionan con mayor rapidez que los labios, a menudo recurrimos a una especie de taquigrafía verbal que puede tener un significado muy distinto para quien nos escucha.

En el ejercicio de tomar fotografías aprendimos que, aunque creíamos estar mirando, en realidad solo creamos lo que veíamos; lo mismo sucede con las palabras. He aquí un ejercicio: *Manifiesta una afirmación que consideres válida para tu compañero. Esta persona debe repetirla textualmente, imitando tu voz, tono, inflexión, expresión facial, postura corporal y movimiento. Es necesario que lo haga con exactitud y, si así ocurrió, dilo; de lo contrario, presenta pruebas de su error. Sé explícito; no conviertan el ejercicio en un juego de adivinanzas. Luego inviertan los papeles.*

Este ejercicio permite que nos concentremos en escuchar y ver, realmente, a la otra persona. Escuchar y mirar requieren toda nuestra atención; todos pagamos un precio muy elevado cuando no vemos o escuchamos con claridad: terminamos haciendo suposiciones que tratamos como hechos.

Una persona puede mirar con o sin atención. Es posible que quien se convierte en el objeto de la mirada no perciba la diferencia y suponga que lo estamos viendo cuando en realidad no es así, y la primera persona comunicará lo que cree ver. Si esta se encuentra en una posición de poder —como padre, maestro o administrador—, puede ocasionar a la segunda persona mucho sufrimiento.

Consideremos, por un momento, las palabras. Cuando alguien habla contigo, ¿sus palabras tienen sentido para ti? ¿Las crees? ¿Te resultan extrañas o las consideras tonterías? ¿Sientes algo por la otra persona, por ti mismo? ¿Te sientes torpe porque no entiendes? ¿Estás intrigado porque no les encuentras sentido? En tal caso, ¿puedes manifestar esta situación y formular preguntas? De lo contrario, ¿te limitas a adivinar? ¿No haces preguntas por temor a que te consideren tonto y, por tanto, permaneces en tu situación de tonto? ¿Qué decir de la sensación de *tener* que guardar silencio?

Estas preguntas interiores son muy naturales y en ocasiones revelan áreas de inquietudes específicas. Si te concentras en estas interrogantes, dejarás de escuchar. Yo expreso así esta situación: "Dejarás de escuchar en el grado en que participes en un diálogo interno".

Al tratar de escuchar a la otra persona te encuentras, por lo menos, en un circo de tres pistas. Atiendes al sonido de la voz del otro, sientes temores pasados y futuros concernientes a ambos, tienes conciencia de tu libertad para decir lo que sientes y, por último, te concentras en el esfuerzo que debes realizar para encontrar el significado de las palabras de tu compañero. Esta complicada actividad del espacio interior ocurre en todos los individuos; a partir de ella se desarrolla la comunicación y de ella depende la interacción entre dos personas.

Volvamos a los ejercicios. ¿Puedes percibir lo que sucede en ti al aplicarte por completo a encontrar sentido en lo que dice la otra persona? *¿Sabes que las palabras y su significado no siempre son lo mismo? ¿Conoces la diferencia entre escuchar con atención y a medias? Cuando hacían la imitación, ¿te diste cuenta de que tu atención divagaba y cometías más errores al mirar?*

Espero que todos aprendan a participar por completo al escuchar; si no quieren o no pueden hacerlo, no finjan. Solo digan: "No puedo estar aquí por el momento", de esta manera, cometerán menos errores. Esto se aplica a toda interacción, pero en particular a la que se establece entre adultos y niños. Para escuchar libremente, es necesario lo siguiente:

1. Que el escucha dé toda su atención al que habla y esté presente en ese momento.
2. Que el escucha abandone las ideas preconcebidas de lo que dirá su interlocutor.
3. Que el escucha interprete lo que sucede de una forma descriptiva y no emita juicios.
4. Que el escucha esté alerta para percibir cualquier confusión y formule preguntas para mayor claridad.
5. Que el escucha haga saber a su interlocutor que lo ha escuchado, y que el contenido de lo dicho fue comunicado.

Ahora, prosigamos con la siguiente parte de los ejercicios de significado. *Siéntate frente a tu compañero, como antes; ahora, uno de los dos hará una declaración que considere cierta. El otro responderá diciendo: "¿Quieres decir...?", para indicar si ha comprendido o no. El objetivo es recibir tres contestaciones afirmativas. Por ejemplo:*

—Creo que hace calor aquí.
—¿Quieres decir que te sientes incómodo?
—Sí.
—¿Quieres decir que yo también debo sentir calor?
—No.
—¿Quieres decir que quieres que te traiga un vaso de agua?
—No.
—¿Quieres decir que deseas que yo sepa que estás incómodo?
—Sí.

—¿Quieres decir que quieres que haga algo al respecto?
—Sí.

En este diálogo, el escucha al menos ha comprendido el significado de su interlocutor. Si el escucha no obtuvo las respuestas afirmativas, su interlocutor tendrá que explicar lo que quiso decir.

Practiquen varias veces con la misma afirmación, cambiando de compañero en cada ocasión. Luego hagan una pregunta. Recuerden que tratan de obtener el significado de la pregunta, no de responderla. Repitan la acción varias veces.

Es posible que hayas descubierto lo fácil que es interpretar mal a una persona al hacer suposiciones de lo que quiso decir. Esto puede tener graves consecuencias, pero también suele ser gracioso.

Recuerdo a una joven madre que estaba deseosa de conocer las interrogantes sexuales de su hijo. Un día se presentó la oportunidad cuando este preguntó: "Mami, ¿cómo llegué aquí?". Créeme, aprovechó al máximo la ocasión. Cuando hubo terminado, su hijo, con una expresión de profunda confusión, repuso: "Quería decir si llegué en tren o en avión?" (La familia se había mudado unos meses antes).

Al realizar los ejercicios de significado, ¿pudiste tomar absoluta conciencia de la confianza y el placer que nacen de un esfuerzo deliberado para entender? Tal vez percibas con mayor claridad que todos poseemos imágenes distintas para las mismas palabras; el aprendizaje de dichas imágenes se denomina comprensión.

¿Alguna vez ha ocurrido esto en tu casa? Tu cónyuge y tú se reúnen al finalizar el día. Uno de ustedes dice: "Bien, ¿cómo te fue hoy?", el otro responde: "Como siempre".

¿Qué significados se hacen evidentes en este intercambio? Una mujer que tuvo esta experiencia con bastante frecuencia comentó que esa era una forma de rechazo por parte de su marido. El esposo me dijo que así era como su mujer le demostraba que no le interesaba.

"Bien, ¿cómo te fue hoy?", puede significar: "Tuve un día difícil y me alegro de que estés aquí. Espero que ahora mejore".

Puede significar: "Siempre estás de mal humor. ¿Sigues enfadada?".

Puede significar: "Me interesa saber qué te ocurrió. Me gustaría oírte hablar de cualquier cosa emocionante que te haya ocurrido".

"Como siempre", puede significar: "¿De veras te interesa? Eso sería estupendo".

Puede significar: "¿Cuál es la trampa que quieres tenderme ahora? Seré cuidadosa".

¿Recuerdas algunos ejemplos en tu familia?

Muchas personas presumen que los demás lo saben todo sobre ellas; esta es una trampa muy común en la comunicación. Otra es el *método de la insinuación*, en el que la gente utiliza respuestas de una palabra. ¿(Recuerdas este viejo relato? Un periodista visitó un asilo de ancianos bastante lujoso, y mientras el director lo acompañaba en un recorrido, el reportero escuchó que alguien gritaba "¡treinta y uno!" en una habitación cercana. Después se escucharon carcajadas. Esto se repitió con otros números y todos recibían la misma respuesta. Por fin, alguien gritó: "¡Número 11!" y siguió un silencio. El periodista preguntó qué ocurría y el director respondió que aquellos internos llevaban tanto tiempo allí, que conocían los chistes de los demás. Para ahorrar energía, habían asignado un número a cada chiste. "Entiendo", comentó el reportero. "Pero ¿qué sucede con el número 11?". El director contestó: "Ese pobre tipo jamás ha podido contar bien un chiste".

Otra trampa de comunicación es la suposición de que no importa lo que uno diga, los demás deben entendernos. Esto se denomina: *Método de adivinar el pensamiento.*

Recuerdo a un joven cuya madre lo acusaba de violar el acuerdo de comunicarle cuándo saldría de casa. Él insistió en que lo había hecho y como prueba, agregó: "Me viste planchar la camisa ese día y sabes que nunca plancho una camisa a menos que pretenda salir".

Me parece que hemos establecido que la comunicación humana implica tomarse fotografías mutuamente y que la gente no comparte imágenes comunes, los significados que asignan a dichas imágenes o los sentimientos que estas evocan.

Esto conduce a que los demás traten de adivinar el significado, y lo trágico es que tratan estas suposiciones como hechos. Para resolver esto, desarrollen cuanto antes la costumbre de confirmar con la otra persona con el fin de determinar si sus significados se compaginan. Nuestras suposiciones sobre los demás distan mucho de ser cien por ciento exactas. Creo que a este procedimiento de adivinación se debe gran parte del distanciamiento innecesario entre los individuos. ¡Parte del problema es que hablamos muy mal! Utilizamos palabras como *eso, aquello* y *esto,* sin precisarlas. Tal situación representa un grave problema para los niños, quienes tienen menos experiencia en adivinar las claves. Cualquiera que escuche una situación semejante, se encontrará a ciegas si las reglas exigen que actúe como si entendiera.

He oído mil veces que una persona dice a otra: "¡Deja eso!". ¿Qué es *eso?* Es posible que la segunda persona no tenga la menor idea. El hecho de que vea que haces algo que quiero que dejes, no significa que sepas de qué estoy hablando. Podemos evitar muchas respuestas hirientes con solo recordar que tenemos que describir aquello que vemos y escuchamos, siendo específicos al hablar.

Esto nos conduce a lo que considero uno de los mayores obstáculos para las relaciones humanas: la suposición de que *tú* siempre sabes lo que *yo* quiero decir. Esta premisa se presenta de la siguiente manera: si amamos, también tenemos la capacidad, y la obligación, de adivinar los pensamientos del otro.

La queja más frecuente entre los miembros de la familia es: "No sé lo que siente". El desconocimiento provoca la sensación de estar excluidos, lo que ejerce una tremenda tensión en cualquier relación, en particular la familiar. La gente me dice que se siente en una especie de tierra de nadie cuando trata de crear algún puente de unión con un miembro de la familia que no muestra o describe sus sentimientos.

Sin embargo, muchas personas que son acusadas de esto, a menudo experimentan intensas emociones. Es posible que no se den cuenta de que no las demuestran, pues creen que, ante los demás, son tan transparentes como ante ellos mismos. Su razonamiento es: "Ella me conoce; por tanto, sabe lo que siento".

He creado un experimento que utilizo para ayudar a los individuos a desarrollar mayor conciencia de esta situación.

Pido a dos personas que discutan sobre algo y hago una videograbación de su intercambio. Luego proyecto la escena y pido a los dos participantes que respondan a lo que ven en comparación con lo que recuerdan haber sentido durante la escena. Muchos se muestran asombrados porque ven cosas de las que ni siquiera se habían dado cuenta cuando realicé la grabación.

Recuerdo un conflicto terrible en una familia, debido a que el padre envió a su hijo al aserradero en busca de una tabla. El chico era obediente, deseaba complacer a su papá y pensó que sabía lo que se esperaba de él. Obediente, fue y regresó con una tabla que tenía un metro menos de lo necesario; su padre, decepcionado, enfureció y acusó al niño de ser tonto y desatento.

El padre sabía cuál era la medida de la tabla que quería, pero, al parecer, no se le ocurrió que su hijo podía no estar enterado. Jamás pensó en esto y no se dio cuenta de la situación hasta que la analizamos durante una sesión. Entonces se percató con claridad de que no había solicitado una tabla de medidas específicas.

He aquí otro ejemplo. Un hijo de 16 años pregunta un viernes a las 5:30 de la tarde: "¿Qué vas a hacer esta noche, papá?". Joel, el padre, responde: "¡Puedes usarlo!". Tomás, el hijo, contesta: "No lo quiero ahora". Joel replica irritado: "¿Por qué preguntaste?". Tomás responde furioso: "¡Es inútil!".

¿De qué hablaban? Tomás quería averiguar si su padre iría a verlo jugar básquetbol esa noche; no preguntó directamente porque temía que Joel se negara, y por ese motivo recurrió al método de la insinuación.

Joel entendió que Tomás le estaba haciendo una insinuación, pero creyó que era una petición para utilizar el auto de la familia. Tomás pensó que su padre lo rechazaba y Joel pensó que su hijo era un desagradecido. Estas interacciones terminaron con un padre y un hijo furiosos, que sentían que no le importaban al otro. Me parece que estos intercambios suelen ser muy frecuentes.

A veces, la gente está tan acostumbrada a decir ciertas cosas en determinadas situaciones, que sus respuestas se vuelven automáticas. Si una persona se siente mal y le preguntan por su estado de salud, responderá: "Estoy bien", porque, en el pasado, se dijo infinidad de veces que *debe* sentirse bien. Además, concluirá que, sin duda, a nadie le interesa, así que, ¿por qué no ofrecer la respuesta deseada? Esta persona se ha programado para tener solo una cuerda en el violín y tiene que utilizarla con todo, sea o no aplicable. La música será muy poco tentadora.

Los individuos pueden analizar sus imágenes mentales al describir lo que ven o escuchan, utilizando un lenguaje *descriptivo*, no crítico. Muchas personas pretenden describir, pero distorsionan sus imágenes al incluir en ellas ciertas palabras críticas o de juicio. Por ejemplo, mi fotografía es que tienes una mancha de tierra en la cara; si utilizo palabras descriptivas, diría: "Veo una mancha de tierra en tu cara". El enfoque crítico ("Tienes la cara sucia"), haría que te pusieras a la defensiva. Con la declaración descriptiva, quizá solo te sientas un poco incómodo.

Aquí hay dos trampas implícitas: *Te describo en mis términos y te pongo un cartabón*. Por ejemplo, eres un hombre y veo lágrimas en tus ojos; como considero que los hombres nunca deben llorar porque eso demuestra su debilidad, concluyo que eres débil y te trato en consecuencia (personalmente, opino todo lo contrario).

Si te digo cuál es el significado que doy a una imagen determinada, evito ser crítica y manifiesto lo que siento ante ella, y si tú haces lo mismo conmigo, al menos seremos sinceros uno con el otro. Es posible que nos desagrade el significado que descubrimos, pero al menos entendemos.

Me parece que ya están listos para correr el riesgo máximo con el compañero. *En esta ocasión, tu tarea es enfrentar al compañero con tres declaraciones que consideres ciertas sobre él o ella, y tres que consideres ciertas sobre ti. Quizá te darás cuenta de que estas son tus verdades del momento y que pueden cambiar en el futuro. Concéntrate en decir tus verdades y trata de expresarlas con tas siguientes palabras: "En este momento, creo que tal y cual cosa sobre ti son ciertas".* Si tienes una verdad negativa, observa si puedes asignarle palabras. Considero que ninguna relación será nutricia a menos que permita comentar todos los estados y aspectos de una manera abierta y libre. Solía decir a mis alumnos que alcanzarían el éxito cuando pudieran decir a una persona que olía mal, haciéndolo de tal manera que la información pareciera un regalo; al principio, es doloroso escuchar esto, pero a la larga resulta muy útil. Muchas personas me han dicho que, a diferencia de sus expectativas, las relaciones quedaron fincadas en un terreno más firme, nutricio y de mayor confianza cuando se dieron cuenta de que podían ser directos con la información negativa y positiva. Recuerda que no debemos abordar una situación negativa de manera negativa; podemos hacerlo positivamente. Tal vez la diferencia principal es hacerlo de manera descriptiva.

Por otra parte, muchas personas jamás expresan su aprecio con palabras. Se limitan a suponer que los demás lo saben. Cuando solo manifestamos objeciones, sin reconocer también las satisfacciones, pueden surgir el distanciamiento y el resentimiento. ¿A quién no le gusta (y quién no necesita) una palmadita en la espalda, de vez en cuando? Esta "palmadita" puede ser tan sencilla como la afirmación: "Te aprecio".

Sugiero que las familias practiquen el ejercicio educativo que acabo de describir, por lo menos una vez a la semana. Después de todo, el primer aprendizaje básico en la comunicación ocurre dentro de la familia. Al compartir la actividad del espacio interior con los demás, lograrán dos cosas muy importantes: conocerán mejor a la otra persona y, de esta manera, transformarán el desconocimiento en algo conocido, y también aprovecharán la comunicación para desarrollar relaciones nutricias: algo que todos necesitamos siempre.

Ahora saben que, siempre que dos personas se encuentran juntas, cada una tiene una experiencia que le afecta de alguna forma. Esta experiencia puede fortalecer lo esperado, ya sea positiva o negativamente: tiene la capacidad de crear dudas sobre la valía del otro y, por tanto, originar desconfianza, o profundizar y fortalecer la valía personal, así como la confianza y unión entre los individuos. Toda interacción entre dos personas ejerce una poderosa influencia en la valía de cada cual, y todo lo que ocurre entre ambas; esto abarca las tareas comunes, como la crianza de los hijos.

Si los encuentros entre una pareja sirven para crear dudas, los individuos implicados en ella empezarán a sentirse mal consigo mismos y se defenderán del otro. Buscarán su nutrimento en otras cosas —el trabajo, los hijos, otras parejas sexuales—. Si el marido y su mujer empiezan a tener encuentros estériles y sin vida, a la larga se aburrirán, lo cual los conducirá a la indiferencia que, probablemente, es una de las peores sensaciones del ser humano, y que por cierto es una causa real de divorcio. Estoy convencida de que cualquier cosa emocionante, o aun peligrosa, es preferible al aburrimiento. Una pelea es mejor que estar aburridos; pueden matarse en ella, pero al menos se sentirán vivos mientras se desarrolla.

Cuando la comunicación entre una pareja o grupo produce algo nuevo e interesante, los individuos alcanzan una nueva vitalidad o una nueva vida. Se desarrolla una relación más profunda y satisfactoria, y las personas se sienten mejor consigo mismas y con los demás.

Espero que ahora, después de hacer los diversos ejercicios, encuentren un mayor significado a mis comentarios previos sobre el proceso de la comunicación: *La comunicación es el factor individual más importante que afecta la salud y las relaciones de una persona con las demás.*

6
Patrones de comunicación

Después de muchos años de escuchar las interacciones entre individuos, poco a poco me percaté de que hay ciertos patrones, al parecer universales, que rigen la forma como la gente se comunica. He observado, una y otra vez, que las personas resuelven de cuatro maneras los efectos negativos del estrés o tensión. Estos cuatro patrones —que llamaré *aplacar, culpar, calcular* y *distraer*— se presentaron cuando una persona respondía a la tensión y, al mismo tiempo, sentía que disminuía su autoestima: que "la olla estaba enganchada". Y además, el "enganchado" no podía manifestar esto.

Al comenzar a comprender estos patrones, vi que la autoestima quedaba enganchada con facilidad cuando el individuo no había desarrollado un sentimiento de valía personal sólido y bien apreciado. Cuando una persona tiene dudas de su valía, suele recurrir a los actos y las respuestas de los demás para encontrar una definición personal. Por ejemplo, si alguien nos llamara cándidos, estaríamos de acuerdo con esta observación sin comprobarla y consideraríamos que tal comentario es adecuado para nuestro caso. Somos cándidos porque la otra persona así lo dijo.

Para cualquiera que tenga dudas de su valor como individuo, será fácil caer en esta trampa. Recomiendo que todo lo que reciban del exterior sea tratado como algo que deben resolver y no como una forma de definición personal.

Del mismo modo, la tensión o el estrés, por sí mismos, no deben representar un ataque contra la autoestima. La sensación de tensión puede ser dolorosa o irritante, mas esto no es equivalente a dudar de nuestro valor individual.

¿Conoces tu sensación interior cuando tu olla está enganchada? Cuando esto sucede con la mía, percibo un nudo en el estómago, los músculos se ponen tensos, contengo el aliento y a veces siento mareos. Mientras sucede lo anterior, me doy cuenta de que solo pienso en el diálogo que sostengo conmigo misma. Las palabras son una variación de: "¿A quién le importo? No soy digna de amor. Jamás hago algo bien. Soy nada". Las palabras que describen este estado son vergüenza, ansiedad, incompetencia, inutilidad y temor.

Lo que diga en un momento semejante podría ser muy distinto de lo que sienta o piense. Si considero que la única forma de salir del dilema es arreglar la situación según tu parecer —para que pienses que soy digna de amor, aceptable y demás—, diré cualquier cosa que consideres adecuada. Lo importante aquí es mi supervivencia y he decidido que esto depende de ti. Al actuar de esta manera, renuncio a mi poder.

Supongo ahora que retengo el poder y mi capacidad para sobrevivir; en esta situación podré decir sin ambages lo que pienso y siento. Quizás sienta cierta incomodidad inicial ante la exposición de mis debilidades y la adopción de cualquier riesgo inherente a ellas, pero evito el dolor más intenso que me provocaría al lastimarme física, emocional, intelectual, social y espiritualmente. Es importante que entiendas que, cada vez que hablas, lo hace todo tu ser; cuando pronuncias una palabra, tu rostro, voz, cuerpo y músculos hablan al mismo tiempo:

Comunicación verbal	–	palabras.
Comunicación corporal/sonora	–	expresión facial, postura corporal, tono muscular, ritmo respiratorio, tono de voz, gesticulación.

Las discrepancias entre la comunicación verbal y la no verbal producen dobles mensajes. Tus palabras dicen una cosa y el resto del cuerpo comunica algo distinto. ¿Alguna vez has oído que alguien dice: "¡Ah, esto de verdad me agrada!", y luego te preguntas por qué mientras hablaba movió la cabeza de manera negativa?

Las familias conflictivas que he conocido resolvían *su* comunicación con dobles mensajes. Estos pueden comunicarse cuando una persona tiene las siguientes actitudes.

1. Tengo una baja autoestima (olla vacía) y creo que soy malo porque me siento así.
2. Tengo miedo de lastimar los sentimientos de los demás.
3. Me preocupan las represalias de los demás.
4. Temo la ruptura de nuestra relación.
5. No quiero imponerme.
6. No me doy cuenta de nada que no sea yo, y no quiero dar significado alguno a los demás o a la interacción misma.

En casi todos estos casos, el individuo no se da cuenta de que está comunicando dobles mensajes.

Por tanto, el escucha tendrá que enfrentar estos dos mensajes, y el resultado de la comunicación estará muy influido por su respuesta. Las posibilidades, en términos generales, son: elegir las palabras e ignorar lo demás; elegir el aspecto no verbal e ignorar las palabras; ignorar la totalidad del mensaje cambiando el tema, alejándonos o quedándonos dormidos, o comentar sobre la doble naturaleza del mensaje.

Por ejemplo, si tengo una sonrisa en los labios y pronuncio las palabras: "Me siento muy mal", estaré enviando un doble mensaje. ¿Cuáles son las opciones? Al elegir una de las posibilidades anteriores, podrías responder a las palabras diciendo: "Lo lamento mucho", a lo que yo podría contestar: "Solo bromeaba". Tu segunda opción es responder a la sonrisa y comentar: "Te veo muy bien", en cuyo caso yo diría: "¡Cómo te atreves a decirme eso!". Tu tercera posibilidad es ignorar la situación y volver a la lectura de tu diario, en cuyo caso yo diría: "¿Qué sucede? ¿Acaso no te importa?". Otra opción, la respuesta niveladora, sería comentar sobre mi doble mensaje: "No sé qué tratas de decirme. Sonríes y, sin embargo, me dices que te sientes muy mal. ¿Qué sucede en realidad?". Así yo tendré la posibilidad de responder: "No quería molestarte", y demás.

Creo que, a menos que la comunicación familiar conduzca a la sinceridad o a un significado claro y único, será imposible encontrar la confianza y el amor necesarios para nutrir a los miembros de la familia.

Lo que sucede entre dos personas en un momento determinado tiene más niveles de los que son visibles en apariencia. La superficie representa, nada más, una pequeña porción de lo que ocurre, algo muy parecido a la diminuta parte del témpano de hielo que aparece sobre la superficie del mar. De allí que pueda ocurrir esta clase de interacción:

—¿En dónde estuviste anoche?
—¡Siempre me fastidias!

Podemos ver que algo sucede a cada individuo en relación consigo mismo.

Algo ocurre a la percepción personal del compañero.

Esta relación puede llevar a la desconfianza, a una olla vacía o a la frustración. Por otra parte, este puede ser el comienzo de una nueva profundidad y confianza; el resultado dependerá de la respuesta que elija la persona.

Analicemos con detalle los cuatro patrones universales que utiliza la gente para resolver la amenaza del rechazo. Al sentir y responder a la amenaza, un individuo que no desea revelar su debilidad tratará de disfrazarla de una de estas formas:

1. *Aplacar,* para que la otra persona no se enfade.
2. *Culpar,* para que la otra persona la considere fuerte (si el compañero se marcha, será por culpa suya, no mía).
3. *Calcular,* para enfrentar la amenaza como si fuese inocua, y la autoestima personal se oculta detrás de impresionantes palabras y conceptos intelectuales.
4. *Distraer,* para ignorar la amenaza, actuando como si no existiera (tal vez si actúo así suficiente tiempo, de verdad desaparezca).

Nuestros cuerpos han aprendido a reflejar nuestros sentimientos de valía personal, sin darnos cuenta. Si nuestra autoestima está en duda, nuestros cuerpos expresarán esto mediante alguna manifestación física.

Con este propósito, he diseñado ciertas posturas físicas que ayuden a las personas a entrar en contacto con aquellas partes de sí que resultan evidentes a los demás, pero no siempre a sí mismas. He exagerado y extendido cada expresión facial y mensaje verbal en la totalidad del cuerpo para que no los pasemos por alto.

Para esclarecer las respuestas (interpretaremos estos papeles en los juegos de comunicación del siguiente capítulo), he incluido un sencillo diagrama de palabras en cada una de las secciones descriptivas. Por favor, observen que estas respuestas son utilizadas tanto por hombres como por mujeres, por los niños y también por los adultos.

Aplacador

Palabras	–	Aceptación: "Lo que quieras me parecerá bien. Solo vivo para hacerte feliz".
Cuerpo	–	Apacigua: "Soy un desvalido" —reflejado en la postura de víctima.
Interior	–	"Siento que yo soy nada; sin ti no vivo. No tengo valor alguno".

El *aplacador* habla con un tono de voz congraciador, trata de agradar, se disculpa y nunca se muestra en desacuerdo, sin importar la situación. Es el "hombre sí" que habla como si nada pudiera hacer por él mismo; siempre tiene que recurrir a la aprobación de los demás. Después se darán cuenta de que si interpretan este papel durante cinco minutos, nada más, tendrán náuseas y deseos de vomitar.

Para un buen papel aplacador, es muy útil que quien lo interprete piense que nada vale; que tiene suerte de que le permitan comer; que debe gratitud a todos, y que es responsable de todo lo que salga mal; sabe que podría hacer cualquier cosa si utilizara el cerebro, pero reconoce que no lo tiene. Por supuesto, acepta cualquier crítica contra él y se muestra agradecido de que alguien quiera dirigirle la palabra, sin importar lo que diga o cómo lo haga. No pensará en pedir algo para sí; después de todo, ¿quién es él o ella para pedir nada? Además, si es bueno, las cosas llegarán por sí solas.

Quien interprete este papel debe adoptar una actitud melosa, de mártir y humilde. Tiene que imaginar que se encuentra arrodillado, encorvado y levantando una mano con ademán suplicante. Debe conservar la cabeza erguida hasta que le duela el cuello, tenga los ojos tensos y le duela la cabeza. Al hablar en esta postura, su voz será aguda y chillona, porque no tendrá suficiente aire para proyectar una voz rica y profunda. Dirá sí a todo, sin importar lo que sienta o piense. La actitud del aplacador requiere la postura que haga juego con la respuesta aplacadora.

Acusador (inculpador)
    Palabras   — Desacuerdo: "Nunca haces nada bien. ¿Qué te sucede?".
    Cuerpo   — Acusa: "Yo soy el que manda aquí".
    Interior   — "Me siento solo e inútil".

El *acusador o inculpador* es aquel que encuentra defectos, un dictador, un jefe que adopta una actitud de superioridad y parece decir: "Si no fuera por ti, todo estaría bien". El sentimiento interno tensa músculos y órganos; entre tanto, la presión arterial aumenta. La voz es dura, tensa y a menudo aguda y ruidosa.

   Para mejor inculpar es necesario ser tan ruidoso y tiránico como sea posible. Acaba con todos y todo. Piensa que señalas con un dedo acusador y empieza la frase diciendo: "Nunca haces esto"; "Siempre haces aquello"; "¿Por qué siempre?"; "¿Por qué nunca?" y demás. No te molestes en esperar una respuesta; esto no tiene importancia. Al acusador le interesa más maltratar que descubrir algo.

Cuando inculpes, respira con inhalaciones cortas o aguanta la respiración, tensando los músculos del cuello. ¿Alguna vez has visto a un inculpador de primera con los ojos saltones, salientes los músculos del cuello, dilatadas las alas de la nariz, la piel enrojecida y voz ronca como si tuviera carbón en la garganta?

Imagina que estás de pie con una mano en la cadera y la otra extendida, con el índice extendido hacia adelante. Tu rostro estará contraído, los labios curvados en una mueca, las aletas nasales distendidas al tiempo que gritas, insultas y criticas todo lo que tienes a la vista. Tu actitud de acusador será parecida al dibujo.

Tampoco consideras tener valor alguno, así que si puedes lograr que alguien te obedezca, sentirás que representas algo. Dada la conducta de obediencia recibida, te sentirás eficaz.

CALCULADOR
Palabras — Superrazonables: "Si alguien observara con detenimiento, podría notar que uno de ustedes tiene las manos maltratadas por el trabajo".
Cuerpo — Calcula: "Soy sereno, frío y controlado".
Interior — "Me siento indefenso".

El *calculador* es un individuo muy correcto, razonable, que no muestra sentimiento alguno. Esta persona parece tranquila, fría, contenida y es posible compararla con una computadora o diccionario. El cuerpo se palpa seco, frío, y tiene una actitud distante. La voz es seca y monótona, y las palabras suelen ser abstractas.

Cuando seas calculador o computadora, utiliza las palabras más largas que hayas escuchado, aun cuando desconozcas su significado; así, al menos, parecerás inteligente. De cualquier manera, después del primer párrafo, nadie te atenderá. Para encontrar el humor necesario para interpretar bien este papel, imagina que tu columna es una larga y pesada varilla de acero que se extiende desde las caderas hasta la nuca, y que un collar de hierro de cinco centímetros te rodea el cuello. Mantente tan inmóvil como puedas, incluyendo los labios. Tendrás que esforzarte para evitar que tus manos se muevan, pero inténtalo.

Cuando calcules, tu voz se apagará de manera natural, debido a que no habrá sensaciones por debajo del cráneo. Tu mente se concentra en impedir el movimiento, y te encontrarás muy ocupado en buscar palabras adecuadas. Después de todo, nunca debes cometer errores. Lo triste de este papel es que representa el ideal de muchas personas. "Di lo correcto, no muestres emoción. No respondas".

La actitud de tu postura de computadora será como sigue:

DISTRACTOR
Palabras — Irrelevantes: Las palabras carecen de sentido o no tienen relación alguna con el tema.
Cuerpo — Angulado: "Voy a otra parte".
Interior — "A nadie le importo. Aquí no hay sitio para mí".

Cualquier cosa que haga o diga el *distractor* será irrelevante a lo que los demás hagan o digan. Esta persona no responde a la situación. Su sentimiento interno es de aturdimiento; la voz puede ser un sonsonete que, a menudo, no armoniza con las palabras, y puede volverse aguda o grave sin razón porque está enfocada en el vacío.

Cuando interpretes el papel del distractor, será útil que pienses que eres como un trompo que gira sin cesar y no sabe a dónde va, y sin darte cuenta de que has llegado a un sitio. Estás muy ocupado en mover la boca, el cuerpo, los brazos y piernas. Asegúrate de nunca ir al grano con tus palabras. Ignora las preguntas de los demás; quizá puedas responder con otra relacionada con un tema distinto. Retira una pelusa imaginaria de la ropa de alguien, desamarra sus zapatos y cosas así.

Piensa que tu cuerpo se desplaza en distintas direcciones al mismo tiempo. Junta las rodillas de manera exagerada; esto hará que resalten las caderas y que encorves los hombros, a la vez que tus brazos y manos se mueven en direcciones opuestas.

Al principio, este papel te brindará alivio, pero después de unos minutos, sentirás la aparición de una terrible soledad y falta de propósito; empero, si te mueves con suficiente rapidez, no lo notarás.

Los demás te verán así:

Cuando practiques a solas, adopta las cuatro posturas físicas que he descrito durante sesenta segundos y observa qué te sucede. Muchas personas no están acostumbradas a sentir las respuestas de sus cuerpos, así que, al principio, tal vez observes que estás tan ocupado en pensar; que no sentirás. Insiste y empezarás a percibir sensaciones internas que has tenido antes. Luego, tan pronto como vuelvas a ser tú mismo, estés relajado y puedas moverte, encontrarás que tus sentimientos internos cambian.

Creo que aprendemos estas formas de comunicación desde la infancia. A la vez que los niños se abren camino en el mundo complejo y, a menudo, amenazador en que se encuentran, prueban uno u otro de estos patrones de comunicación.

Después de utilizarlo con frecuencia, el niño ya no puede distinguir la respuesta de los sentimientos de valía.

Al utilizar estas cuatro respuestas, el individuo favorece el estado de baja autoestima o de olla vacía. Estos métodos de comunicación están reforzados por la manera como asimilamos la autoridad en la familia y por las actitudes imperantes en nuestra sociedad:

- "No trates de imponerte; es egoísta que pidas cosas para ti", refuerza la conducta aplacadora.
- "No permitas que los demás te humillen; no seas cobarde", refuerza al acusador o inculpador.
- "No seas tan serio. ¡Alégrate! ¿A quién le importa nada?", sirve para reforzar la actitud distractora.

A estas alturas, es posible que te preguntes si estos cuatro estilos limitativos de comunicación son los únicos que existen. Por supuesto que no. Existe otra respuesta a la que he denominado *niveladora* o fluida; en ella, todas las partes del mensaje siguen una misma dirección: las palabras hacen juego con la expresión facial, la postura corporal y el tono de la voz. Las relaciones son más fáciles, libres y sinceras, y la gente percibe menos amenazas para su autoestima. Esta respuesta alivia cualquier necesidad de aplacar, culpar, ocultarse en una computadora o permanecer en movimiento perpetuo.

De las cinco respuestas, solo la niveladora permite resolver rupturas, abrir los callejones sin salida o construir puentes de unión entre las personas. Y si la nivelación te parece muy irreal, puedes tener la seguridad de que podrás volver a tu respuesta aplacadora, inculpadora, calculadora o distractora. La diferencia estriba en saber lo que haces y estar dispuesto a afrontar las consecuencias.

Cuando eres nivelador, te disculpas al darte cuenta de que hiciste algo no intencionado; te disculpas por un acto, en vez de hacerlo por tu existencia. Del mismo modo, puedes criticar y evaluar de manera niveladora al valorar un acto y no culpar a la persona. A menudo, también podrás ofrecer una alternativa.

A veces, hablarás de cosas intelectuales, darás sermones, explicaciones o indicaciones cuando sean fundamentales los significados precisos de las palabras. Al nivelar en esta área, mostrarás tus sentimientos y te moverás con libertad al ofrecer una explicación; no actuarás como máquina (muchos individuos que se ganan la vida con el cerebro —científicos, matemáticos, contadores, maestros y terapeutas— a menudo están motivados por el deseo de ser objetivos. Se conducen como máquinas y ejemplifican la respuesta calculadora). Además, a veces querrás cambiar el tema; en la respuesta niveladora podrás decir lo que realmente quieres en vez de dar saltos por la habitación.

El efecto de la nivelación es la congruencia. Cuando el nivelador dice: "Me agradas", su voz es cálida y te mira a los ojos. Si sus palabras son: "Estoy furioso contigo", su voz será áspera y tendrá el rostro tenso. El mensaje es único y directo.

La respuesta niveladora también representa la verdad de esa persona en un momento específico. Esto contrasta, por ejemplo, con una respuesta inculpadora, en la que la persona se siente indefensa, pero actúa con ira o está lastimada y se conduce con valentía.

Un tercer aspecto de la respuesta niveladora es que es total y no parcial. El cuerpo, los pensamientos y las emociones se hacen evidentes, a diferencia de la respuesta calculadora, por ejemplo, en la que nada se mueve excepto la boca, y solo un poco.

La gente niveladora muestra integración, fluidez, apertura y lo que llamo jugosidad. La nivelación permite vivir con intensidad, en vez de solo existir. Todos confían en estos individuos, pues saben qué esperar de ellos y se sienten a gusto en su presencia. Su postura es de libertad de movimientos.

Ahora bien, para ayudarte a diferenciar entre estas cinco modalidades de expresión, deseo presentar cinco formas de disculpa; estos ejemplos también sirven de demostración antes de proseguir a los juegos que aparecen en el capítulo siguiente. Imaginemos que acabo de tropezar contigo.

APLACADOR (*bajo la mirada, retuerzo las manos*): Por favor, discúlpame. Soy muy torpe.

ACUSADOR (INCULPADOR): ¡Por Dios, acabo de golpearte el brazo! ¡La próxima vez, ten más cuidado para no darte un codazo!

CALCULADOR: Quiero ofrecerte una disculpa. Sin percatarme de lo que hacía, golpeé tu brazo al pasar. Si te he causado algún daño, por favor, comunícate con mi abogado.

DISTRACTOR (*mirando a otra persona*): Caramba, ese tipo parece furioso. Alguien debió golpearlo.

NIVELADOR (*mirando directamente a la persona*): Tropecé contigo. Lo lamento. ¿Te lastimé?

Tomemos ahora otra situación imaginaria. Soy tu padre y tú, mi hijo, has hecho algo malo.

Aplacador (*con voz apagada y mirando hacia el suelo*): Yo —pues, yo— caramba; cielos, Jaime, yo... lo lamento... ¿te sientes bien? Sabes, promete que no te enfadarás. No, lo haces muy bien, es solo que, ¿podrías hacerlo un poco mejor? ¿Tal vez solo un poquito mejor? ¿Quieres?

Acusador (inculpador): ¿Qué te pasa? ¿No sabes hacer nada, pedazo de tonto?

Calculador: Estamos realizando un análisis de la eficacia de nuestra familia. Hemos observado que, en este sentido, y en particular en tu caso, la eficacia ha comenzado a disminuir. ¿Deseas manifestar alguna opinión o comentario?

Distractor (*se dirige al otro hijo, parado junto a Jaime*): Dime, Arnoldo, ¿tu cuarto es igual al de Jaime? No, no ocurre nada malo... solo estaba dando un paseo por la casa. Dile a Jaime que hable con su madre antes de acostarse.

Nivelador: Jaime, tu cuarto está muy desordenado. No has tendido la cama desde ayer. Necesitamos analizar lo que anda mal.

Reconozco que es muy difícil renunciar a los antiguos patrones para convertirnos en niveladores. Una manera de alcanzar este objetivo es averiguar cuáles son los temores que nos impiden adoptar una actitud niveladora. Para acabar con el rechazo que tanto tememos, todos acostumbramos a amenazarnos de alguna de estas formas:

1. Podría cometer un error.
2. Alguien tal vez se sienta disgustado.

3. Alguien podría criticarme.
4. Tal vez se convierta en una imposición para los demás.
5. Ella pensará que no sirvo para nada.
6. La gente podría pensar que no soy perfecto.
7. Él podría abandonarme.

Cuando puedas responder a estos argumentos con las siguientes respuestas, habrás alcanzado un crecimiento real:

1. Sin duda cometeré errores si emprendo cualquier acción, en particular una nueva.
2. Seguramente alguien estará inconforme con lo que haga. No a todos nos gustan las mismas cosas.
3. Sí, alguien me criticará. En realidad, no soy perfecto y las críticas son útiles.
4. ¡Claro! Cada vez que hablo e interrumpo a otra persona, ¡trato de imponerme!
5. Bien, tal vez ella piense que no sirvo para nada. ¿Podré sobrevivir al comentario? Tal vez a veces no sea el mejor; a veces la otra persona me "echa la culpa". ¿Puedo distinguir la diferencia?
6. Si pienso siempre que debo ser perfecto, es muy posible que siempre encuentre alguna imperfección.
7. Y bien, tal vez me abandone. Quizá sea lo mejor y, de cualquier modo, no voy a morir por eso.

Estas actitudes te brindarán la oportunidad de depender de ti mismo; no será sencillo e indoloro. Si aprendemos a reír de nosotros mismos, la tarea será más grata. Podremos crecer y sentirnos bien. El resultado bien vale el esfuerzo.

Sin intención de parecer frívola, considero que la mayor parte de las cosas que utilizamos para amenazarnos y que afectan nuestra autoestima, a la larga son solo tormentas en un vaso de agua. Esta es la oportunidad para ver el lado amable de la forma como nos amenazamos. Otra manera de sobreponerme a estas amenazas es preguntarme si seguiría con vida en la eventualidad de que estas amenazas imaginarias se volvieran realidad. Si podía responder afirmativamente, entonces me sentía segura. Hoy puedo responder con un sí a todas estas interrogantes.

Jamás olvidaré mi sorpresa al descubrir que otras personas se preocupaban también por estas ridículas amenazas; durante muchos años creí que yo era la única, y me mantenía ocupada tratando de aventajarlas; al mismo tiempo, me esforzaba por ocultar mi angustia. Mi temor era: "¿Qué sucedería si alguien se enterara?". Bien, ¿y qué importaba que alguien lo supiera? Ahora sé que todos utilizamos las mismas cosas para amenazarnos.

A estas alturas te habrás dado cuenta de que la respuesta niveladora no es una receta mágica. Es una forma de responder a personas reales en situaciones reales que te permitan estar de acuerdo, porque lo estás en realidad y no porque quieres ganar su aprecio. La nivelación te permite utilizar el cerebro libremente, pero no a costa de tus sentimientos o de tu ánimo. También te permite cambiar el curso, no para escapar de la situación, sino porque eso es lo que deseas y necesitas hacer.

La respuesta niveladora permite que vivas como una persona íntegra: verdadera, en contacto con tu cabeza, corazón, sentimientos y cuerpo. Un nivelador tiene integridad, compromisos, sinceridad, intimidad, competencia, creatividad y la capacidad para resolver problemas verdaderos de una manera real. Los cuatro patrones de comunicación restantes conducen a una dudosa integridad, a un compromiso negociado, a la falta de honestidad, a la soledad, un mal desempeño, a la estrangulación tradicional y a la resolución de problemas imaginarios con medios destructivos.

Se requiere valor, arrojo, algunas nuevas creencias y habilidades para convertirse en un individuo nivelador. No es posible fingir.

La gente tiene hambre de rectitud, sinceridad y confianza. Cuando se da cuenta de esto y tiene el valor necesario para intentarlo, disminuye la distancia que lo separa de los demás.

Llegué a esta conclusión mediante la difícil técnica de acierto y error, tratando de ayudar a individuos que tenían graves problemas de vida. Descubrí que la gente se curaba al encontrar sus corazones, sentimientos, cuerpos y mentes; este proceso los puso en contacto, una vez más, con sus almas y, por lo tanto, con su humanidad. Aprendieron a expresarse como personas íntegras, lo que a su vez les sirvió para encontrar su autoestima, relaciones nutricias y resultados satisfactorios. Nada de esto habría sido posible al recurrir a cualquiera de los cuatro patrones limitantes de comunicación.

Con base en lo que he observado, he llegado a algunas conclusiones tentativas sobre lo que debo esperar al conocer a un nuevo grupo de personas. En general, 50% dirá que sí a todo, sin importar lo que piense o sienta (aplacadores); 30% dirá que no, sin tomar en cuenta sus pensamientos o emociones (acusadores); 15% no afirmará ni negará, y no revelará lo que siente (calculadores), y 0.5% actuará como si no existiera una respuesta positiva, negativa o cualquier emoción (distractores). Esto deja solo a 4.5%

de seres reales, niveladores. Mis colegas me han dicho que soy optimista y argumentan que la respuesta niveladora solo se da en 1% de la población estadounidense (una vez más, esto no se fundamenta en una investigación válida. Solo representa una corazonada clínica).

En la jerga común, parecería que somos ladrones emocionales que se ocultan, emprenden juegos peligrosos entre sí y llaman a esto sociedad. Si queremos enfermar nuestros cuerpos, desconectarnos de los demás, renunciar a nuestro hermoso poder mental y volvernos mudos, sordos y ciegos, sugiero que continuemos utilizando solo los cuatro métodos limitativos de comunicación.

Me asalta una fuerte emoción al escribir estas palabras. Para mí, la soledad, la impotencia y la sensación de falta de afecto, de olla vacía o incompetencia, representan los verdaderos males de la humanidad. Ciertas formas de comunicación perpetúan esta situación, en tanto que otras la cambian. Si entendemos y reconocemos la respuesta niveladora, también aprenderemos a utilizarla.

Me gustaría ver que todo ser humano sabe valorarse y apreciarse, y que puede sentirse pleno, creativo, competente, saludable, flexible, hermoso y amoroso.

A pesar de mis exageraciones de las primeras cuatro formas de comunicación (incluso pueden parecerte graciosas), hablo muy en serio al referirme a su naturaleza mortífera. En el próximo capítulo, cuando realices los juegos que he inventado, sentirás con exactitud cómo son estos estilos de comunicación. Muy pronto te percatarás de los efectos que tienen en tu cuerpo, de la desconfianza que provocan en tus relaciones, y de los resultados ridículos, decepcionantes y, muchas veces, desastrosos que suelen precipitar.

7
Juegos de comunicación

Ya estamos listos para practicar los juegos de la comunicación. Voy a explicarlos con detalle, esperando que se sientan lo bastante desafiados e intrigados para probarlos de verdad. Leer sobre algo es muy distinto de ver y hacer ese algo. Me gustaría brindarles las tres experiencias: leer sobre estos juegos, realizarlos y luego interesar a otro grupo para que los realice mientras ustedes observan. Cada una de estas situaciones añade una nueva dimensión al aprendizaje personal.

Cualquiera puede leer sobre la natación, ver cómo nadan otras personas y desconocer de qué se trata esta actividad, hasta que él o ella se encuentran en el agua.

He presentado estos juegos a muchas personas en todo el mundo, desde niños preescolares (quienes los llaman: "Jugar a la casita") hasta diversos grupos de adultos: negociantes, clérigos, miembros y empleados de hospitales, así como familias. Jamás he conocido a una persona que no pudiera jugar; conozco a algunas que no quisieron hacerlo, pero me parece que temían intentarlo y disfrazaron el temor diciendo que no podrían hacerlo.

Quizá parezca extraño, pero tan pronto como la gente comienza a participar en estos juegos, conocen el diálogo. Para mí, esto valida el hecho de que mis juegos reflejan las experiencias reales de las familias y la sociedad. No importa el nivel económico, la raza, la edad, el sexo, la nacionalidad o religión, todos conocen el lenguaje y los ademanes de estos ejercicios.

Los invito a zambullirse en estos juegos. Se sorprenderán de lo mucho que pueden aprender de sí mismos, los restantes miembros de la familia y de cómo funcionan en conjunto. Después de jugar, la mayoría de los participantes afirma que los juegos les abrieron nuevas ventanas a un mayor entendimiento. Reconozco que cada vez que participo en ellos, aprendo algo nuevo. Estos juegos han sido muy útiles en mi caso para recuperar la perspectiva cada vez que la pierdo, temporalmente, y es indudable que representan un medio de crecimiento. Tal vez ustedes tengan una experiencia similar. ¡Adelante!

Además del aprendizaje y el crecimiento, encontrarán divertidos estos juegos.

Para empezar, jueguen tres personas a la vez —una tríada—, mientras los demás observan. Empiezo con una tríada por ser la unidad familiar básica (madre, padre e hijo). Fue así como todos aprendimos nuestros patrones de comunicación. Pueden iniciar con tres miembros de la familia elegidos al azar, pero sugiero que comiencen con el hijo mayor. Por cierto, los niños quizá deban tener por lo menos tres años para participar bien.

La primera tríada podría estar conformada por el marido, la mujer y el hijo mayor. Con el fin de aprovechar mejor sus esfuerzos para entender la comunicación en la familia, sugiero que practiquen el juego con todas las tríadas posibles, una a la vez. Si son una familia de cinco miembros, sus tríadas serán como sigue:

- Marido, esposa y primer hijo.
- Marido, esposa y segundo hijo.
- Marido, esposa y tercer hijo.
- Padre, primero y segundo hijo.
- Padre, segundo y tercer hijo.
- Padre, primero y tercer hijo.
- Madre, primero y segundo hijo.
- Madre, segundo y tercer hijo.
- Madre, primero y tercer hijo.
- Primero, segundo y tercer hijo.

Esto totaliza diez tríadas, mismas que requerirán alrededor de tres o cuatro horas. Tomen todo el tiempo necesario. Si aparece algún material que sea de utilidad, déjenlo surgir; no presionen.

Si disponen de una grabadora de audio o video, úsenla. Después reproduzcan la grabación y estén preparados para algunas sorpresas.

Muy bien. Son tres los que han accedido a participar en el juego. Inviten a los otros miembros a observarlos; harán aportaciones muy útiles más tarde. Siéntense en sillas cercanas; cada uno dará un nombre distinto al suyo, incluyendo el apellido. Anuncien su nuevo nombre con voz alta. Al parecer hay mayor libertad para aprender cuando las personas utilizan nombres diferentes.

Realicen estos juegos, donde cada uno de ustedes elegirá una forma de comunicación distinta (aquí será necesario referirse al capítulo anterior, en el cual analicé las respuestas aplacadora, acusadora, calculadora, distractora y niveladora). Por ejem-

plo, uno de ustedes podría culpar, otro aplacar y el tercero también podría culpar. En la siguiente ronda, pueden elegir papeles distintos. A continuación presento una serie de combinaciones que he observado con frecuencia:

Persona 1	Persona 2	Persona 3
Acusador	Aplacador	Acusador
Aplacador	Acusador	Aplacador
Acusador	Acusador	Aplacador
Calculador	Acusador	Distractor
Acusador	Calculador	Distractor
Calculador	Calculador	Aplacador
Distractor	Calculador	Aplacador
Calculador	Distractor	Acusador
Aplacador	Aplacador	Distractor

Al interpretar estos papeles, es posible que encuentren una combinación que les resulte conocida. En tal caso, manténganse en ella. Averigüen cómo afecta su comunicación. Pidan a los observadores que hagan comentarios.

Una vez decidido quién interpretará cuál variante de la comunicación, manifiesten su decisión en voz alta. Empiecen adoptando la postura física que compagine con la comunicación elegida. ¿Recuerdan las actitudes de comunicación que *corresponden a la respuesta aplacadora, calculadora, acusadora y distractora? He aquí estas actitudes en combinación.*

Conserven sus posturas durante un minuto. Mientras hacen esto, aprovechen la oportunidad de experimentar, conscientemente, lo que sienten hacia sí mismos y los demás. Luego tomen asiento y practiquen estos mismos estilos de comunicación en una conversación. Este es un ejemplo de una posible interacción:

SAÚL [padre-marido] *(acusador):* ¿Por qué no has hecho planes para nuestras vacaciones?

ELSA [madre-esposa] *(acusadora):* ¿Por qué me gritas? Tienes tanto tiempo como yo.

CARLOS [hijo] *(acusador):* ¡Bah, ya cállense! Siempre están gritando. De cualquier manera, no iré de vacaciones.

SAÚL *(acusador):* ¿Quién dice? Además, jovencito, no te metas en esto. *(O aplacador):* ¿A dónde te gustaría ir, querido?

ELSA *(calculadora):* Según el último ejemplar de mi revista, un cambio en el ritmo de actividad es una buena forma de planear las vacaciones.

SAÚL *(aplacador):* Lo que tú digas, cariño.

CARLOS *(aplacador):* Siempre tienes buenas ideas, mamá.

ELSA *(calculadora):* Muy bien. Empezaré a hacer las listas por la mañana.

Preparen una alarma que suene a los cinco minutos. Si existe un conflicto particular en la familia, utilícenlo como el tema de discusión. Si no hay tal situación, traten de planear una actividad conjunta: una comida, unas vacaciones, una limpieza de la cochera o cualquier cosa que pueda realizar la familia. Al jugar, no teman exagerar su comunicación. Cuando suene la alarma, deténganse, aun a mitad de una frase. De inmediato, reclínense en el respaldo de la silla, cierren los ojos y tomen conciencia de su respiración, de sus pensamientos, emociones, de las sensaciones corporales y de lo que sienten por los demás.

Traten de imaginar que viven siempre en esas condiciones. Es posible que les suba la presión sanguínea; quizá se encuentren sudorosos o sientan malestares físicos diversos. Relájense, con los ojos siempre cerrados. Muévanse un poco para aflojar los músculos tensos, de ser necesario. Luego, despójense mentalmente del nombre que utilizaron en el juego y, en silencio, repitan su nombre verdadero.

Abran los ojos y comuniquen a sus compañeros las experiencias internas que tuvieron mientras interpretaban el papel. ¿Qué sucedió? ¿Qué pensaron y sintieron, y qué aspectos del pasado y presente quedaron en relieve? ¿Qué hacía su cuerpo? Digan lo que sintieron por los otros miembros del grupo mientras actuaban su papel.

Es posible que empiecen a tomar conciencia de que el resultado de cualquier plan o resolución de conflictos está muy relacionado con la comunicación. Al utilizar una forma de comunicación distinta, el resultado será diferente.

Algunas de las combinaciones utilizadas en estos juegos son similares a los patrones de comunicación que usan en la realidad durante la interacción con los demás. Quizás algunos les resulten dolorosos; los juegos también evocan recuerdos de lo que fue la infancia que vivieron con sus padres, al menos una parte de ella. En este caso, traten la situación como un descubrimiento, en vez de considerarla un látigo con el cual fustigarse. Antes de decirse cuán malos o tontos fueron ustedes o ellos, aprovechen el descubrimiento como un punto de partida.

Vuelvan a probar con un grupo distinto de posturas de comunicación. También podrían intentar un cambio de papeles. Por ejemplo, el hombre que fue el padre, ahora podrá ser un hijo o una hija.

Al finalizar cada juego, tomen todo el tiempo necesario para manifestar su experiencia interior a los compañeros. Luego adopten el siguiente papel, preparen la alarma e interpreten los siguientes papeles hasta que hayan terminado.

Cuando compartan su experiencia interior, es posible que sientan incomodidad, que empezará a disiparse al expresarla con palabras. También podrían observar que utilizan una voz distinta cuando hablan de su yo interno. En este momento se encontrarán muy próximos a utilizar una respuesta niveladora. Cuando la gente empieza a practicar estos juegos, a menudo se niega a realizar, abiertamente, lo que teme haber hecho en secreto toda su vida. Por ejemplo, algunas personas sienten náuseas ante la idea de la respuesta aplacadora, porque quieren ser percibidos como individuos poderosos. Otras responden con violencia contra la acusadora, porque no quieren que los demás los juzguen en esta actitud. Empero, todos aprendemos mucho si nos permitimos desarrollar los papeles en su totalidad. Recuerda, puedes tomar la decisión de desechar estas características al final.

Si eres mujer y te preocupa parecer desagradable y dominante, y si resuelves el conflicto impidiéndote manifestar, en todo momento, alguna característica negativa o dominante, estarás controlándote con mano de hierro. Mas esta mano puede volverse muy pesada y, en ocasiones, tendrás que renunciar a ella. Entonces, ¡sorpresa!, aparece la mujer dominante y desagradable. En contraste, puedes elegir esta conducta en cualquier momento; el rasgo dominante, bien dirigido, permite una saludable afirmación de la personalidad, algo que todos necesitamos.

Este concepto es comparable a tener tres perros hambrientos que siempre tratan de salir de su jaula, y tres canes bien alimentados que obedecen de inmediato a la llamada del amo. Si olvidas cerrar la reja, los perros hambrientos escaparán y podrían devorarte. Los perros bien alimentados quizás escapen, e incluso huyan, pero no te morderán.

Bueno, tienes la tendencia a ser desagradable; sácala, adórnala y respeta esta tendencia como una parte de tu personalidad. Ámala y dale un sitio entre tus emociones restantes. Puedes hacer lo mismo con todas tus tendencias. De esta manera, una tendencia no podrá dominarte, sino que aparecerá y responderá a tus designios. Es posible que, a la larga, recurras a ella con cada vez menor frecuencia hasta que, como un vestido de gala que ya no es de tu medida y ha pasado de moda, tal vez quieras remodelarlo para que lo use tu hija, regalarlo o utilizarlo como un trapo para hacer el aseo.

Si tratas de ocultar o contener tus tendencias, no tendrás éxito, pues estarán esperando la oportunidad para escapar y hacer sentir su presencia.

Si eres hombre y te preocupa parecer sumiso, y resuelves el problema actuando con dureza o crueldad, te encontrarás en la misma situación. Tu tendencia siempre estará dispuesta para acabar contigo. Sin embargo, con un poco de cuidado y remodelación, esa cualidad de sumisión puede convertirse en una ternura que, como hombre, necesitas muchísimo, pues permite que tu cuerpo se conserve saludable y jugoso, que establezcas una relación amorosa con tu mujer e hijos, y entres en contacto con tus colegas. El desarrollo de la ternura no exige la eliminación de tu dureza; esta también es necesaria. Y puedes tener las dos cualidades; no es indispensable que te conformes con una.

Una vez que las personas deciden analizar todos sus aspectos, desarrollan un sentido de la perspectiva y del humor que les permite tomar mejores decisiones. También aprenden a neutralizar cualquier actitud negativa hacia sus tendencias, y aprenden a utilizar dichas tendencias de un modo más positivo.

He aquí otro experimento útil. Después de que todas las tríadas hayan participado, practiquen el juego con toda la familia. A estas alturas ya conocen bien los juegos y tienen cierta habilidad para jugarlos.

Cada miembro de la familia elige un nombre y lo anuncia. Cada cual selecciona entonces, en privado, una de las cuatro respuestas, pero no la comunica a los demás. Una vez que todos adoptan el papel, traten de planear algo juntos. Una vez más, utilicen una grabadora.

Preparen la alarma para 30 minutos. Cuando comiencen a tener sensaciones internas de incomodidad, cambien sus papeles. Si han sido aplacadores, interpre-

ten otro estilo, quizás el acusador. *Conserven este papel hasta que, una vez más, sientan incomodidad.*

Al finalizar el ejercicio, digan a sus compañeros, con tanta precisión como sea posible, lo que sintieron y pensaron de ellos y de sí mismos mientras actuaban. Quizá observaron que mucho antes de que transcurrieran los 30 minutos, y aun con el cambio de papeles, se sintieron incómodos y solo se aliviaron al hablar con sinceridad de su experiencia. Una vez más, esto los aproximará a la respuesta niveladora.

A consecuencia de la total asimilación y aprendizaje de estos juegos, la gente a menudo se percata de que posee más talento del que imaginaba. Todos pueden desarrollar su capacidad de interpretación de los distintos papeles. Descubrirán que, en vez de quedar encasillados en una posibilidad, dispondrán por lo menos de cuatro, y tal vez de cinco. Esta certeza les dará la posibilidad de elegir, lo que incrementará su nivel de autoestima. Repitan para sí: "Puedo ser aplacador, acusador, calculador, distractor y nivelador. *Puedo elegir*". En lo personal, prefiero la respuesta niveladora. Esta produce los mejores resultados, y es, como todos saben ya, la más difícil de aprender. Sin embargo, su única dificultad estriba en que no la aprendimos durante la infancia.

Al disculparme sin aplacar, al diferir sin acusar, al ser razonable sin mostrarme inhumana y aburrida, y al cambiar de tema sin distraer, obtengo una mayor satisfacción personal, sufro menos dolor interior y tengo más oportunidades de crecimiento y de establecer relaciones satisfactorias con los demás, sin hablar de una mayor competencia. Por otra parte, si decido utilizar cualquiera de los otros estilos, puedo tomar la responsabilidad de sus consecuencias, y aceptar el sufrimiento derivado de mi estropeada comunicación.

¿Percibiste la fatiga de tu cuerpo al participar en estos juegos? Los malestares comunes como dolores de cabeza y espalda, presión alta o baja y los trastornos digestivos son más comprensibles si los consideramos consecuencias naturales de la manera de comunicarnos. ¿Puedes imaginar las limitadas posibilidades de acercamiento y comprensión de los demás, si estos patrones fueran los únicos disponibles? ¡Las relaciones estarían necesariamente deterioradas!

Al sentir la tensión interna, la frustración personal y la desesperanza que acompañan a los patrones de comunicación, ¿puedes imaginar también que, si estuvieras cautivo en estas respuestas, te sentirías tentado a enfermar, tener una relación extramarital, cometer suicidio o, incluso, un homicidio? Solo evitarías actuar de esta manera obedeciendo normas rígidas que controlen tus impulsos; y es muy posible que, al invertir tu energía en el ejercicio de estas normas, te sometas a un sufrimiento innecesario. Hablaré más sobre dichas normas en el capítulo siguiente.

Casi todas las personas que han manifestado dificultades para resolver sus conflictos existenciales —problemas escolares, alcoholismo, adulterio, lo que sea—, habían establecido la comunicación en alguna de las cuatro variantes limitativas. Si existen individuos que han tenido éxito con estas respuestas, no los conozco. Nunca insistiré suficiente en que estos cuatro estilos de comunicación se originan en una olla vacía, en los sentimientos de baja autoestima aprendidos en la infancia.

Ahora puedes ver con claridad cómo tu olla se relaciona con tu comunicación. También puedes percatarte de que los actos de los demás se originan en sus comunicaciones. Es como un carrusel: para empezar, tengo una baja autoestima, mi comunicación con los demás es mala, eso hace que me sienta peor, mi conducta refleja esta situación y vuelta a empezar.

Analicemos un ejemplo común. Esta mañana despertaste malhumorado e inquieto. Tienes que ir a trabajar y encarar a un jefe que, tú crees, tiene algo en tu contra. Una de tus normas es que nadie debe conocer tus temores. Tu marido o mujer se da cuenta de tu cara larga y comenta: "¿Qué te sucede?". "Nada", respondes con frialdad, corres a la puerta, la cierras de golpe sin despedirte de tu pareja. No te das cuenta del efecto de tu conducta.

Tu cónyuge está alterado y actúa en consecuencia. Cuando vuelves a casa, encuentras una nota en la que te comunica que ha salido. Cuando tu pareja regresa, ignora tu invitación de ir a la cama. Y continúa el ciclo.

Las cuatro respuestas demuestran que cada persona hace que los demás sean los que tomen decisiones por él o ella. Entregamos nuestro destino al albedrío de los demás y no vivimos con la libertad de tomar las determinaciones pertinentes sobre nuestras respuestas. Por supuesto, así es fácil quejarnos de los malos tratos que recibimos.

Esta situación demuestra que todo individuo hace que los demás acentúen sus características personales. El acusador hace que el aplacador sea más aplacador, y el aplacador logra que el inculpador sea más inculpador. Esto es el principio de lo que denomino un sistema cerrado, el cual analizaremos después.

Cuando esta clase de comunicación se ha desarrollado durante varios años, el individuo empieza a considerarse infortunado y ve el mundo como un lugar sombrío y difícil. Deja de crecer y empieza a morir antes de tiempo.

Es importante que nos percatemos del poder que esta respuesta ejerce en los demás.

- La respuesta aplacadora puede evocar culpa.
- La respuesta acusadora puede evocar temor.
- La respuesta calculadora puede evocar envidia.
- La respuesta distractora puede evocar el deseo de diversión.

De este modo:

- Si despierto tu culpa, podrías perdonarme.
- Si despierto tu temor, podrías obedecerme.
- Si despierto tu envidia, podrías aliarte conmigo.
- Si despierto tu deseo de diversión, podrías tolerarme.

Empero, en ningún caso podrás amarme o confiar en mí y esto es lo que, a la larga, permite una relación favorecedora del crecimiento. Así, lo único que hacemos es sobrevivir. Considero que debemos analizar detenidamente este punto. He conocido a mucha gente que nunca comparte abiertamente su interior; tal vez porque no saben hacerlo o tienen miedo. Espero que estés descubriendo tu capacidad para compartir los sentimientos; si te das cuenta de que no lo has hecho hasta ahora, recuerda que una vez que empieces, estarás beneficiando tu salud.

Por cierto, para ocultar bien los sentimientos se requiere una habilidad que pocas personas poseen. De esta manera, los esfuerzos de muchos los ponen en el papel de la típica avestruz que mete la cabeza en la arena; cree que se encuentra a salvo, pero no lo está. Quienes tratamos de engañarnos como el avestruz, a menudo nos sentimos mal interpretados y traicionados por los demás.

Por supuesto (si insistes), existen medios para ocultarte con éxito. Podrías meterte en una caja negra con un pequeño orificio que permita la salida de tu voz; será necesario que hables monótona y lentamente. Tu vida no será gran cosa, pero estarás oculto.

Como aprendimos en los ejercicios elementales, pueden enmascarar las emociones al hablar siempre de espaldas a los demás. No podrán verse ni escucharse, pero tampoco percibirán las emociones. Si te colocas a 10 o 15 metros de un individuo, tus emociones quedarán bien ocultas, en particular si pones entre ambos una barrera, como otras personas o una mesa grande. En muchas familias, las parejas suelen hacer esto colocando a los hijos entre ambos.

Pero puedes estar seguro de que cuando alguien trata de ocultar sus sentimientos —en particular las emociones fuertes, intensas—, a menudo estos salen a la luz en el cuerpo o en el rostro. El resultado es que quien pretende ocultar sus sentimientos parece más un embustero o un hipócrita que otra cosa.

Como mencioné, las cuatro respuestas que han experimentado son formas de ocultar o disfrazar algunas partes de la personalidad. Es posible que quienes hayan hecho esto durante mucho tiempo, ya no tengan conciencia de las partes restantes de su persona. Quizás, de manera consciente, piensen que es una forma de sobrevivir, o tal vez no conozcan otra salida.

En la respuesta aplacadora, el individuo oculta sus necesidades; en la respuesta acusadora, oculta la necesidad que tiene de otra persona; el calculador esconde sus necesidades emocionales y la necesidad que tiene de los demás. Estas mismas necesidades las ignora el distractor, quien además elimina cualquier relación con tiempo, espacio o propósito.

Así tenemos que estas son las corazas con que las personas ocultan sus emociones para que no las lastimen. El problema es convencerlas de que *no hay peligro* al expresar sus sentimientos. Esto representa 90% del trabajo del terapeuta, y es la tarea más importante de todo individuo: conocerse y sentirse seguro para expresar sus sentimientos con sinceridad.

La experiencia me ha demostrado que la gente que no puede o no quiere mostrar sus emociones se encuentra muy sola, aun cuando su conducta no siempre revele esta situación. La mayoría de estos individuos ha recibido heridas terribles y fueron ignoradas durante largos periodos de la infancia. La manera de evitar que vuelvan a lastimarlos es no demostrar sus sentimientos. El cambio requiere tiempo, un compañero amoroso y paciente, y una nueva conciencia. Aun así, esto no siempre funciona si la persona afectada no desea ni entiende su necesidad de cambio.

Por otra parte, la intimidad personal es una parte muy importante de cualquier relación. En ocasiones, el individuo no encuentra las palabras o, simplemente, no desea compartir sus sentimientos. En tal caso, puede decir, sin ambages: "No quiero decírtelo", o bien: "No encuentro palabras para expresarlo". Empero, al decir a una persona cercana que no quieres revelar algo, podrías afectarla; el secreto lastima. Sin embargo, lo importante es que seas muy claro al manifestar que no quieres hablar de tus emociones internas en ese momento. Esto implica una respuesta real y niveladora. "Prefiero no hablar de lo que pienso y siento ahora", es una actitud muy distinta de la de ocultar las emociones detrás de una coraza.

La expectativa de "volcar el alma" todo el tiempo también puede resultarte incómoda. La clave de la nivelación es que elijas cuándo y cómo hablar, y encuentres un contexto que permita esto. La intimidad forma parte de la conservación de la integridad personal.

¿Qué acostumbras a hacer con tu intimidad? ¿Crees que te ofrece buenos resultados? ¿Cómo sabes si funciona o no?

Al analizar tu experiencia con los juegos, si los realizaste con seriedad, quizá te sorprenda el hecho de que tu cuerpo, tus emociones y pensamientos sufrieron alteraciones aun cuando sabías que solo interpretabas un papel. Tu respuesta es indicativa del gran poder que tienen estos papeles, pues también sirven para señalar tus puntos vulnerables.

A estas alturas, también es posible que te hayas percatado del cansancio que sentiste al participar en los juegos. Supongamos que no conoces otra forma de comunicación, además de estas cuatro; te sentirías cansado, desesperado y sin amor gran parte del tiempo. ¡Quizá la fatiga que tienes habitualmente no se deba nada más al exceso de trabajo!

¿Recuerdas cuán solo, abatido y aislado te sentiste por dentro, a pesar del tono de tu voz y las palabras que utilizaste? ¿Te diste cuenta de que tu vista, el oído y los procesos mentales estaban disminuidos?

Me parece trágico que haya miles de familias que viven de esta manera; simplemente, no conocen otra forma de vida y, por ello, sus existencias son tristes, solitarias y carecen ele significado.

A estas alturas tienes una idea de cuáles son los patrones de comunicación que obedece tu familia cuando está bajo tensión. *Colócate en las posturas de comunicación específicas y observa qué sucede.* Te aseguro que no sería fácil que tus respuestas tuvieran toda la sinceridad y profundidad que pretendías. Si tal es tu caso, quizás hayas entrado en contacto con algunas de las barreras que se levantan entre tu familia y tú. Esto es de gran utilidad. Practica el ejercicio de actualización con los demás.

Hayas o no alcanzado la respuesta fluida y niveladora con la intensidad que deseabas, es posible que ahora tengas más conciencia de las opciones de que dispones para responder. Cuando ejercites estas opciones, comenzarás a sentirte más a gusto contigo mismo.

En segundo término, tal vez te des cuenta de que hasta ahora has respondido de una manera inconsciente. Este descubrimiento puede serte útil cuando otras personas reaccionen ante ti de forma inesperada.

En tercer lugar, quizá te hayas percatado de que has respondido de una forma no deliberada. Aunque al principio es doloroso, este descubrimiento permitirá que adquieras una mayor comprensión de lo que te ocurre. El entendimiento es el primer paso para el cambio.

Después de un tiempo, observarás que puedes divertirte mucho con estos juegos. Incluso, es posible que organices un pequeño grupo de dramatizaciones y, al hacerlo, encontrarás que desarrollas una actividad bastante interesante y dinámica para incrementar tu sentido del humor.

8
Las reglas que te rigen

El diccionario define el vocablo *regla* como una guía o regulación establecida para cualquier acción, conducta, método o disposición. En este capítulo pretendo apartarme de esta estéril definición y demostrar que las reglas son fuerzas vitales, dinámicas y muy influyentes en la vida familiar. Mi objetivo es ayudar a que, como individuos y familias, descubran las reglas que los rigen. Considero que se sorprenderán al descubrir que han vivido en obediencia a diversas reglas de las cuales no tenían conciencia.

Las reglas tienen que ver con el concepto del deber; forman una especie de taquigrafía que adquiere importancia tan pronto como dos personas deciden vivir juntas. En este capítulo nos encargaremos de analizar quién hace las reglas, cómo están conformadas, qué hacen y qué sucede cuando son desobedecidas.

Cuando hablo de reglas con las familias, las primeras que mencionan suelen ser las tocantes al dinero, a la realización de tareas, a la solución de las necesidades individuales y al castigo de las infracciones. Existen reglas para todos los factores que permiten que los individuos vivan juntos en una misma casa y que crezcan o dejen de hacerlo.

Para descubrir las reglas que imperan en tu familia, siéntate con todos los miembros y pregúntense: "¿Cuáles son nuestras reglas actuales?". Elijan un momento en que dispongan de dos o más horas. Tornen asiento en torno a una mesa o en el suelo; elijan a un secretario que anote todas las reglas en un papel, para tenerlas presentes. No se enfrasquen en discusiones en este momento para decidir si las reglas son correctas o no. Tampoco es esta la ocasión para averiguar si las obedecen: no traten de descubrir a los infractores. Este ejercicio debe realizarse con un ánimo de descubrimiento.

Quizá tengas un hijo de diez años que considere que la regla es su obligación de lavar los trastos solo cuando su hermana de once está ocupada en otra cosa. Este niño imagina que es un lavaplatos sustituto; su hermana piensa que la regla es que el chico lave los trastos cuando su padre así lo ordena. ¿Te das cuenta del malentendido que pueden provocar? Esto tal vez parezca absurdo, pero no te engañes; podría estar sucediendo en tu casa.

Para muchas familias, el acto de sentarse a discutir las reglas puede parecer novedoso, y a menudo resulta muy esclarecedor. Este ejercicio puede ofrecer nuevas e interesantes posibilidades para encontrar formas de convivencia más positivas. He observado que la mayoría supone que los demás saben lo que ellos conocen. He escuchado a padres enfurecidos que dicen: "¡Ella conoce las reglas!" y, cuando ahondo en la situación, descubro que no es tal el caso. No siempre se justifica suponer que los demás conocen las reglas. Si analizas el inventario de reglamentos con tu familia, encontrarás los motivos de malentendidos y diversos problemas de conducta.

Por ejemplo, ¿están bien entendidas las reglas? ¿Fueron explicadas en su totalidad o pensaste que tu familia podría adivinar las que tenías en mente? Es aconsejable determinar el grado de comprensión de las reglas antes de decidir que alguien las ha desobedecido. Quizás ahora que las analizas, puedas darte cuenta de que algunas de estas normas son injustas o inadecuadas.

Después de escribir todas las reglas que aparentemente existen en tu familia, y aclarar las posibles malas interpretaciones, procedan a la fase siguiente. Traten de descubrir las reglas que están actualizadas y cuáles caducaron. Debido a los acelerados cambios que ocurren en el mundo, es muy posible que tengan reglas anticuadas. ¿Puedes conducir un auto moderno con las reglas para guiar un modelo T? Muchas familias actúan así; si la tuya es una de ellas, ¿pueden actualizar sus reglas y desechar las anticuadas? Una característica de la familia nutricia es su capacidad para mantener al día sus reglas.

Ahora, pregúntense si las reglas ayudan o estorban. ¿Qué finalidad quieres que tengan? Las buenas reglas facilitan en vez de limitar.

Muy bien. Hemos visto que las reglas pueden parecer anticuadas, injustas, poco claras o inadecuadas. ¿Qué piensan hacer para cambiar las reglas? ¿Quién puede solicitar los cambios? Nuestro sistema legal permite hacer apelaciones. ¿Los miembros de tu familia disponen de un medio para apelar?

Ahonda un poco más en este análisis familiar. ¿Cómo hacen las reglas en tu familia? ¿Una persona se encarga de crearlas? ¿Esta persona es la de mayor edad, la más agradable, la más impedida, la más poderosa? ¿Copian las reglas de algún libro? ¿De los vecinos? ¿De las familias en que crecieron los padres? ¿De dónde obtienen sus reglas?

Hasta ahora, las reglas que hemos estudiado son bastante evidentes y fáciles de descubrir. Empero, hay otro grupo de reglamentos que suele estar oculto y es mucho más difícil de percibir. Este conforma una fuerza invisible y poderosa que se entreteje en la vida de todos los miembros de la familia.

Hablo de las reglas tácitas que rigen la libertad de expresión de los diversos miembros de la familia. En lo tocante a tu familia, ¿qué puedes decir de lo que sientes, piensas, observas, escuchas, hueles, gustas y tocas? ¿Solo puedes emitir comentarios sobre lo que debería ser, en vez de lo que es?

Hay cuatro áreas muy importantes que participan en esta libertad de expresión.

¿Qué puedes decir de lo que observas y escuchas?

Acabas de presenciar una acalorada disputa entre dos miembros de tu familia. ¿Puedes expresar tu temor, impotencia, ira, necesidad de consuelo, soledad, ternura y agresividad?

¿A quién puedes manifestar esto?

Eres un niño cuyo padre acaba de maldecir. En la familia hay una regla que impide utilizar palabras altisonantes. ¿Puedes decírselo?

¿Cómo procedes si estás en desacuerdo o desapruebas algo o a alguien?

Si tu hija o hijo de 14 años apesta a mariguana, ¿puedes decírselo?

¿Cómo preguntas cuando no entiendes algo (o te atreves a preguntar)?

¿Te sientes en libertad de pedir explicaciones si un miembro de la familia no se expresó con claridad?

La vida en familia ofrece multitud de experiencias visuales y sonoras. Algunas de ellas producen alegría, otras dolor, y quizá unas provoquen un sentimiento de vergüenza. Si los miembros de la familia no pueden reconocer y comentar las emociones evocadas, estas quedarán ocultas y lesionarán las raíces del bienestar familiar.

Pensemos en esto un momento. ¿Existe algún tema que nunca deban mencionar en la familia? Las cosas a que me refiero incluyen: el hijo mayor nació sin un brazo, tu abuelo está en prisión, tu padre tiene un tic nervioso, tus padres pelean, o alguno de los dos tiene un matrimonio anterior. Quizás la estatura del hijo varón es menor que la del hombre promedio. La regla que respetan todos los miembros de la familia es no hablar de su tamaño; además, nadie menciona el hecho de que no pueden hablar de esto.

¿Cómo pretendes actuar como si estas situaciones familiares no existieran? Las barreras familiares contra la expresión de lo que es o lo que ha sido fomentan las dificultades.

Analicemos otro ángulo de esta embrollada situación. Hay una regla familiar que nos permite hablar solo de las cosas buenas, correctas, adecuadas y relevantes. Cuando tal es el caso, deben omitirse muchos aspectos de la realidad actual. En mi opinión, no hay adultos y muy pocos niños en la familia, o cualquier parte, que siempre sean buenos, adecuados y relevantes. ¿Qué pueden hacer cuando las reglas indican que nadie debe comentar sobre estas cosas? El resultado es que algunos niños mienten; algunos desarrollan un profundo desprecio por sus padres y se alejan de ellos. Lo peor es que, al mismo tiempo, desarrollan una baja autoestima que se manifiesta en impotencia, hostilidad, estupidez y soledad.

El hecho indiscutible es que cualquier cosa que una persona vea o escuche, dejará su huella en ese individuo quien, de manera automática, trata de encontrar una explicación interior al acontecimiento. Como hemos visto, si no existe la posibilidad de confirmar la explicación, entonces esta se convierte en la "realidad"; la "realidad" puede ser exacta o equivocada, pero el individuo fundamentará en ella sus actos y opiniones.

Ante la prohibición de comentar o cuestionar, muchos niños llegan a ser adultos que se sienten santos o demonios, en vez de seres humanos vivos que deben sentir.

Con mucha frecuencia las reglas familiares permiten la expresión de los sentimientos solo cuando están justificados, no por que *existan*. De este modo, podemos escuchar expresiones como: "No deberías sentir eso", o bien: "¿Cómo pudiste sentir eso? Yo no lo habría sentido". Aquí, el objetivo es establecer una distinción entre actuar fundamentado en una emoción y expresar los sentimientos: hablar de un deseo suicida no es lo mismo que quitarse la vida. Esta diferencia permite renunciar a la regla que dice: "Solo tendrán sentimientos justificados".

Si tus reglas dicen que cualquier emoción que sientas es humana y, por tanto, aceptable, crecerá tu yo. Esto no significa que todos los actos sean aceptables; si la emoción es gratificante, tendrás muchas posibilidades para desarrollar distintos cursos de acción, y esta será mucho más adecuada.

Desde el nacimiento hasta su muerte, los seres humanos experimentan una amplia variedad de sentimientos —temor, dolor, impotencia, ira, alegría, celos y amor—, no porque sean correctos, sino porque *son*. Al darte la oportunidad de entrar en contacto con *todos* los aspectos de tu vida familiar, podrías realizar importantes cambios positivos. Considero que podemos hablar de cualquier cosa existente que se pueda comentar y entender en términos de humanidad.

Estudiemos algunas situaciones específicas. Tomemos la ira; muchas personas no se dan cuenta de que la ira es una emoción humana necesaria en casos de urgencia. Debido a que la ira estalla convertida en actos destructivos, algunos consideran que esta emoción, en sí misma, es destructiva. Lo que puede ser destructivo no es la ira, sino el acto consecuencia de la ira.

Analicemos un ejemplo extremo. Supongamos que te escupo. Puedes sentirte atacado y mal por lo que a ti respecta, a la vez que furioso conmigo. Podrías pensar que no eres digno de amar (¿por qué otra razón te habría atacado?). Te sientes herido, con la olla vacía, solo y tal vez despreciado. Aunque *actúas* con ira, te *sientes* herido, de lo cual apenas te das cuenta.

¿Cómo demostrarías lo que sientes? ¿Qué dirías? ¿Qué harías? Tienes opciones. Puedes escupir a tu vez; puedes golpearme; puedes llorar y suplicarme que no vuelva a hacerlo. Puedes darme las gracias; escapar; expresarte con sinceridad y decir que estás enojado. Entonces quizá puedas entrar en contacto con tu dolor y lo manifestarás. *Entonces* puedes preguntarme por qué te escupí.

Tus reglas dictan cómo expresar tus respuestas. Si tus reglas te permiten cuestionar, me harás preguntas y entenderás. Si las reglas te lo impiden, harás suposiciones y quizá llegues a la conclusión equivocada. El acto de escupir podría significar muchas cosas. Es posible que te preguntes: ¿Escupió porque le desagrado? ¿Porque está enfadada conmigo? ¿Porque se siente frustrada? ¿Porque tiene un problema de control muscular? ¿Escupió porque quería que notara su presencia? Tal vez estas posibilidades parezcan exageradas, pero analízalas un momento. En realidad, no son tan descabelladas.

Hablemos más de la ira, porque es una emoción importante. No se trata de un vicio, sino de una emoción humana respetable que puede utilizarse en casos de urgencia. Los seres humanos no pueden vivir sin toparse con emergencias, y todos, en algún momento, nos enojamos.

Si un individuo quiere calificar de Buena Persona (¿y a quién no le gustaría?), tratará de contener sus ocasionales sentimientos de ira. Empero, a nadie engaña. ¿Alguna vez has visto a una persona furiosa, pero que trata de hablar como si no lo estuviera? Sus músculos se tensan, aprieta los labios, su respiración se vuelve entrecortada, cambia el color de su tez, frunce los párpados; es posible que, incluso, se hinche.

Al pasar el tiempo, la persona cuya regla dice que la ira es mala o peligrosa, empieza a ponerse tensa por dentro. Los músculos, el aparato digestivo, el tejido cardiaco y las paredes arteriales y venosas se tornan rígidas, aun cuando el exterior muestra una semblanza cómo calma, frialdad y control. La ocasional dureza en su mirada o un movimiento repentino de un pie son la única indicación de las verdaderas emociones de esta persona. Muy pronto aparecen todas las manifestaciones físicas de la enfermedad originada por la tensión interna, como estreñimiento e hipertensión arterial. Después de un tiempo, la persona ya no tiene conciencia de su ira, solo del dolor interno. Entonces puede manifestar con sinceridad: "Nunca me enfado. Solo tengo problemas de vesícula". Las emociones de este individuo han quedado ocultas bajo la superficie; siguen en funciones, pero se encuentran ajenas a la conciencia.

Algunas personas no llegan a estos extremos, pero, a la inversa, desarrollan muy poca capacidad para la ira. Cuando llegan al límite, estallan periódicamente por cualquier cosa.

Muchos niños aprenden que es malo pelear, que es malo lastimar a otras personas. La ira provoca el deseo de luchar, por tanto, la ira es mala. La filosofía imbuida en muchos de nosotros es: "Para que un niño sea bueno, elimina la ira".

Es casi imposible saber cuánto se puede dañar un niño con esto.

Si te permites creer que la ira es una emoción humana natural en situaciones específicas, podrás respetarla y honrarla, reconocer abiertamente que forma parte de ti y aprender diversas formas de aprovecharla. Si encaras tus sentimientos de ira y los comunicas con claridad y sinceridad a la persona interesada, liberarás gran parte del "vapor" y saciarás la necesidad de actuar de forma destructiva. Tienes la capacidad de elegir y, por tanto, puedes tener la sensación de controlar tus respuestas; en consecuencia, estarás satisfecho de ti. Las reglas familiares respecto a la ira son fundamentales para permitir que crezcas con la ira o mueras, poco a poco, con ella.

Ahora, exploremos otra área muy importante de la vida familiar: el afecto entre los miembros de la familia, cómo se manifiesta y las reglas que lo rigen.

Muy a menudo he visto que los miembros de la familia se privan de su vida afectiva. Debido a que no saben cómo hacer que los afectos sean "seguros", crean reglas contra toda clase de afecto. A esto me refiero: los padres suelen creer que cuando sus hijas cumplen cinco años, ya no deben abrazarlas porque podría estimularlas sexualmente. Los mismo se aplica, aunque en un grado menor, a las madres y sus hijos varones. Del mismo modo, muchos padres se niegan a manifestar abiertamente su afecto a sus hijos varones, porque el afecto entre hombres podría tomarse como una conducta homosexual.

Tenemos que meditar en nuestras definiciones del afecto, sin importar el sexo, la edad o las relaciones implicadas. El problema principal estriba en la confusión de mucha gente en lo tocante al afecto físico y al sexo. Si no distinguimos entre el sentimiento y la acción, tendremos que inhibir el sentimiento. Lo diré de otra manera. Si quieres problemas en tu familia, acaba con el afecto y crea muchos tabúes para practicar o hablar de la sexualidad.

Las demostraciones de afecto pueden tener muchos significados. Me han abrazado de tal manera, que he querido matar a quien lo hizo; en otras ocasiones, el abrazo es una invitación a un encuentro sexual, una indicación de interés y agrado, o una expresión de ternura que busca ofrecer consuelo.

Me pregunto qué tanto se omite el poder nutricio y satisfactorio del afecto entre los miembros de la familia porque las reglas familiares sobre el afecto quedaron confundidas con los tabúes sobre el sexo.

Hablemos de esto. Si hubieras visto tanto dolor como el que he presenciado a consecuencia de una actitud inhumana y represiva ante la sexualidad, harías cualquier cosa para lograr una actitud de aceptación abierta, de orgullo, de placer y reconocimiento de la espiritualidad del sexo. Por el contrario, he observado que la mayor parte de las familias aplican la regla que dice: "No disfrutes del sexo —del tuyo o de los demás en forma alguna". El inicio común de la aplicación de esta regla es la negación de los genitales, excepto como objetos desagradables y necesarios. "Consérvalos limpios y fuera de vista. Úsalos solo cuando sea necesario, y sé breve".

Sin excepción alguna, todas las personas que se han presentado en mi consultorio con problemas de gratificación sexual en el matrimonio, o que cometieron algún delito sexual, crecieron con esta clase de tabúes sobre el sexo. Diré más: todo individuo que he atendido por *cualquier* clase de problema de adaptación o enfermedad emocional, creció con tabúes sobre el sexo. Estas prohibiciones se aplican a la desnudez, la masturbación, la prostitución, todas las variantes de la práctica sexual, el arte erótico y la pornografía. Nuestro sexo, nuestros genitales, son partes integrantes de nuestro cuerpo. Si no los aceptamos, comprendemos y valoramos abiertamente, si no disfrutamos de nuestro aspecto sexual, estaremos preparando el camino para vivir un intenso sufrimiento personal.

En una ocasión dirigí un programa para la educación en la vida familiar en un bachillerato con ochocientos alumnos. Parte del programa incluía la educación sexual. Dispuse una caja en la cual los jóvenes podían depositar las preguntas que no se atrevieran a formular en público; la caja casi siempre estaba llena y, durante el periodo de clase, analizaba estas preguntas. Casi todos los estudiantes explicaron que no podían hacer estas preguntas a sus padres por tres motivos comunes: los progenitores se enfadaban y los acusaban de mala conducta; los padres se sentían humillados y avergonzados, y solían mentir o, simplemente, desconocían las respuestas. Por estas razones, los estudiantes evitaban problemas para sí y sus padres, a costa de seguir en su ignorancia y buscar la información en otra parte. Estos jóvenes expresaron su gratitud por el curso y por mi actitud de aceptación, conocedora y amorosa; y también comenzaron a sentirse mejor respecto a sí mismos.

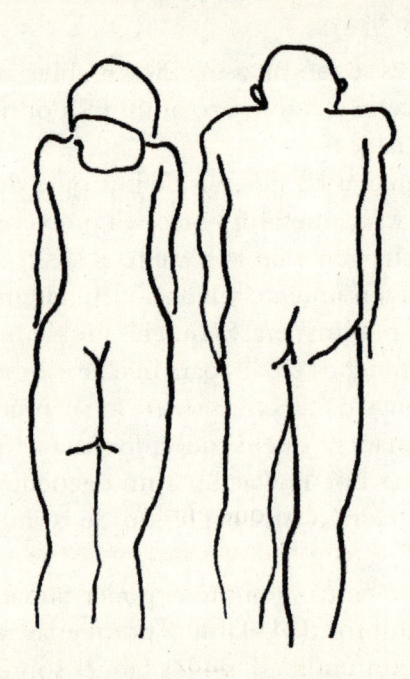

Recuerdo dos preguntas en especial: un joven de 18 años inquirió: "¿Qué significa que tenga grumos en el semen?", y un chico de 15 preguntó: "¿Cómo saber si mi madre ya está en la menopausia? Ahora siempre está muy irritable. Si ya llegó a la menopausia, entonces podré comprenderla y seré más amable con ella; de lo contrario, le diré que es cruel. ¿Debo hablar con mi padre?".

¿Ustedes, como padres cómo se sentirían al escuchar estas preguntas? ¿Si tuvieran que responder, qué dirían?

Como una agradable consecuencia del curso, los estudiantes preguntaron si podría ofrecer un seminario similar para sus padres y acepté. Solo asistió la cuarta parte de los progenitores de estos jóvenes, pero presenté la misma caja y encontré preguntas bastante parecidas.

En pocas palabras, considero que podemos perdonarnos por no conocer siempre las complejidades de nuestro yo sexual. Empero, es muy peligroso, desde el punto de vista psicológico, que continuemos en nuestra ignorancia y la ocultemos con una actitud de no hablar que suele implicar que el conocimiento del aspecto sexual es malo, un crimen. La sociedad y los individuos que la componen pagan un alto precio por esta ignorancia.

El temor de los miembros de la familia tiene mucho que ver con los tabúes y las reglas respecto a los secretos, aun cuando los adultos tal vez consideren las reglas como "una protección para los niños". Esto se parece a otro tabú que encuentro con mucha frecuencia en las familias: el mito de la edad adulta. Este sugiere que el mundo de los adultos es muy complicado, atemorizante, grande, perverso y placentero para que un simple niño pueda descubrirlo. Así, el niño recibe la impresión de que debe haber una contraseña mágica, y que cuando alcance cierta edad, las puertas se abrirán de manera automática. Conozco infinidad de adultos que no han descubierto dicha contraseña.

Al mismo tiempo, el patrón de "eres muy joven" sugiere que el mundo infantil es inferior. "Solo eres un niño, ¿qué puedes saber?", afirman los adultos, o bien: "Eso es muy infantil". Debido a que existen evidentes diferencias entre lo que un niño puede hacer y lo que querría hacer, considero que lo mejor es enseñar a los pequeños a construir puentes para cruzar estas distancias, en vez de negarles la oportunidad de hacerlo.

Otro aspecto de esta cuestión de los tabúes familiares se refiere a los secretos. Ejemplos comunes de secretos familiares son: que un niño haya sido concebido antes del matrimonio, que la pareja concibiera un hijo que después fue adoptado, o que la pareja se encuentre hospitalizada o en la cárcel. Estos secretos suelen estar envueltos por un espeso manto de vergüenza.

Algunos de los secretos más importantes se refieren a la conducta de los progenitores durante los años de adolescencia: la regla es que, por definición, los padres jamás hicieron algo malo; solo "los niños" pueden comportarse mal. Esta situación se ha repetido con tanta frecuencia que, cuando observo que uno de los padres se pone histérico por algo que el hijo hace, agudizo la atención para determinar si la conducta del niño ha evocado algún secreto de juventud del progenitor. Es posible que el comportamiento del niño no sea una réplica fiel de la del padre, pero sí muy aproximada. Mi labor, en estos casos, es ayudar al progenitor a desembarazarse de la vergüenza para que no tenga que mantener oculto este secreto; al conseguir esto, el progenitor será más racional en su trato con el niño.

Los secretos del presente también se ocultan en una nebulosa de vergüenza. Muchos padres tratan de ocultar lo que hacen de sus hijos ("para protegerlos").

Algunos ejemplos de estos secretos del presente con los cuales he tropezado son que el padre o la madre (o ambos) tienen un amante, que uno o ambos beben o que no comparten el mismo lecho. Una vez más, la gente trata de convencerse de que, al no hablar del asunto, este deja de existir. Tal actitud nunca produce resultados positivos, a menos que aquellos a quienes desean "proteger" sean mudos, sordos y ciegos.

Analicemos ahora lo que has descubierto sobre tus reglas para hablar en tres áreas.

La *secuencia humana-inhumana* significa que te obligas a vivir con una regla que es casi imposible de observar: "No importa que suceda, hoy seré feliz".

En *la secuencia manifiesta-encubierta* hay algunas reglas que todos conocen y otras que permanecen ocultas, aunque son observadas: "No hables de eso. Trata la situación como si no existiera".

Luego tenemos la *secuencia constructiva-destructiva*. Un ejemplo de una forma constructiva de enfrentar una situación es: "Tenemos un problema de dinero este mes. Hablemos del asunto". Una forma obstructiva o destructiva de resolver la misma situación es: "No me hables de problemas de dinero; ese es asunto tuyo".

Hagamos un resumen de las cosas que hemos analizado en este capítulo. Cualquier regla que impida que los miembros de la familia comenten sobre lo que es y lo que ha sido, solo permite el desarrollo de un individuo restringido, poco creativo e ignorante, y una situación familiar de las mismas características.

Por otra parte, si podemos entrar en contacto con todos los aspectos de la vida familiar, esta cambiará mucho para bien. La familia cuyas reglas permitan libertad para expresar cualquier cosa, ya sean temas dolorosos, gozosos o malos, tiene mejores posibilidades de ser una familia nutricia. Considero que cualquier cosa que *es* puede ser discutida y entendida en términos humanos.

Casi todos tenemos algún secreto vergonzoso. ¿Acaso no tienes por lo menos uno? En las familias nutricias estos secretos sirven para no olvidar la fragilidad humana, y pueden ser comentados y utilizados como medios de aprendizaje.

Otras familias los ocultan y tratan como grotescos recordatorios de la maldad de los seres humanos y, por tanto, nunca deben ser mencionados. Al principio puede ser difícil hablar de estas situaciones delicadas, pero es posible hacerlo. Al hablar, todos los miembros de la familia aprenden a correr el riesgo de encarar esta dificultad y sobrevivir —incluso mejorar— a la situación.

Las reglas son una parte muy real de la estructura y funcionamiento familiar. Si es posible cambiarlas, podrá alterarse la interacción de la familia. Analicen las reglas que rigen sus vidas. ¿Puedes entender mejor lo que te sucede en la familia? ¿Puedes darte la oportunidad de aceptar el reto de realizar algunos cambios? La nueva conciencia, el nuevo valor y la nueva esperanza de tu parte te permitirán adoptar nuevas reglas.

El valor es producto de la aceptación de nuevas ideas. Tienes la capacidad para desechar los conceptos anticuados e inadecuados, y elegir algunos de entre los que consideras provechosos. Se trata de utilizar la lógica. Nada permanece inalterable eternamente. Piensa en la despensa, en el refrigerador, en el armario de herramientas; siempre necesitan reorganización, reemplazo y eliminación de su contenido para añadir algo nuevo.

A estas alturas ya has pensado en tus reglas y procedido a analizarlas. ¿Por qué no revisas tu inventario de reglamentos comparándolo con las siguientes preguntas?

- ¿Cuáles son tus reglas?
- ¿Qué logras con ellas en este momento?

- ¿Cuáles son los cambios que debes realizar?
- ¿Cuáles de tus reglas actuales consideras pertinentes?
- ¿Cuáles quieres desechar?
- ¿Cuáles son las nuevas reglas que deseas adoptar?
- ¿Qué opinas de tus reglas?, ¿son manifiestas, humanas, actualizadas?, ¿o son encubiertas, inhumanas y anticuadas?

Si tus reglas pertenecen, en su mayor parte, a la segunda categoría, supongo que te habrás dado cuenta de que tu familia y tú tienen que realizar un trabajo necesario e importante con ellas. Si tus reglas pertenecen a la primera categoría, es muy posible que todos la estén pasando muy bien.

9
Sistemas: ¿abiertos o cerrados?

En este capítulo deseo analizar algo que al principio tal vez no les parezca muy relacionado con su familia y las relaciones humanas; les pido paciencia. El concepto de *sistemas* fue extraído del mundo de la industria y el comercio, y se ha convertido en una forma de comprender cómo funcionan los seres humanos dentro de un grupo.

Cualquier sistema consiste de varias partes individuales; cada una de ellas es fundamental y tiene relación con las otras partes para alcanzar cierto resultado; cada una actúa como un estímulo para las otras partes. El sistema tiene un orden y una secuencia, la cual estará determinada por las acciones, respuestas e interacciones entre las partes. Esta interacción constante determina cómo se manifestará el sistema. Un sistema solo tiene vida en el momento, cuando sus partes componentes se encuentran presentes.

¿Les parece confuso? No lo es tanto. Se necesita harina, levadura, agua y azúcar para preparar un pan; el pan no se parece a los ingredientes, pero los contiene a todos.

El vapor no se parece a sus partes, pero las contiene a todas. Toda vida humana forma parte de un sistema. Todos hemos oído hablar de quienes quieren acabar con el sistema, lo que parecería sugerir que todos los sistemas son malos, pero no es así. Algunos lo son y otros no. Las implicaciones de los sistemas que dirigen la conducta personal, familiar y social son evidentes por doquier; a principios de la década de 1970, cuando se publicó este libro por primera vez, dichas implicaciones apenas comenzaban a hacerse aparentes.

Un sistema que funciona consiste de lo siguiente:

Un objetivo o meta. ¿Por qué existe este sistema? En las familias, el objetivo es desarrollar nuevos individuos y favorecer el crecimiento de los ya existentes.

Partes esenciales. En las familias, esto incluye a los adultos, a los niños, y a los hombres y las mujeres.

Un orden en las partes funcionantes. Dentro del grupo familiar, esto se refiere a la autoestima, las reglas y la comunicación de los diversos miembros de la familia.

Fuerza para conservar la energía del sistema y permitir que funcionen las partes. En el núcleo familiar, esta fuerza se deriva del alimento, el techo, el aire, el agua, la actividad y las creencias sobre la vida emocional, intelectual, física, social y espiritual de los miembros de la familia, y cómo funcionan en conjunto.

Las formas de interacción con el exterior: En la familia, esto significa relacionarse con el cambio, con todo lo nuevo y diferente.

Hay dos clases de sistema: el abierto y el cerrado. La principal diferencia estriba en la naturaleza de sus respuestas al cambio, tanto interior como exterior. En un sistema cerrado, las partes tienen una conexión muy rígida, o se encuentran desconectadas por completo; en cualquier caso, la comunicación no fluye entre las partes, o del exterior hacia adentro y viceversa. Cuando las partes se hallan desconectadas, a menudo conservan un aspecto de funcionalidad: la información escapa, aunque no lleva dirección. No hay límites.

Un sistema abierto es aquel en el que las partes están interconexas, responden y son sensibles a las demás, y permiten que la información fluya entre el ambiente interno y el externo.

Si alguien quisiera diseñar deliberadamente un sistema familiar cerrado, lo primero que debería hacer sería aislarlo por completo de cualquier interferencia externa, y fijar con rigidez, y para siempre, todos los papeles. La realidad es que no creo que alguien se atreviera a diseñar a propósito un sistema cerrado; los sistemas familiares cerrados surgen a partir de ciertas creencias:

- La gente es, en esencia, perversa y debe estar siempre controlada para que sea buena.

- Las relaciones tienen que estar controladas por la fuerza o el temor al castigo.
- Solo hay un estilo correcto, y este es el de quien detenta el poder.
- Siempre hay alguien que sabe qué te conviene.

Estas creencias son muy fuertes porque reflejan la percepción que tiene la familia de la realidad. Y la familia procede a establecer reglas según sus creencias. En otras palabras, en un sistema cerrado:

- La autoestima es secundaria al poder y la conducta.
- Hay resistencia al cambio.

En un sistema abierto:

- La autoestima es fundamental; el poder y la conducta son secundarios.
- Los actos representan las creencias del individuo.
- El cambio es bien recibido y se considera normal y deseable.
- La comunicación, el sistema y las reglas tienen relación entre sí.

La mayor parte de nuestros sistemas sociales son cerrados, o casi. Hay muy poca posibilidad de cambio.

Ahora llegamos a un importante cuestionamiento filosófico: ¿Creen que toda vida humana merece la más alta prioridad? *Creo en esto con toda el alma.* Por ello, no me avergüenza reconocer que haré todo lo posible para hacer que los sistemas cerrados se abran. Un sistema abierto tiene la posibilidad de cerrarse o abrirse según su conveniencia. Aquí, el vocablo importante es elección.

Creo que los seres humanos no pueden crecer en un sistema cerrado; en el mejor de los casos, solo existen. Los seres humanos quieren más que eso; la tarea del terapeuta es descubrir la luz que emana de toda persona o familia, y retirar los velos que envuelven esa luz.

En este momento, tú y yo podríamos mencionar incontables ejemplos de sistemas cerrados, incluyendo las dictaduras de la sociedad actual, en las escuelas, prisiones, iglesias y en los grupos políticos. ¿Qué puedes decir del sistema de tu familia?

¿Es abierto o cerrado? Si la comunicación actual impide el crecimiento y si tus reglas son inhumanas, encubiertas y anticuadas, quizá tengas un sistema familiar cerrado. Si la comunicación favorece el desarrollo y tus reglas son humanas, manifiestas y actualizadas, tendrás un sistema abierto.

Volvamos a un ejercicio que realizamos antes, repitámoslo ahora con objetivos y motivos distintos.

Pide a los miembros de tu familia, o a cinco personas distintas, que colaboren contigo. Estos individuos pueden ser una familia, compañeros de trabajo o un grupo de directores. Como antes, pídeles que adopten nombres distintos y elijan uno de los estilos de comunicación que limitan el crecimiento (aplacador, acusador, calculador o distractor). Traten de planear algo en común durante diez minutos.

Observa con qué rapidez aparece la naturaleza del sistema. Antes pedí que hicieras esto con tres personas y observarla: lo que ocurra a cada uno de ustedes; en esta ocasión, podrían observar el desarrollo de un sistema cerrado.

Además del dolor de espalda, de cabeza y de la incapacidad para ver y oír con claridad, empezarás a sentirte atrapado. La gente te parecerá extraña, o una carga. No da información a los demás, solo pesar.

Ahora, realicen el mismo experimento con la respuesta niveladora. ¿Pueden percibir la aparición de un sistema abierto? En contraste con su experiencia del sistema cerrado, quizá te sientes más relajado, más lúcido. La sensación de tu cuerpo será más grata y respirarás con mayor facilidad.

Sistema cerrado

Autoestima	—	baja
Comunicación	—	indirecta, poco clara, inespecífica, incongruente, limitante del crecimiento
Estilos	—	acusador
		aplacador
		calculador
		distractor
Reglas	—	encubiertas, anticuadas, inhumanas y frías
		la gente cambia sus necesidades para adaptarse a las reglas establecidas
		limitaciones a los comentarios
Resultado	—	accidental, caótico, destructivo, inadecuado

La autoestima se vuelve aun más dudosa y depende cada vez más de los demás.

Sistema abierto

<blockquote>

Autoestima — elevada
Comunicación — directa, clara, específica, congruente, favorece el crecimiento nivelador
Estilos — nivelador
Reglas — manifiestas, actualizadas, humanas cambian cuando se presenta la necesidad
Resultado — relacionado con la realidad; adecuado, constructivo

</blockquote>

La autoestima se vuelve más confiable, segura, y obtiene fuerza del yo individual.

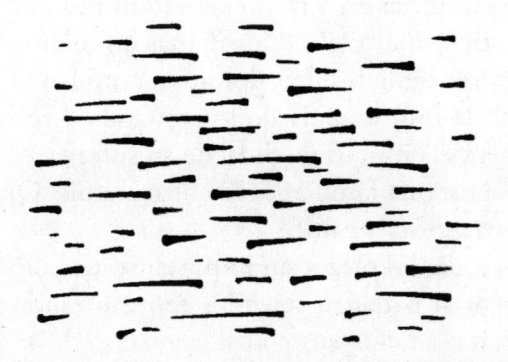

Muy bien. Cuando tres o más individuos se relacionan y participan en un propósito común, estarán convirtiéndose en un sistema; lo mismo ocurre dentro de la familia, con los amigos y en el lugar de trabajo. El sistema, una vez establecido, permanece funcionando aun cuando no sea evidente. Si se trata de un sistema cerrado, sin duda funcionará sobre una base de *vida-muerte, bien-mal;* de este modo, el temor imperará en el ambiente. Si es abierto, tal vez funcione sobre la base de *crecimiento, intimidad y elección.*

Dicho en otras palabras, tu autoestima y tu comunicación, aunadas a las reglas y creencias, son los ingredientes que conforman el sistema familiar. La comunicación niveladora y las reglas humanas caracterizan al sistema abierto y permiten el desarrollo de todos los miembros de dicho sistema. Una comunicación limitante y las reglas inhumanas establecen un sistema cerrado que retrasa y distorsiona el crecimiento.

Cuando los miembros de la familia toman conciencia de cuál es su sistema, aprenden a explorar y dejan de atormentarse a sí mismos y a los demás cuando las cosas salen mal. La gente puede preguntar "cómo", en vez de "por qué". En términos generales, los "cómo" buscan información y comprensión, y los "por qué" sugieren culpa y favorecen actitudes defensivas. Cualquier cosa que contribuya a la conducta defensiva, favorece el estado de olla vacía y produce resultados potencialmente insatisfactorios.

Otro aspecto importante de cualquier sistema es que tiende a perpetuarse. Una vez establecido, un sistema permanecerá inalterable hasta que llegue a su fin o algo cambie: un elemento se rompe por falta de cuidados o algún defecto; o tal vez un acontecimiento catastrófico afecte al sistema. En ocasiones, aun los incidentes insignificantes pueden sobrecargar el sistema, lo que indica que los encargados de diseñarlo pensaron que el cambio jamás llegaría.

Cada elemento o miembro de un sistema es un factor determinante para conservarlo en su estado o favorecer el cambio. Es muy emocionante descubrir nuestro papel y el de los demás en dicho sistema, aunque a veces la experiencia puede resultar dolorosa. Y no hay duda de que todos podemos apreciar la importancia de los sistemas al recordar que la vida de la familia depende, en gran medida, de su sistema.

Analicemos el sistema familiar desde otro ángulo. Quizás, en este momento, una comparación sea útil.

En un móvil, todas las piezas sin importar su tamaño o forma, pueden equilibrarse al recortar o alargar sus hilos, reorganizando la distancia entre cada una de ellas, o alterando sus pesos.

Lo mismo sucede con la familia: ninguno de sus miembros es idéntico a otro; cada cual es diferente y se encuentra en un nivel de desarrollo distinto. Como en un móvil, no podemos disponer a un miembro de la familia sin pensar en los demás.

Intenten esto. *Tomen diversos objetos —cualesquiera— muy distintos entre sí y traten de encontrar un punto de equilibrio para todos. Utilicen tantos objetos como miembros haya en su familia, e imaginen que las cosas son esas personas. Cuanto más numerosas sean las partes de su móvil y más diferencias haya entre ellas, el ejercicio será más variado e interesante.*

Si se conforman con el primer equilibrio que alcance, actuarán como muchas otras personas: harán que el único estilo que conocen sea el estilo "correcto". Se resistirán a otras soluciones que puedan equilibrar a la familia, porque tienen miedo de experimentar.

Para evitar esta complicación, busquen, por lo menos, dos opciones adicionales para equilibrar su móvil. Es posible que existan muchas más, pero habré logrado mi objetivo si encuentran tres. Ahora disponen de tres opciones y no tienen que conformarse solo con una.

El secreto para crear un sistema familiar vital es permitir que cada miembro de la familia disponga de un sitio verdaderamente individual y se divierta en ese lugar. Para lograr esto será necesario que utilicen su capacidad para cambiar y adaptar los "hilos" del móvil familiar. Estos hilos son los sentimientos, las reglas y los patrones de comunicación. ¿Son rígidos o flexibles? Mientras trabajan en su móvil, piensen en las distintas partes de una familia. Estas pueden dividirse en dos categorías principales: adultos y niños, y después varones y mujeres. Aun el vistazo más superficial a esta disposición demuestra que hay una gran diversidad en lo que un individuo ofrece a los demás en un momento determinado.

No hay una regla establecida que dicte que una persona tiene que encargarse solo de dar y los demás de recibir. Empero, algunas familias se limitan al designar a un elemento específico el papel de dador, impidiendo la posibilidad de cambios. La vida en común es de tal manera que aun cuando alguien estuviera dispuesto a cumplir con este rol, no siempre podría hacerlo sin pagar un precio alto. En un momento solo será el marido quien tenga la capacidad para dar; en otras ocasiones este papel estará asignado a la mujer o un hijo. Muchas familias tienen reglas que dictan quién puede dar a quién:

- Los niños siempre dan a las niñas.
- La madre siempre da a los hijos.
- El marido siempre da a la mujer.

A la larga, todos se sienten defraudados. Sin embargo, si el resultado ideal de una familia contemporánea es el crecimiento de todos sus miembros, el núcleo familiar tendrá que utilizar todas sus partes para garantizar este desarrollo.

¿Cómo pueden utilizarse los adultos para permitir el crecimiento de los niños? ¿Cómo pueden utilizarse los niños para que los adultos crezcan? ¿Cómo permiten los varones el crecimiento de las mujeres y viceversa? ¿Cómo pueden todos ayudar a los demás adultos, niños, varones y mujeres por igual? Estos son cuestionamientos muy importantes en los esfuerzos que realice una familia para volverse más nutricia.

Cada uno de estos grupos posee un mundo que no comparten los miembros de los grupos complementarios. Al hablar de sus mundos respectivos, al ofrecer su variedad y estimulación, no solo aportarán un mayor interés, sino que acrecentarán la realidad. Ninguna mujer sabe qué se siente tener un pene y los hombres desconocen la sensación de llevar un bebé en el vientre. Muchos adultos han olvidado cómo disfrutar los sencillos placeres que los niños encuentran en la existencia. El simple hecho de compartir entre grupos puede ser de gran utilidad en estas áreas.

Considero que, en lo concerniente a la naturaleza del sistema familiar, hay muchas cosas en juego. La familia es el único sitio en el mundo donde todos podemos abrigar la expectativa de recibir nutrimento: donde todos podemos aliviar nuestras heridas espirituales, elevar nuestra autoestima y hacer cosas.

La familia es el lugar más lógico para crecer y aprender a ser nutricios. Si queremos alcanzar estas metas y volvernos vitales, es necesaria la observación constante, así como el cambio y la reorganización de la familia. Y esto solo podrá ocurrir en un sistema abierto.

10
La pareja: arquitectos de la familia

¿Por qué te casaste? ¿Por qué contrajiste matrimonio con esa persona? ¿Por qué se casaron en ese determinado momento? Sean cuales sean tus respuestas, es muy posible que los motivos que te condujeron al matrimonio representaran una oportunidad para añadir algo a tu vida. Solo una persona muy rara, y por razones muy extrañas, se casaría voluntariamente con la idea de que el matrimonio empeoraría su vida.

Estoy segura de que tenías la esperanza de que las cosas mejorarían mucho al casarte; estos sueños forman parte de la arquitectura de la familia que decidiste crear. Cuando algo sucede a estas esperanzas, es cuando comienza a despertar la idea del divorcio; y a menudo esta continúa a menos que el individuo afectado decida resignarse a cumplir con su deber hasta morir, o hasta que ocurra un cambio. El presente capítulo habla de la alegría en las relaciones, así como de las diversas situaciones que pueden amenazar, o aun destruir, a la pareja.

En la cultura occidental podría asegurar que todos nos casamos por amor. Es posible que también abrigáramos la esperanza de que nuestras vidas se verían enriquecidas por cualquier cosa que aportara el amor: atención, gratificación sexual, hijos, condición social, sensación de pertenecer, de ser necesarios, cosas materiales y demás.

Creo en el amor: en amar y ser amada. Considero que el amor, incluyendo el sexual, es la emoción más gratificante y satisfactoria que puede sentir el ser humano. Sin dar y recibir amor, el alma y el espíritu del hombre se secarían y morirían. Pero el amor no puede cumplir con todas las exigencias de la vida; también son fundamentales la inteligencia, la información, la conciencia y la competencia.

Nuestra autoestima tiene mucho que ver con la forma de calificar lo que es una experiencia amorosa y lo que esperamos de ella. Cuanto más elevada sea la autoestima, menos dependeremos de la demostración concreta y continua del valor que tenemos para el cónyuge para sabernos valiosos. Por el contrario, si nuestra concepción del yo es baja, tenderemos a depender de las afirmaciones constantes que originan ideas equivocadas respecto a lo que puede hacer el amor.

Amar de verdad significa: "No te pondré condiciones, ni las aceptaré de ti"; esta condición respeta la integridad del individuo. Me gusta cómo Jalil Gibrán ha descrito el amor y el matrimonio en su obra *El Profeta*.*

> Mas permitid que haya espacios en vuestra unión,
> y dejad que los vientos dancen entre vosotros.
> Amaos el uno al otro, mas no hagáis del amor una prisión:
> es preferible que sea un inquieto mar entre las playas de vuestras almas.
> Llenad el uno al otro la copa, mas no bebáis de una sola.
> De vuestro pan convidaos, empero, no comáis de la misma hogaza.
> Cantad y danzad juntos, y sed alegres, pero dejad que cada uno esté solo,
> como lo están las cuerdas de un laúd, a pesar de estremecerse con la misma música.
> Ofreceos el corazón, pero que cada cual sea su fiel guardián,
> porque únicamente la mano de la Vida puede contener vuestros corazones.
> Y erguíos juntos, mas no muy próximos:
> las columnas del templo se plantan firmes y separadas,
> y el encino y el ciprés no crecen uno a la sombra del otro.

Retrocede en el tiempo y trata de recordar lo que esperabas mejorar con el matrimonio. ¿cuáles eran *tus* expectativas?

Quiero analizar las esperanzas que algunas personas han compartido conmigo a lo largo de los años. En general la mujer espera encontrar un hombre que solo la ame a ella, la respete y valore, le hable de tal modo que ella sea feliz por ser mujer, que la respalde, le brinde consuelo y satisfacción sexual, y que esté a su lado en momentos difíciles.

En su mayoría, los hombres dijeron que querían mujeres que satisficieran sus necesidades, que disfrutaran de su fortaleza y sus cuerpos, que los vieran como sabios dirigentes y que estuvieran dispuestas a ayudarlos cuando manifestaran sus necesidades. Hablaron de requerir buena comida y buena sexualidad. Uno expresó: "Quiero a alguien que lo sea todo para mí. Quiero sentirme necesario, útil, respetado y amado: un rey en mi hogar.

No hay muchos hombres y mujeres que hayan visto materializarse estos deseos en las relaciones de sus progenitores. En realidad, existen muy pocos modelos. Las esperanzas radican en el corazón. Todos nos hemos

---

* *El Profeta*, de Gibrán Jalil Gibrán.

sentido avergonzados y reacios a abrir el corazón para manifestar nuestros deseos. Muchas personas consideran que el corazón es débil; piensan que solo la cabeza tiene fortaleza. Todos olvidamos que una buena arquitectura requiere estos dos aspectos: podemos diseñar relaciones que funcionen y también nos ofrezcan placer.

Durante los primeros años de mi carrera, me intrigaba observar que fueran muchas las personas que no obtenían lo que deseaban, sin importar cuánto se esforzaran; ahora, tristemente, sé que la mayor parte de los fracasos se deben a la ignorancia: una ignorancia nacida de las expectativas inocentes e irreales de lo que el amor es capaz de hacer, y de la incapacidad para comunicarlas con claridad.

Para empezar, la gente a menudo elige una pareja a la que realmente no conoce; es posible que el atractivo sexual sea lo que una a los individuos, pero no garantiza la compatibilidad ni la amistad. Las personas congruentes se dan cuenta de que pueden sentirse atraídas sexualmente por muchos individuos; mas la capacidad para llevar una vida satisfactoria y creativa con otro requiere que ambos sean compatibles en muchas otras áreas, pues pasamos poco tiempo en la cama. Lo que quiero decir es que, aunque la respuesta sexual es muy importante en las relaciones íntimas de los adultos, las relaciones cotidianas satisfactorias requieren mucho más que la atracción sexual. Es posible que en algún momento, por distintas razones, el aspecto sexual quede inactivo y, de cualquier modo, la relación florezca.

Opino que son muy pocos los niños que crecen con modelos sexuales sanos y satisfactorios. Lo que vieron que ocurría entre sus padres, mientras ellos crecían, quizá no se aproxime mucho al ideal romántico tan publicitado en la cultura occidental moderna. He escuchado a muchos adultos expresar su asombro ante el hecho de que sus padres pudieran relacionarse bien; difícilmente podían imaginarlos juntos en la cama, sin mencionar la posibilidad de que vivieran un romance.

Es una lástima que los niños no conocieran a sus padres cuando estos eran jóvenes: cuando eran amorosos, se cortejaban y se mostraban amables entre sí. Cuando los hijos tienen edad suficiente para observar, el romance suele haber desaparecido o se encuentra oculto.

Sin saberlo, los padres son los arquitectos del yo sexual y romántico de sus hijos. La familiaridad ejerce un fuerte impulso; todo lo que observamos día a día influye en nosotros. La mayoría de las personas elige lo conocido, aun cuando sea incómodo, antes que lo desconocido, precisamente por este poder. ¿Nunca has visto a las mujeres cuyos padres fueron crueles y terminaron casadas con hombres crueles? ¿Y tampoco has visto hombres cuyas madres fueron regañonas y terminaron casados con mujeres regañonas? La gente suele buscar uniones semejantes a los matrimonios de sus progenitores, y esto no se debe a la herencia, simplemente obedecen un patrón familiar.

Nos acercamos ya al tema de la paternidad, y quiero reservar este importante asunto para un capítulo posterior. Por ahora, solo deseo enfocar la atención en la pareja.

Toda pareja tiene tres partes: *tú, yo* y *nosotros;* dos personas, tres partes, cada una de ellas significativa, cada una de ellas con una vida propia. Cada parte hace más posible a la otra. De este modo, yo te hago más posible a ti, tú me haces más posible a mí, yo hago más posible a nosotros, tú haces más posible a nosotros y, juntos, nosotros hacemos más posible a uno y otro.

La posibilidad de que el amor inicial siga floreciendo depende de que las dos personas hagan funcionar a las tres partes. El funcionamiento de estas tres partes es un aspecto de lo que denomino el *proceso*, el cual tiene una importancia fundamental en el matrimonio. Por ejemplo, las parejas deben tomar decisiones sobre las cosas que ahora realizan en conjunto y que antes resolvían de manera independiente; como el dinero, los alimentos, las diversiones, el trabajo y la religión. El amor es el sentimiento que da inicio a un matrimonio, pero la vida cotidiana —el proceso de la pareja— es lo que determina el funcionamiento del matrimonio.

He visto que el amor florece de verdad solo cuando da cabida a las tres partes y ninguna de ellas domina sobre las demás. El factor más importante en las relaciones amorosas es el sentimiento de valía personal de cada individuo. A su vez, esto afecta la forma en que cada persona manifieste su autoestima, las demandas que haga de la pareja y la consiguiente forma de actuar con la otra. Analizo esta situación con más detenimiento en el capítulo 20.

El amor es un sentimiento; no podemos dominarlo. Existe o no. Aparece sin motivo alguno y para que pueda continuar y crecer tiene que recibir nutrimento. El amor es como una semilla que logra germinar y asoma la cabeza sobre la tierra. Sin el alimento adecuado, luz y humedad, morirá. Los sentimiento amorosos y tiernos de la etapa del cortejo dan paso al matrimonio solo cuando la pareja comprende que su amor necesita ser alimentado todos los días.

Todas las parejas tropiezan y cometen errores; todas sufren dolor, desencanto y malas interpretaciones. La capacidad para superar esto depende del proceso que exista entre ambas partes.

He visto muchas parejas que empezaron con sentimientos amorosos, pero después se sintieron confusas, airadas e impotentes. Su amor quedó oculto en un rincón de la relación. Cuando recibieron ayuda para entender y cambiar sus procesos, el amor volvió a hacerse patente. Por otra parte, algunas parejas han soportado tanto que su relación ha muerto. Como no he podido resucitar muertos, creo que lo mejor en estos casos es dar un buen funeral a la relación y volver a empezar. Si esto te ha ocurrido o está sucediéndote, aprovecha la experiencia como un aprendizaje y encuentra sus beneficios.

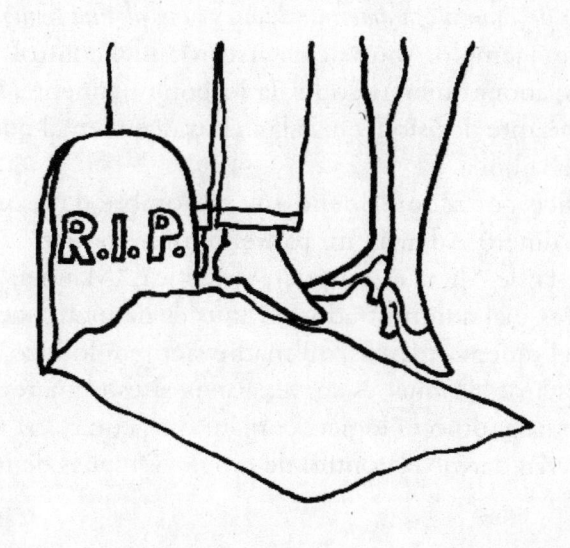

La probabilidad de que los cónyuges tengan cosas en común es de cien por ciento; del mismo modo, hay cien por ciento de probabilidad de que encuentren diferencias entre ellos. Estas diferencias saltan en la crianza de los hijos. Lo mismo sucede al tomar decisiones, actividad muy importante en cualquier proceso de relación. Para muchas parejas, la toma de decisiones se convierte en una lucha, bien silenciosa o ruidosa, para determinar quién tiene el derecho de decir al otro lo que debe hacer. Cuando se presenta esta situación, las dos partes tienen sentimientos negativos por la pareja, y también por sí mismas, cada vez que hay que tomar una determinación. Cada cual comienza a sentirse solo, aislado, en el papel de víctima, presa de la ira, traicionado y deprimido. Ambas partes ponen en juego su autoestima cada vez que hay una decisión pendiente. Después de suficientes experiencias en el campo de batalla, los sentimientos de amar y ser amado desaparecen.

A veces las parejas tratan de evitar estos problemas aceptando que uno asuma el papel de jefe y el otro se someta a su decisión. Otra salida es dejar que una tercera persona sea quien tome una determinación: un pariente político, un hijo, o una persona de confianza ajena a la familia. A la larga, es necesario tomar una decisión. Pero, ¿cómo?, ¿y cuál será la consecuencia?

Tomemos algunas respuestas de las que hablamos en los capítulos sobre la comunicación, y apliquémoslas a la forma en que tu cónyuge y tú toman decisiones.

¿Lo hacen con la respuesta aplacadora? ¿Obligando al otro? ¿Con un sermón? ¿De forma distractora? ¿Actuando con indiferencia?

¿Quién toma las decisiones? ¿Cómo lo hace? ¿Enfrentan cada determinación sin rodeos, de manera realista y aprovechando el talento de los demás?

¿Demuestras que conoces la diferencia entre la competencia para controlar el dinero y la autoestima? (Escribir un cheque es solo eso, escribir un cheque; no es una forma de demostrar o no el amor.)

Con las respuestas y posturas de comunicación, hagan una representación de alguna de sus decisiones recientes o importantes. Después, traten de recordar, con exactitud, cómo llegaron a esa determinación. ¿Hay alguna semejanza?

He aquí un ejemplo. Antes de casarse, Manuel controlaba su dinero y Alicia el suyo; ahora quieren controlarlo conjuntamente. Esto exige tomar una importante decisión, quizá la más trascendental que deban adoptar después de la boda.

Manuel dice, confiado: "Bueno, soy el hombre de la casa, así que me encargaré del dinero. Además, mi padre siempre lo hizo".

La respuesta de Alicia es un poco sarcástica: "Manuel, ¿cómo puedes decir eso? ¡Eres mal administrador! Como es natural, supuse que yo me haría cargo del dinero. Además, mi madre siempre lo hizo".

La respuesta de Manuel es suave; "Bien, si eso quieres, supongo que no hay problema. Como es lógico, concluí que, como soy tu marido y tú me amas, querrías darme el control de dinero. Después de todo, es cosa de hombres".

Alicia se muestra temerosa: "¡Oh, Manuel! ¡Por supuesto que te amo! No quiero lastimar tus sentimientos. No hablemos más del asunto. Vamos, dame un beso".

¿Qué opinas de este proceso de toma de decisiones?

¿Adónde crees que conducirá a la pareja? ¿Aumentará o disminuirá el amor?

Cinco años después, Alicia grita a Manuel, furiosa: "¡Esta compañía amenaza con demandarnos! ¡No pagaste la cuenta! Estoy harta de esquivar a los cobradores. Me haré cargo del dinero, ¡y no me interesa lo que opines!".

Manuel replica: "¡Vete al diablo! Anda, ¡a ver si puedes hacerlo mejor que yo!".

¿Has percibido su problema? No saben diferenciar entre sus sentimientos de autoestima y el problema de solucionar sus finanzas.

Quizá nada sea tan fundamental para el desarrollo y sostenimiento de una relación amorosa (o para matarla) que el proceso de toma de decisiones. Vale la pena conocer la diferencia entre el problema en cuestión y el sentimiento de autoestima en torno al problema.

Analicemos ahora una situación algo distinta. Consideremos algunas de las diferencias básicas entre el cortejo y el matrimonio, y algunos de los problemas implícitos en dichas diferencias. Durante la época de cortejo, la pareja en potencia ve al otro de acuerdo a un plan; organizan sus vidas con el fin de disfrutar de tiempo libre para el otro. Cada uno sabe que para el compañero estar juntos es prioridad; esto, por supuesto, les brinda la sensación de que el otro lo considere persona muy importante (VIP).

Después del matrimonio, este sentimiento sufre grandes cambios. Durante el cortejo es fácil olvidar que el ser amado tiene familia, amigos, responsabilidades de trabajo, intereses especiales y otros compromisos. El cortejo es una situación bastante artificial en lo que respecta a la vida. Después del matrimonio, las otras relaciones de vida reaparecen y compiten por la atención. Cuando una persona ha sentido que lo era todo para el ser amado y que ahora debe compartirlo con infinidad de individuos y responsabilidades ajenas a la pareja, es muy posible que empiece a provocar problemas. Es muy difícil aceptar que uno ya no es el centro de la existencia de la pareja, como pudo sugerirlo la etapa de cortejo. Los descubrimientos como: "No sabía que estuvieras tan ligado a tu madre", o bien: "No imaginé que te gustara tanto jugar a las cartas", surgirán sin remedio y, con frecuencia, conducirán a desilusiones más graves. Una buena solución para estos conflictos es sentarse a discutir lo que está ocurriendo.

A menudo, lo más importante para uno de los miembros es un aspecto determinado del cónyuge. Conozco a un hombre que se casó con una mujer porque siempre parecía arreglada; en contraste, la madre de este individuo tenía invariablemente un aspecto desaliñado, lo cual le disgustaba. Cuando la mujer descuidaba su aspecto en ciertas ocasiones, por alguna razón, él la trataba con la misma actitud negativa que reservaba para su madre. Es como si las parejas no comprendieran que están unidas a individuos que actúan como lo haría cualquier persona.

Muchas parejas se engañan pensando que, como se aman, las cosas sucederán de forma automática. Comparemos esta situación con alguien que, por ejemplo, quiere construir un puente; un ingeniero no tratará de edificarlo solo porque le gusten. Debe proceder con abundantes conocimientos del proceso antes de edificar un puente real y funcional. Esta analogía puede aplicarse a las relaciones.

Continuemos con nuestra analogía. El constructor de puentes que ama su trabajo tendrá que soportar las fatigas y frustraciones que se presentarán a lo largo del aprendizaje de su oficio y que serán más intensas de lo que resultarían para cualquier individuo que sea indiferente a la construcción de puentes o que no espere enfrentar problemas. Aun así, el ingeniero necesita experimentar una sensación de logro para continuar con el trabajo.

Lo mismo ocurre con las parejas. Si el "cómo" de su matrimonio no satisface sus esperanzas y sueños, el amor desaparece. Muchas personas se dan cuenta de que el amor comienza a desvanecerse sin tener conciencia alguna de que su proceso —el "cómo" del matrimonio— es lo que está ahuyentando al amor.

¿Recuerdas el amor que sentías por tu pareja cuando contrajeron matrimonio? ¿Puedes recordar los cambios que creíste que ocurrirían en tu vida? ¿Recuerdas también haber pensado que ciertos problemas quedarían solucionados con el amor? ¿Puedes compartir con tu pareja cuáles fueron algunos de estos sentimientos y problemas, y qué ocurrió con ellos? ¿Puedes crear un cimiento nuevo y más realista para tu relación?

En lo tocante a la pareja, el matrimonio revela mucho más que la época de cortejo. Muchas veces, los novios evitan conocer los defectos del ser amado, quizá pensando que si los vieran, el matrimonio no tendría éxito. En cualquier caso, ciertos defectos son muy evidentes. Algunos novios hacen planes para cambiarlos; otros los aceptan como parte integral del ser humano y tratan de vivir con ellos.

Es imposible convivir estrechamente con una persona sin encontrar, a la larga, determinadas características poco agradables. Las parejas decepcionadas suelen expresar: "¡Uno no conoce a otra persona hasta que se casa con ella!".

Los ejemplos de razonamiento equivocados que provocan esta clase de desengaños posteriores a la boda incluyen los de la mujer que se dice: "Bebe mucho, pero después que nos casemos, lo amaré tanto que dejará de tomar". Un hombre podría decir: "Me parece que es un poco ignorante, pero después de casarnos irá a la escuela para complacerme". Conocí a un hombre que dijo: "No soporto que masque chicle, pero la amo tanto que lo toleraré".

Es difícil que dos personas vivan juntas como una unidad familiar. La convivencia exitosa es muy gratificante, pero una vida común fracasada puede ser terrible. A menudo pienso que el matrimonio se parece al establecimiento de una empresa: su éxito depende de la organización, del "cómo" de sus esfuerzos, de su proceso.

Conozco a muchas personas que amaban profundamente a sus parejas durante la época del cortejo; sin embargo, no lograron que funcionara el matrimonio porque no se comprendían. Una vez más, la atracción mutua no es suficiente. La calidad de la relación con la otra persona, las expectativas puestas en el matrimonio y la forma de comunicación son factores muy importantes en la determinación de la naturaleza de la unión.

Uno de los problemas fundamentales es que nuestra sociedad fundamenta la relación matrimonial casi exclusivamente en el amor, y luego impone demandas que ese amor no puede satisfacer:

- "Si me amas, no harás nada sin mí"

- "Si me amas, harás lo que yo diga".
- "Si me amas, me darás lo que quiero".
- "Si me amas, sabrás qué deseo antes de que te lo pida".

Con estas premisas, el amor se convierte en una forma de chantaje que llamo "la garra que aprieta".

Dicho de una manera más específica, si considero que no valgo mucho y que tú y yo tenemos una relación fundamentada solo en el amor, entonces caeré en una dependencia de tus halagos, de tu atención, tu aceptación, tu dinero y demás, lo que hará que me sienta bien. Si no me demuestras siempre que vives solo para mí, pensaré que nada valgo. Esta situación ahoga cualquier relación.

¿En qué punto de la experiencia de amar y ser amado te encuentras ahora? Si enfrentas sin temor esta interrogante, tal vez puedas remodelar lo que haces y quizá prolongues la vida de tu amor. Si manifiestas con palabras tus preguntas y respuestas, tu pareja podrá darse cuenta de lo que te sucede.

Hay otro riesgo que consiste en practicar el método de la *bola de cristal*. En esta situación, un individuo supone que debido a que su compañero lo ama o porque él ama al cónyuge, cada cual debe anticipar las necesidades, deseos, sentimientos o pensamientos del otro, y actuar en consecuencia. Al no hacerlo, estará demostrando su incapacidad para dar o recibir amor. El hecho es que no importa cuánto podamos amarnos tú y yo, el amor no puede decirme si te gustan las espinacas o cómo quieres que las prepare.

Recuerdo a una pareja que acudió a mi consultorio porque estaba a disgusto con su matrimonio de 20 años. Al hablar con ellos, me di cuenta de que cada uno trataba de adivinar los pensamientos del otro utilizando el método de la bola de cristal: "Si nos amáramos de verdad, siempre sabríamos qué desea el otro". Debido a que tal era su premisa, no podían formular preguntas, pues esto pondría en duda su amor.

Acertaron en algunas adivinanzas, pero había llegado el momento en que se convertían en el punto central de sus divergencias; no siempre adivinaban correctamente. Al trabajar en la terapia, la pareja aceptó mi invitación para hablar más abiertamente; cuando llegamos al punto en que les pedí que expresaran su resentimiento mutuo, el marido gritó: "¡Quisiera que dejaras de servirme esas malditas espinacas!".

Después de que la mujer se recuperara de la sorpresa, respondió: "Yo odio las espinacas, pero creí que te gustaban. Lo hacía para complacerte".

Al ahondar en el tema, resultó evidente que, al inicio del matrimonio, la esposa preguntó al marido qué le gustaría comer. Él respondió que le gustaría cualquier cosa que preparara y por ello la mujer se dedicó a intentar descubrir sus preferencias. Entonces, como en una ocasión escuchó que su marido reprendía a un sobrino que no quería comer sus espinacas, concluyó que a él le gustaban.

El esposo no recordaba el incidente, pero sí consideraba que su cuñada era muy descuidada por no insistir en que su hijo comiera correctamente. Por supuesto, yo pregunté por qué el hombre no hizo comentario alguno y siguió comiendo las espinacas que tanto le disgustaban. Él respondió que no deseaba lastimar los sentimientos de su mujer. "Además", agregó, "si a ella le gustaban, no quería privarla de ese placer".

Luego se volvió hacia su esposa: "Pero ¿acaso no te diste cuenta que cada día comía menos espinacas?". "Ah", repuso ella, "creí que tratabas de perder peso". A raíz de este incidente, cada vez que se daban cuenta de que trataban de adivinar los pensamientos del otro se decían: "¡Recuerda las espinacas!".

Tal vez en todo el mundo no exista otra pareja que haya pasado por la misma experiencia, pero estoy segura de que casi todos hemos vivido algo similar. En retrospectiva, un incidente como el citado puede parecer ridículo y, sin embargo, se presenta una y otra vez.

Hay otro mito que corrompe y destruye el amor, y es que este significa igualdad. "Debes pensar, sentir y actuar como yo lo hago todo el tiempo. De lo contrario, no me amas". Desde este punto de vista, cualquier diferencia puede representar una amenaza.

Analicemos un poco más la igualdad y la diferencia. Considero que dos personas se interesan, inicialmente, en la otra debido a sus puntos comunes, pero conservan dicho interés a través de los años gracias a su capacidad para disfrutar de las diferencias existentes entre ambas. Dicho de otra manera, si los humanos nunca alcanzan la igualdad, jamás llegarán a conocerse; si nunca conocen sus diferencias, no podrán ser reales o desarrollar una relación verdaderamente humana y vital con los demás.

La diferencia no puede resolverse a menos que podamos apreciar la igualdad. Aunque todo ser humano es único, comparte con los demás ciertas características comunes.

Todo ser humano:

- Llegó al mundo concebido por la unión de un espermatozoide y un óvulo, y nació del cuerpo de una mujer.
- Está envuelto en una piel que contiene en su interior toda la maquinaria necesaria para su sostenimiento y desarrollo.
- Tiene una anatomía previsible.
- Requiere aire, comida y agua para su supervivencia.
- Posee un cerebro capaz de razonar y la capacidad para ver, oír, tocar, oler, gustar, hablar, sentir, pensar, moverse y decidir (excepto quienes nacen incompletos).
- Es capaz de responder.
- *Siente* durante toda su vida.

Ahora analicemos las diferencias. Muchos han aprendido a temerlas debido a que las percibieron como el inicio de un conflicto o una pelea. Pelear significa enojarse; la ira significa morir. Por ello, para conservar la vida, es necesario evitar las diferencias.

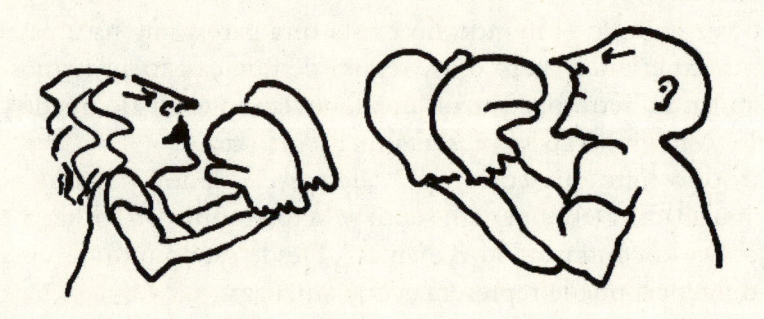

Una pelea sana no significa la muerte: puede favorecer una mayor unión y confianza. Yetta Bernhard y George Bach han realizado un trabajo estupendo con las peleas limpias, las cuales son necesarias en toda pareja cuando la ocasión así lo amerita. Deseo destacar el término *pelea limpia*; todos conocemos las peleas sucias, que *son* aterradoras y pueden conducir a la muerte.

Todos compartimos las características antes mencionadas; también somos diferentes de todos los demás, y esta es la consecuencia natural de la condición humana. En la actualidad hay más de cinco mil millones de personas en el mundo, y cada una puede ser identificada, sin lugar a dudas, por sus huellas digitales. No existen dos grupos de huellas que sean idénticas, pues todo ser humano es único. De este modo, dos personas, sin importar sus semejanzas, también tendrán diferencias. ¡Y *vive la différence!* Imagina lo aburrida y estéril que sería la vida si todos fuésemos iguales. La diferencia nos ofrece emoción, interés y vitalidad; por supuesto, también provoca algunos problemas. El reto es encontrar la manera de resolver nuestras diferencias constructivamente. ¿Cómo utilizar las diferencias como oportunidades de aprendizaje, en vez de servir como excusas para divisiones y guerras?

La pareja inteligente tratará de conocer sus diferencias desde el principio; encontrarán la manera de hacer que la diferencia funcione a su favor, en vez de convertirse en un impedimento. Y como arquitectos de la familia, su ejemplo tendrá una influencia sin par en los hijos.

Si tu autoestima es elevada, tendrás que saber ciertas cosas:

- No existen dos personas idénticas; todos somos únicos.
- No hay dos personas que tengan el mismo ritmo, aun en los aspectos que comparten. Es posible que los dos disfruten de un filete, pero no estará preparado exactamente de la misma manera, y tampoco sentirán hambre al mismo tiempo.

Otra lección importante es que nadie muere por encontrarse solo. La soledad periódica es la consecuencia natural de la individualidad personal.

Al finalizar este capítulo, me doy cuenta de que he hablado mucho sobre la complejidad y el dolor potencial implícitos en el desarrollo de una relación de pareja satisfactoria y dinámica. Espero haberlo hecho de tal modo que les haya permitido analizar las nuevas posibilidades y la forma de lograrlas.

La manera de resolver la complejidad suele depender de la obediencia de estas indicaciones: la primera tiene que ver con las creencias personales sobre la naturaleza de las personas. Si nos damos cuenta de que la gente rara vez alcanza la perfección en sus actos, y que muy pocas personas actúan de manera destructiva voluntariamente, podremos ver a nuestra pareja como un ser humano común, igual a nosotros.

La segunda indicación exige que tomemos conciencia de nosotros mismos, que entremos en contacto con nuestro yo y manifestemos nuestra situación en la vida; esta conciencia nos permitirá adquirir fe y confianza.

La tercera se refiere a que debemos reconocer, en lo más profundo de nuestro ser, que cada persona debe valerse por sí misma; nadie puede hacerlo por nosotros. Esto se aplica a los aspectos desagradables, así como a los jugosos que hay en la vida: ninguna persona puede cargar mucho tiempo con el peso de otra sin que ambas se vuelvan inválidas. En el proceso de la pareja hay muchas oportunidades para disfrutar del compañero a través del cuerpo, el intelecto, los sentimientos y las tareas interesantes.

Nuestro reto es desarrollar un sentimiento de elevada autoestima, la voluntad para correr riesgos y la estimulación necesaria para crear nuevas posibilidades. Jamás agotaremos dichas posibilidades si mantenemos abiertos los ojos y permanecemos listos para entrar en acción.

11
Familias especiales

En la actualidad, son muchos los niños a quienes educan adultos que no los trajeron al mundo. Me refiero a las familias de padres divorciados, donde uno o ambos progenitores han muerto, a los padres que jamás contrajeron matrimonio, o a los que ya no pueden hacerse cargo de los hijos por cualquier razón. Asimismo, un número cada vez mayor de niños crece bajo la tutela de parejas del mismo sexo, en su mayor parte mujeres. Cuando se crean nuevas familias para estos niños, reciben el nombre de adoptivas o sustitutas. A estas familias reconstituidas, suelo denominarlas familias mixtas. Cuando una familia no es reconstituida, hablamos de una familia de un progenitor.

Si te encuentras en el proceso de crear una familia mixta o de un progenitor, debes saber que dicho núcleo familiar puede ser de primera. Tu familia puede ser un sitio maravilloso para vivir; cuentas con todas las posibilidades y técnicas para lograrlo. Considera que las cosas que debes hacer son desafíos, y luego vuélvete un detective y experimentador entusiasta.

Las familias son más parecidas que distintas; todos los factores que he presentado hasta ahora —la autoestima, la comunicación y los adultos como arquitectos de la familia— se aplican también a las familias mixtas y de un progenitor. Aunque estos grupos familiares tienen aspectos agregados que en ocasiones las hacen diferentes, estas consideraciones son solo variaciones. Todas las formas familiares pueden ser de primera, dependiendo de la congruencia y creatividad de los adultos que se encuentran a cargo de ellas.

La familia de un progenitor plantea desafíos especiales. Estas familias son de tres tipos: un progenitor abandona el hogar y el que continúa en la familia no vuelve a casarse; un soltero adopta legalmente a un niño, o una soltera conserva al hijo. Las familias de un progenitor, sin importar su origen, suelen estar formadas por una madre y sus hijos. Aquí, el desafío es: ¿cómo es posible que una familia así pueda favorecer el desarrollo de los hijos y del adulto? Aquí podemos encontrar los fantasmas y las sombras del pasado. Para formar familias saludables, es necesario poner en su proporción correcta todos los resentimientos y sufrimientos; esto implica, en parte, analizar la razón de ser de esta familia de un progenitor.

Un grave problema para las familias de un progenitor es que este corre el riesgo de proyectar mensajes negativos sobre el adulto que abandonó al grupo, en especial si su separación fue consecuencia de un divorcio o un abandono, situaciones que lastiman intensamente. La mujer que se queda con los hijos tendrá que esforzarse para transmitir mensajes de la "maldad" del hombre; un niño que reciba esta imagen no podrá creer que la masculinidad es buena. Y si no siente que la masculinidad es buena, ¿cómo podrá sentir que él es bueno?

La mujer también sufrirá las consecuencias de una mala imagen de los hombres, pues más adelante sufrirá en sus relaciones con varones. Por otro lado, para la madre es fácil caer en el error de asignar al hijo mayor el papel del marido, distorsionando así su condición de hijo con la madre y su papel de hermano con los otros hijos.

En un número cada vez mayor de familias, los padres son el único progenitor. Quienes se consideran incapaces de resolver todas las necesidades de sus hijos, tal vez recurran a una ama de llaves que les ayude con la supervisión y las tareas domésticas. Entonces, ¿es posible que el ama de llaves satisfaga las necesidades de intimidad de los niños? Esto depende mucho de la personalidad de esta persona, la actitud del padre y de los propios niños. La situación no es nada fácil; se requiere mucha paciencia y comprensión por parte de todos los elementos afectados.

Por último, debido a que los niños de una familia de un progenitor no mantienen una relación constante de hombre-mujer, crecerán sin un modelo completo de lo que representa dicha relación. Esto también puede aplicarse a las familias de progenitores del mismo sexo.

Sin embargo, estos problemas no son insuperables; es muy factible que una mujer tenga una actitud sana y de aceptación hacia los hombres, y posea la madurez suficiente para no transmitir a los hijos mensajes negativos sobre los varones. Puede estar dispuesta a proporcionar y fortalecer relaciones entre sus hijos y los varones adultos a quienes ella conozca y admire. Entre ellos pueden estar incluidos sus padres; quizá también los maridos de sus amigas; tal vez algunos amigos propios. En lo referente a elegir a un hijo que comparta con ella la dirección de la familia, podrá alcanzar su objetivo si explica la diferencia entre ser capaz de desempeñar ciertas tareas y adoptar un papel de tiempo completo. Por ejemplo, es natural que un joven de 17 años tenga mayor facilidad para instalar una malla de protección en la ventana, debido a su estatura y habilidad, que un niño de diez años; la instalación de una malla protectora o cualquier otra tarea que la madre solicite, no significa que el hijo comparta con ella el papel de cabeza de familia sobre una base de tiempo completo.

Los hijos varones de una familia de un progenitor deben sortear un importante riesgo: la sobreprotección de la madre o la imagen de que las mujeres dominan en la sociedad, lo que conducirá a la sensación de que los hombres nada valen.

Con mucha frecuencia, los varones que sienten la necesidad de adoptar un papel nutricio para aliviar la impotencia de la madre quedan atrapados en una postura que les impide desarrollar una vida independiente; muchos jóvenes resuelven esta situación permaneciendo con sus madres y evitando responder a sus intereses heterosexuales; o bien se rebelan y abandonan el hogar enemistándose con todas las mujeres. Luego, alternativamente, maltratan e idolatran a las mujeres, y con mucha frecuencia arruinan el resto de sus vidas. La familia de un progenitor está incompleta en lo que respecta a los modelos de convivencia. Los adultos que se percatan de esto pueden hacer algo para completar la imagen en lo posible; esto puede consistir en enviar a los hijos a vivir con una familia de confianza y querida de manera periódica: una especie de acuerdo informal de hogar sustituto.

La hija de una familia de un progenitor también puede adoptar una imagen distorsionada de las relaciones hombre-mujer. Sus ideas de la condición femenina pueden ir del servilismo —darlo todo sin recibir algo a cambio— hasta creer que puede hacerlo todo sin ayuda y ser totalmente independiente.

Analicemos ahora a la familia mixta. Se ha dicho y escrito mucho sobre la preparación de las parejas antes de casarse. En realidad, eso es lo que he hecho en el presente libro. Empero, tal vez, esta preparación es más importante en el caso de quienes han estado casados antes y se disponen a intentarlo de nuevo, esta vez, con hijos. Todas las familias mixtas enfrentan importantes impedimentos al principio. Si logran entender estas dificultades, podrán sobreponerse a ellas y utilizarlas de forma productiva.

Las familias mixtas tienen ciertos aspectos comunes; reúnen algunos elementos de familias ya existentes. Pueden presentarse en tres formas:

1. Una mujer con hijos que se casa con un hombre sin hijos.
2. Un hombre con hijos que se casa con una mujer sin hijos.
3. Un hombre y una mujer que tienen hijos de una relación previa.

En el primer caso, la familia mixta consiste de la mujer, los hijos de la mujer, el marido, y el ex esposo de la mujer. En el segundo caso, la unidad es el marido, los hijos del marido, la mujer y la ex esposa del marido. En el tercer caso, la familia consta de la mujer, los hijos de la mujer, el ex esposo de la mujer, el marido, los hijos del marido y la ex esposa del marido.

Aunque estas personas pueden o no convivir bajo el mismo techo (lo más probable es que no suceda así), todos forman parte de la vida de los demás, para bien o para mal. Es necesario dar cabida a todos los elementos. Cada uno de los miembros es importante para el crecimiento y el éxito de la familia mixta; aunque muchos de estos grupos familiares tratan de vivir como si los miembros restantes no existieran.

Todos estos individuos tienen autoridad de alguna forma, y los problemas suelen suscitarse cuando no buscan el tiempo necesario para hablar abiertamente entre sí, cuando están en desacuerdo o, en algunos casos, cuando son enemigos jurados.

Imagina a un niño cuya madre y padrastro viven en casa, y su padre y madrastra viven en otro sitio; estos cuatro adultos comparten la responsabilidad del pequeño. ¿Puedes imaginar lo que sentiría un niño en estas condiciones, viviendo en un ambiente en el que cada adulto le pide algo distinto, en particular si los adultos no se dan cuenta de ello? ¿O en el caso de que los progenitores no se encuentren en buenos términos entre sí?

¿Qué debe hacer un niño con dos indicaciones contrarias? (A veces puede recibir tantas órdenes como adultos haya en el grupo.) Por el bien del niño, es necesario hacer dos cosas. Primero, todos los interesados deben estimularlo a manifestar qué indicaciones opuestas recibió. Segundo, los adultos tienen que reunirse periódicamente con él o los hijos para descubrir qué hace cada uno de los adultos y si están o no en concordancia. Es muy posible que si los adultos expresan de manera abierta lo que hacen, el niño pueda, por lo menos, elegir y no tenga que guardar los secretos de los adultos: problema que suele presentarse entre padres divorciados enemistados que utilizan a los hijos como espías.

Recuerdo a una joven de 16 años que, de pronto, actuaba como enloquecida y luego, repentinamente, se deprimía. Descubrí que vivía con su madre y padrastro; pasaba un fin de semana con el padre y su prometida, el siguiente con la madre y el nuevo marido, y el tercer fin de semana con los abuelos maternos. Los adultos de cada casa le pedían que hablara de lo que sucedía en las demás y luego le hacían prometer que no diría lo que ocurría "allí". Lo más triste de la situación fue que todos estos adultos querían a la joven y deseaban ayudarla, pero sin darse cuenta, la hacían soportar el peso de sus celos, rivalidades y resentimientos.

Lo mismo puede acontecer en una familia natural, con un marido y mujer, si estos no son francos entre sí; es posible que sin querer pidan a un hijo que resuelva lo que ellos no pueden solucionar por sí mismos. Por supuesto, el hijo no podrá con ello, así que responderá con enfermedades recurrentes, conductas conflictivas, enloquecidas, torpes o todo a la vez.

Huelga decir que durante la sesión en que reuní a los adultos implicados con la joven de 16 años, pasamos algunas tormentosas horas hasta que toda la verdad salió a relucir. Logramos grandes progresos para que la chica ya no actuara como enloquecida o deprimida. Esto no ocurrió en un día, pues la joven tuvo que aprender, poco a poco, a confiar de nuevo en los adultos.

Un hijo resulta beneficiado cuando los adultos que lo rodean se muestran abiertos entre sí y se hacen responsables de lo que sienten y piensan. No es necesario amar a una persona para ser abierto con ella. Los ex cónyuges no siempre conservan el afecto que antes se tenían, pero pueden ser abiertos y evitar la discusión de sus diferencias en presencia de los hijos. Tal vez este sea el problema más importante que enfrenta la familia mixta: liberar a los hijos de las cargas de los adultos.

El hecho de que una familia sea mixta no implica o condiciona el mal desarrollo de una buena vida familiar. He visto casos de familias mixtas de diversas clases que fueron establecidas con éxito; para ello fue necesario que tuvieran conciencia de los múltiples impedimentos potenciales y que los resolvieran de una manera amorosa, realista y congruente. Una vez más, el proceso que se lleva a cabo entre los individuos determina lo que sucede dentro de la familia.

Analicemos en detalle algunos problemas. En el caso de una persona divorciada que decide volverse a casar, la experiencia del divorcio pudo ser muy dolorosa. Un divorcio implica desencanto, y también muchas posibilidades de desarrollar la desconfianza. De cierta manera, el segundo cónyuge tiene una carga más pesada que el primero y, a menudo, recibe el mensaje: "Tienes que ser mejor que quien te precedió". Los que vuelven a casarse después de un divorcio han recibido ya una lección que no olvidarán con facilidad.

Por esta razón es muy importante que los individuos divorciados encuentren por sí mismos el significado de sus respectivos divorcios, lo entiendan y utilicen este descubrimiento para aprender algo. Esto es mucho mejor que lamentar su suerte, albergar resentimientos o sufrir por una profunda desilusión.

La mujer con hijos que vuelve a casarse suele tratar a los niños como si fueran de su propiedad. Esto plantea un obstáculo para la pareja desde el principio. A menudo, la mujer piensa que no debe imponerse al nuevo esposo, considerando que, tal vez, él no comprenda a sus hijos o el proceso que ella ha establecido con los pequeños. A veces guarda una lealtad equivocada al ex marido. Cualquiera de estas actitudes evidencia el hecho de que el nuevo cónyuge no tiene un papel bien definido para ayudarla, y también pasa por alto la posibilidad de que el hombre que ingresa en la familia aporte nuevas perspectivas y estilos de hacer las cosas, mismos que podrían integrarse a la nueva familia.

Otro peligro es que la mujer considere que necesita tanto de la "mano firme del padre", que pretenda que el nuevo marido ejerza un poder y una influencia que este hombre no ha tenido la oportunidad de desarrollar con los hijos. Esta situación es muy delicada, en particular cuando la madre considera que los hijos están fuera de su control. Los nuevos maridos quizá tienen la intención de satisfacer las expectativas y deseos de la esposa, y a menudo fracasan en sus intentos; tal vez sean las nuevas cabezas de la familia, pero, como sucede con los nuevos directores de un negocio o cualquier empresa, es necesario que exploren el terreno antes de entrar en acción. Si el nuevo cónyuge se hace cargo de la situación antes de tiempo, tendrá problemas innecesarios con los niños. Esto se aplica, en particular, al caso de los adolescentes.

La inclusión de un padrastro o una madrastra también plantea dificultades adicionales; el progenitor natural y sus hijos han pasado varios años juntos, y aspectos como las bromas internas o las expresiones familiares pueden hacer que se sientan excluidos. Casi todas las familias desarrollan algunos rituales o tradiciones, o estilos específicos para realizar tareas. Es necesario que todos entiendan y reconozcan estas costumbres, pues de lo contrario serán una fuente de dificultades.

Cuando trabajo con individuos que se preparan para iniciar una vida familiar mixta, sugiero que recuerden siempre que cada cual tuvo una vida previa y que mucho de lo que ocurra en la actual tendrá un punto de referencia en el pasado. Si alguien escucha algo y no lo entiende, debe aclararlo con preguntas abiertas. Muchos padrastros, en vez de inquirir, resuelven la situación diciéndose: "Bueno, quizá no sea asunto mío". "No debo hacer preguntas al respecto". "Tal vez no se supone que deba estar enterado". Esto suele traducirse en una baja autoestima. Otro razonamiento habitual es: "Si ella quisiera que yo lo supiera, me lo habría dicho".

Otro aspecto de esta situación tiene que ver con las posesiones, las amistades y los contactos previos que accidentalmente afectan al matrimonio actual. Por supuesto, entre ellos se encuentran la familia política o los abuelos y otros parientes de la pareja divorciada. En muy pocos casos de divorcio los parientes se abstienen de opinar (y a menudo hablan más de la cuenta) sobre lo ocurrido, lo que pudo suceder o lo que debió acontecer. Necesitamos tomar en cuenta todo esto; es importante que todos tengan una clara idea de lo que sucedió y que su comunicación al respecto sea directa. Parece sencillo, y reconozco que no lo es. Sin embargo, nadie puede desaparecer del planeta ni destruir o escapar de lo que existía ayer. Es necesario incluir e integrar todas las cosas que pertenecen al pasado.

Hasta aquí he hablado de un cónyuge divorciado y vuelto a casar, y de algunas de las presiones y dificultades que enfrenta. Quiero recordarles que el nuevo cónyuge, a su vez, tuvo una vida anterior y que, cuando tiene hijos, es posible que se presenten las mismas complicaciones. Si los niños del nuevo marido viven separados de este, es posible que pase más tiempo con los niños de su mujer que con los propios debido a la proximidad. A menudo esto le provocará cierta incomodidad y tal vez considere que está descuidando a sus hijos. La visita de estos al nuevo hogar podría crear problemas a su ex esposa, la madre de sus hijos, debido a que estará compartiendo las funciones maternas con otra mujer.

Para realizar una buena labor, los adultos que vuelven a casarse deberán reorganizar sus estilos de paternidad. Es necesario que eduquen a sus hijos y a los de la nueva pareja sin descuidar o pasar por alto a ninguno de ellos. Cualquiera puede darse cuenta de lo complicada que es la situación de una familia mixta; si los padres divorciados y vueltos a casar tienen la madurez necesaria, resolverán juntos los problemas para que todos los hijos resulten beneficiados y ninguno salga perjudicado.

Ante todo, es importante recordar que los adultos contrajeron matrimonio, se divorciaron o volvieron a casarse y que, por tanto, los niños son quienes sufren las consecuencias de sus actos. Los hijos necesitan conservar un sitio para los padres naturales y abrir un espacio adicional para el nuevo adulto en sus vidas; esto requiere tiempo y paciencia, en especial al principio. No puedo resaltar esto en exceso: el padrastro o la madrastra es un extraño a quien el niño puede percibir, incluso, como un intruso. Esto tiene poco o nada que ver con su bondad natural o su capacidad para dar y recibir amor.

Por ahora, traten de ver con los ojos de un niño que forme parte de una familia mixta. Sus interrogantes serán: "¿Cómo trataré a mi nuevo padre? ¿Qué sentirá por mí y mi relación con el otro progenitor?".

Tal vez el conflicto más importante para el hijo de una familia mixta sea que no se sienta en libertad de amar a quien él elija. El amor por el progenitor ausente quizá le cause dificultades. Los niños de familias mixtas necesitan estar convencidos de que tienen esta libertad.

Muchos adultos desean mantener el valor del progenitor ausente ante sus hijos; esto puede ser muy complicado. Si eres la madre, ¿qué puedes decir a tus hijos acerca de un ex esposo alcohólico que te golpeó e hizo padecer hambre durante varios años de matrimonio? Hoy vives con un hombre que no es así. ¿Puedes ayudar a tus hijos a valorar a su padre y, al mismo tiempo, a aceptar al nuevo hombre sin enviar el mensaje de que el primero era un bueno para nada? Es posible, si separas el valor del yo de la conducta.

A veces, cuando un progenitor se encuentra en prisión o en un hospital para enfermos mentales, o si tiene un largo historial de irresponsabilidad —en cualquier caso, cuando existen situaciones que justifican un sentimiento de vergüenza—, el progenitor restante trata de vivir como si el primero no existiera. En mi experiencia con los cientos de casos que he analizado, cada vez que pedimos a un niño que ignore o denuncie a uno de sus progenitores biológicos, el hijo corre el riesgo de desarrollar una baja autoestima. ¿Cómo puedes decir: "Soy bueno" si tienes la certeza de provenir de mala estirpe?

No pretendo aconsejar a los padres que digan que todo es positivo sobre el otro progenitor, sea o no verdad. Lo importante es orientar a los hijos para que tengan conciencia de que las personas tienen muchas facetas y que, en ocasiones, las relaciones reúnen a dos individuos que no encajan bien. Una persona no es mala solo porque tiene una característica de personalidad que no encaja con la de otra; a veces sabemos cómo cambiar las cosas para seguir siendo nutricios; en ocasiones, no sabemos cómo hacerlo.

Cualquier clase de fricción sirve para que recordemos la necesidad de relajarnos. Como padrastro o madrastra de una familia mixta, puedes tomar las cosas con calma y no presionar. Por el momento, quizá el niño te considere un intruso y un extraño en su vida; es necesario que te des una oportunidad.

En tu mente debes dar cabida al otro progenitor de tu hijastro. Quizá viva en otra parte; sin embargo, también es una presencia para el niño. No puedes eliminarlo. Ofrece al niño suficientes oportunidades para que entienda que no tratas de reemplazar a su progenitor. Nadie te obliga a amarlo de inmediato; empero, puedes dar al pequeño la condición de ser humano y reservar un espacio para que florezcan el amor y la confianza.

Las preguntas importantes son: ¿En qué aspectos planificará el cónyuge actual con el ex esposo en lo referente al bienestar del hijo? ¿Cómo deseas incluir al cónyuge en la familia actual?

Esto nos conduce a la cuestión de los derechos de visita y los deberes de manutención, situaciones difíciles, en particular cuando hay menores de edad mezclados en el asunto. Las respuestas dependerán, casi por completo, de cómo la pareja divorciada haya solucionado la cuestión del divorcio. Si la relación sigue tensa, estas interrogantes serán muy difíciles de solucionar.

Las sombras del pasado son muy reales y deben ser disipadas por la nueva pareja conyugal. Por supuesto, los niños no son ajenos a estas sombras. Pueden formar parte de las viejas heridas; a menudo toman bandos.

Sus lealtades están divididas. Con frecuencia no viven con el progenitor cuyo bando favorecen. Sus problemas no desaparecen tan solo porque ha ocurrido un cambio de progenitores.

La conjunción de niños que no se conocen entre sí y quienes están inseguros de su importancia, puede presionar mucho al matrimonio; los hijos no reflejan, necesariamente, la alegría de los nuevos cónyuges. También hay familias mixtas que contienen a "tus hijos", "mis hijos" y "nuestros hijos"; esta situación solo incrementa los problemas en potencia, y el proceso de resolución es el mismo: la pregunta no es si habrá tensiones, sino ¿cuáles serán y cómo deberán resolverlas? Esto representa un importante desafío para el nuevo equipo conyugal.

El tiempo, la paciencia y la capacidad para no recibir amor (al menos durante un periodo), son fundamentales. Después de todo, ¿por qué razón un niño debe amar, de manera inmediata, al padrastro, y viceversa?

Una actitud que favorece la resolución de esta situación es que la nueva pareja conyugal tenga la certeza de que su nueva familia enfrentará grandes tropiezos, y que pueden ser directos y abiertos entre ellos y con los hijos. La pareja no pide a los hijos que sean falsos; todos tienen la libertad de manifestarse con sinceridad.

Una vez más, esta situación no es fácil de lograr. Somos pocos los que hemos aprendido a ser sinceros en el aspecto emocional; necesitamos ser pacientes mientras aprendemos la lección.

Como sucede con los adultos, la vida de los hijos después del matrimonio cambia. Abundan las sorpresas; la vida con el novio de mamá o la novia de papá no será la misma cuando llegue el momento de forjar una unidad familiar.

Recuerdo a un niño de diez años cuyos padres se divorciaron cuando tenía cinco. La madre volvió a casarse cuando el pequeño tenía ocho años; un año después del segundo matrimonio, el niño preguntó de repente a su madre: "Oye, mamá. ¿Qué pasó con Armando?". Armando era un hombre que aparecía con frecuencia antes del segundo matrimonio, y en ocasiones pasaba la noche en la casa de su madre.

El padrastro preguntó de inmediato: "¿Quién es Armando?". La madre se ruborizó y pidió al niño que se marchara a su cuarto. El chico obedeció y luego escuchó la discusión a escondidas. El marido acusó a la madre de ocultarle las cosas y terminó por llamarla ramera, embustera y otras cosas. Al parecer, la mujer había hecho creer al nuevo marido que le había contado todo, pero no había hablado de Armando; la pregunta del niño fue inocente, pero tuvo el efecto de una desagradable sorpresa.

Sucede algo más cuando el matrimonio previo ha sido especialmente doloroso, en particular en lo que se refiere a la madre. Es posible que los niños le recuerden el sufrimiento, y cada vez que entable una interacción negativa con ellos, recordará las épocas difíciles.

Conozco a una mujer, casada en segundas nupcias, que pasó por esta situación. Cada vez que su hijo de cuatro años decía "no", recordaba a su marido, que toda su vida fue un rebelde; a la larga, terminó en prisión por atacar a otra persona. Así que, cuando el niño le decía "no", pensaba en eso, y golpeaba al pequeño sin piedad para evitar que de adulto terminara en la cárcel. Este es un claro ejemplo de cómo la actitud de esta mujer provocó más problemas. Sus temores respecto al hijo pertenecían al pasado, no a lo que ocurría con su hijo en el momento actual.

Los niños deben esforzarse mucho para aclarar la situación con un padre que está casado con otra mujer con la que tiene más hijos. Cuando las cosas no son claras entre los niños y su padre, la situación favorece los sentimientos de olla vacía, interrogantes, celos y demás. Tengo la impresión de que muchos niños se ven privados de sus padres, más de lo necesario, debido a que los progenitores y sus segundas familias no están dispuestos a integrar a los hijos anteriores en el nuevo núcleo. La relación entre la esposa y su cónyuge actual tiene mucho que ver en el desarrollo de las situaciones del presente. Supongamos que ambos estuvieron casados con anterioridad, se conocieron mientras seguían en su matrimonio, pasaron por el cortejo, se divorciaron de sus parejas respectivas y establecieron un nuevo matrimonio. A menos que realicen un trabajo muy, pero muy bueno y cuidadoso, los cónyuges anteriores podrían hacer que los hijos se opongan a la nueva relación.

Las edades de los niños son importantes para la resolución de las dificultades heredadas en el segundo matrimonio. Si los niños son pequeños —quizá menores de dos o tres años—, la posibilidad de interferencia de la vida anterior no será tan importante como en el caso de los hijos mayores. Si los hijos han crecido lo suficiente, el nuevo matrimonio podría parecerles irrelevante: es una situación de la que puede beneficiarse la nueva pareja conyugal. Cuando los problemas familiares mezclan a los hijos con el dinero, las propiedades, los negocios y demás, es importante llegar a un acuerdo aceptable para ambas partes. Conozco casos en que los hijos mayores se oponían a la idea de un nuevo matrimonio debido a los problemas económicos que anticipaban.

Con el fin de ejemplificar algunas de estas situaciones, analicemos a otro grupo hipotético. Julia y Juan tienen 33 y 35 años, respectivamente. Después de diez años de matrimonio, solicitan el divorcio. Tres años después, Julia conoce a David, con quien decide volverse a casar. Después de un cortejo de un año, se casan. Juan y Julia tienen tres hijos. Cuando Julia vuelve a casarse, Tomás tiene doce años, Diana diez y Beto ocho. Juan se ha mudado a otra población a 400 kilómetros de allí; según el acuerdo de divorcio, Juan tiene que ver a los hijos una vez al mes, pero como ha iniciado un nuevo negocio, no siempre puede presentarse a la cita. Empero, sigue pasando la pensión.

Antes del segundo matrimonio de Julia, ella y los niños vivían con los abuelos maternos. Como la madre debía trabajar, sus padres se hacían cargo de la educación de los niños. El empleo de Julia implicaba viajes constantes; de hecho, conoció a David en uno de ellos. Gran parte del tiempo que pasaba con David no era compartido con los hijos. A él le agradaban los niños, pero no podía asegurar que los conociera bien.

Por cierto, David también estuvo casado antes y tenía una hija, Teresa, de doce años; la niña vivía con su madre en una ciudad lejana. El acuerdo de divorcio le permitía tener a Teresa consigo durante las vacaciones de verano. En términos generales, existía una buena relación entre la niña y su padre.

Después del matrimonio de Julia y David, ella quiso establecer un hogar para sus hijos, lo que significaba separarlos de sus abuelos. Muy enamorados y sin pensar en lo que hacían, Julia y David creyeron que podrían reconstruir a la familia sin dificultad alguna.

Analicemos algunas de las cosas que podrían haberse presentado en esta familia mixta. Ante todo, es necesario que todos reconozcan con claridad que cuando los tres hijos de Julia se reúnan con la madre y el nuevo marido, la unidad familiar será completamente nueva. Aunque Juan no los visite con frecuencia, realiza los pagos de la pensión y también forma parte del grupo.

La pregunta que se plantea de inmediato es: ¿Cuál será el papel de David con los niños? Él es el padrastro, pero ¿qué significa eso? En condiciones normales, una esposa espera que su marido le ayude a criar a los hijos y quizá ella, sin darse cuenta, concluya que como su marido la ama, y ella a él, conocerá ciertos aspectos concernientes a los hijos.

Sin embargo, los padrastros rara vez están enterados de estas situaciones, y por tanto no podemos esperar que ingresen en las vidas de los niños y empiecen a ayudar de inmediato. Muchos padrastros tienen esta expectativa. David es un extraño y así seguirá durante un tiempo para los hijos de Julia. La sombra de Juan está presente, y siempre lo estará.

En ocasiones la gente piensa que su autoestima depende de cuántos cambios pueda realizar de inmediato. Lo que necesitamos al entrar en una nueva situación es tiempo: todo el tiempo que sea necesario en cualquier situación, para conocerla a fondo.

Volvamos a Julia y David. Lo ocurrido entre Julia y Juan en su matrimonio anterior, quizá no fue aceptable para los niños, lo que podría representar un impedimento para la total aceptación del padrastro. Supongamos que los niños perciben mensajes muy sutiles de que deben ponerse del lado de su madre contra el padre, y que tienen que aceptar al nuevo marido como su progenitor. Quizá Julia aún sienta un intenso dolor, amargura y desilusión, herencia de su matrimonio anterior. Muchas mujeres se sienten así y esperan que sus hijos sientan lo mismo. Julia podría manifestar, con una expresión vacía o decidida en la mirada, cuando Juan llama por teléfono o escribe para anunciar una visita: "Bien, la decisión es tuya. Puedes hacer lo que quieras". O el mensaje puede ser todo menos sutil: "¡Si vas con tu padre, no tendrás nada más que ver conmigo!". Sutil o directa, Julia o cualquier otra persona en su lugar estará creando problemas al pretender que sus hijos compartan lo que ella siente por su primer marido.

El legado de dolor del primer matrimonio también es fuente de conflictos de otra naturaleza. La gente puede tener expectativas descomunales de su segundo matrimonio; a veces, esperanzas muy cercanas al nirvana. Muchos adultos de familias mixtas esperan milagros. Como se desembarazaron de un cónyuge conflictivo y ahora tienen otro más adecuado, "todos los problemas están resueltos". Olvidan que la gente estará siempre relacionada con los demás, que siempre llegará la hora del arsénico (el momento en que las demandas sean superiores a la capacidad de cumplimiento de cualquier individuo), y que ocurrirán las mismas cosas, como las ocasiones en que una persona se muestra altiva, airada, indiferente o testaruda ante los demás.

Todo se reduce al hecho de que las personas son personas y actúan como tales en una familia natural o mixta. Por ejemplo, recuerdo a una mujer que volvió a casarse cuando su hijo mayor tenía once años. A los 14, el chico comenzó a provocarla con frecuencia; la conclusión fue que cometió un error al contraer matrimonio por segunda vez, que si no se hubiera casado, su hijo no actuaría así. No hay duda de que la comunicación entre ella y el hijo, en lo referente al padrastro, tenía que ver con el problema, pero también era importante el hecho de que el chico estaba experimentando con su madre y con sus emociones sobre las situaciones que enfrentaba. Esto también habría ocurrido en una familia donde no hubiera un segundo matrimonio o un padrastro.

En pocas palabras, cualquiera que inicia un matrimonio espera que la vida mejore, y lo mismo puede decirse de un segundo matrimonio. Además, parece que cuanto más aspiramos de la vida, son mayores nuestras expectativas y que cuanto mayores sean nuestras expectativas, mayor será la desilusión.

Otra variante de la familia mixta es cuando dos personas inician un segundo matrimonio después de enviudar. Supongamos que una mujer estuvo casada durante 15 años y su esposo muere. Poco después conoce a un hombre que nunca se ha casado. Digamos que su primer marido falleció en un accidente; el matrimonio era aceptable: no muy emocionante, más bien bastante aburrido. Mas el golpe de la muerte borra todo recuerdo del aburrimiento y el tedio del matrimonio, y la mujer queda con una idea exagerada de lo maravillosa que fue su unión. Luego contrae matrimonio con un hombre que puede protegerla, a quien puede querer y quien es más estimulante que su anterior marido. Empero, en ocasiones, cuando se siente desilusionada o enfadada con su actual esposo, expresa con palabras lo muy superior que fue su vida con el marido anterior, comparando al segundo esposo desfavorablemente con el primero. Por supuesto, lo mismo sucede con un hombre que vuelve a casarse tras la muerte de su esposa.

Parto del hecho de que las personas no son ángeles, y que toda relación tiene sus dificultades. Debido a nuestra particular actitud hacia la muerte, tendemos a elevar al difunto a la condición de santo. Y esto es irreal; ningún ser humano puede competir con un santo.

Es importante que tanto el marido como la mujer acepten el hecho de que alguien vivió con anterioridad, que fue una persona por derecho propio y que tuvo un lugar. Dicho lugar debe reconocerse. Por ejemplo, sé de varias personas que volvieron a contraer matrimonio después de la muerte del primer cónyuge; las nuevas parejas insistieron en que desaparecieran las fotografías o pertenencias de los muertos, casi como si quisieran borrar todo recuerdo de él o ella. Aquí volvemos a tener una respuesta de olla vacía; esta actitud es casi como si la persona dijera: "Si todavía reconoces tu matrimonio anterior, entonces no puedes reconocer el segundo". Esta es una actitud emocionalmente subdesarrollada. En pocas palabras, ¡una tontería!

Los niños pueden tener problemas cuando los adultos no mencionan a la persona que ha muerto o cuando proceden a deificarla. Para un niño es muy difícil, si no es imposible, relacionarse con un fantasma o un santo.

Otra trampa se presenta cuando el nuevo cónyuge se ofende ante comentarios de la vida pasada. Hay quienes han ingresado en familias en las que un cónyuge murió, y estaban dispuestas y deseosas de realizar su mejor esfuerzo, pero provocaron conflictos en la familia al pedir que actuaran de manera distinta. Si una persona así construyera puentes de unión con los niños y gradualmente hiciera un espacio para nuevas cosas, las situaciones serían muy distintas. Una vez más diré que la autoestima del individuo no depende de los cambios que pueda realizar de inmediato.

La familia sustituta es otra forma de familia mixta. Puede incluir a un hijo de crianza y nada más; un hijo de crianza y algunos hijos "naturales"; o un hijo natural y varios hijos de crianza. La composición de la familia establece la diferencia en la clase de impedimentos que deban ser superados.

En términos generales, un niño se convierte en hijo de crianza cuando, por cualquier motivo, sus padres no pueden hacerse cargo de él. Esto suele suceder cuando la conducta del niño hace imposible la convivencia con la familia, o cuando una autoridad decide que el sistema familiar es dañino para el niño, quien estaría mejor con otra familia. A menudo, esto se debe a que los padres han sido muy poco cuidadosos, son padres cuyas conductas fueron tan dañinas que alguien sacó al hijo del hogar.

En ocasiones, los dos progenitores han muerto y dejan sin hogar al niño. Los parientes o guardianes no quieren dejarlo en un orfanato, así que buscan a una familia sustituta. Por alguna razón, el niño no puede ser adoptado, lo que significa que no estará permanentemente dentro de la familia sustituta. El niño podrá vivir durante mucho tiempo en el hogar sustituto, donde será recibido, de cierta manera, como un huésped.

En otros casos, el único progenitor del niño ha tenido que ser internado en un hospital para enfermos mentales o en prisión. Por lo que respecta al niño, todo iba bien hasta que fue separado del progenitor (digamos que el otro progenitor ha muerto o abandonó el hogar). Ahora, este niño necesita vivir en algún sitio hasta que su padre regrese; este tipo de arreglo será relativamente temporal.

En todas estas situaciones el niño recibe un mensaje de parte de todos los miembros de la familia sustituta: "¿Por qué no puedes quedarte con tu familia?". Además, si los padres sustitutos aceptan a un niño que ha causado conflictos en su hogar, quizá sean demasiado estrictos con él para evitar que haga lo mismo con ellos. Si el niño ingresa en esa familia porque sus padres lo maltrataban, quizá los padres sustitutos lo compadezcan y hagan todo lo posible por mostrarse muy amorosos; en este caso, la trampa es que los padres sustitutos transmitan al niño mensajes negativos de sus padres naturales, acabando con las posibilidades que tiene el pequeño de desarrollar un concepto personal integrado. No me cansaré de decirlo: nadie puede estimarse si siente que desciende de demonios.

Si los padres naturales del niño han muerto, los padres sustitutos tienen la tarea de sentirse a gusto con la idea de entregarse por completo a quien, después de todo, no es su hijo biológico.

Quisiera agregar algo sobre otra clase de familia: la familia comunal, que ha sufrido varios cambios a lo largo de los años. En general, y por diversos motivos, un grupo de adultos que tienen hijos viven juntos en el mismo edificio o complejo de edificios. Todos comparten las tareas y, posiblemente, una propiedad común. También comparten la paternidad de muchos hijos; algunos de estos adultos comparten incluso una vida sexual.

Una ventaja de esta clase de familia es que el niño está expuesto a gran diversidad de modelos. El problema más importante es, por supuesto, que debe haber una relación estupenda entre todos los adultos para que la paternidad conjunta pueda ofrecer ventajas.

Las familias que cuentan con institutrices o nanas de tiempo completo a menudo representan familias sustitutas informales y como hemos analizado en este capítulo, también se presentan algunos problemas de distancia entre el niño y sus padres reales.

Muchos niños han tenido gran variedad de experiencias en las familias mixtas. A lo largo de su vida, un niño puede pertenecer a una familia adoptiva, de un progenitor o sustituta. Es posible que un niño, entre el nacimiento y su madurez, haya estado sometido a la paternidad de cinco hombres distintos. Supongamos que el padre biológico muere o abandona el hogar, y el niño pasa todo el tiempo con un abuelo. La madre vuelve a casarse y aparece un padrastro. Es posible que este último muera, o que la madre vuelva a casarse y el niño presente alguna clase de problema y deba permanecer en un hogar sustituto hasta la mayoría de edad. Estas situaciones se presentan con frecuencia. Lo mismo se aplica, aunque en menor grado, a la persona que cumple con el papel de la madre. Muchos niños han tenido a varios adultos distintos en el papel de la madre.

Hay un punto común en todas estas variaciones familiares: los adultos tratan de aportar sus recursos para favorecer el desarrollo del niño. Al mismo tiempo, tratan de resolver el problema de su desarrollo personal y, de cierta manera, esto será compatible con el crecimiento del niño. Todas las cosas que he descrito y que pueden ocurrir en las diversas formas de familias sustitutas, pueden presentarse también en las familias naturales. Los maridos y sus esposas pueden sentirse celosos entre ellos, los niños suelen sentirse desplazados o celosos de sus hermanos o hermanas; todos pueden tener vivencias que les hagan sentirse aislados de los restantes miembros de la familia, y la consiguiente sensación de olla vacía.

El punto es que la forma de familia no es el principal de terminante de lo que ocurra dentro de la misma. La forma ofrece diferentes retos que deben resolver, mas el proceso que se desarrolla entre los miembros del grupo familiar es lo que, a la larga, determina la calidad de la relación familiar; la calidad del desarrollo individual y compartido de los adultos, y la manera como los niños puedan convertirse en seres humanos saludables y creativos. Con este fin, la autoestima, la comunicación, las reglas y el sistema son los principales medios para lograr una buena dinámica familiar.

En este aspecto, todas las familias son muy parecidas.

12
Tu mapa familiar

Cuando comencé a trabajar con grupos familiares, me sorprendió la enorme cantidad de actividad no relacionada que se desarrollaba en todas direcciones: físicamente, a través del movimiento corporal, y psicológicamente mediante dobles mensajes, frases inconclusas y demás. Ante todo, recordé el bote de lombrices que mi padre utilizaba como carnada cuando iba a pescar. Los gusanos estaban enredados entre sí y no dejaban de retorcerse y moverse. Era imposible determinar dónde terminaba uno y empezaba el otro. Estos animales no iban a parte alguna, pero daban una impresión de vivacidad y propósito. Si hubiera podido hablar con una de esas lombrices para saber qué sentía, creo que me habría comunicado las mismas cosas que han repetido diversas familias a través de los años: *¿A dónde voy? ¿Qué hago? ¿Quién soy?*

Me pareció tan apropiada la comparación de los estilos de conducta de las familias y el movimiento incesante y enredado de estos gusanos, que he llamado *bote de lombrices* a la trama de relaciones que existe entre los miembros de la familia.

La finalidad de este capítulo es demostrar la naturaleza de esta red o trama familiar y cómo puedes trazar el mapa de tu familia. Me parece que la mejor manera de proceder es tomar a una familia imaginaria, los Lara, y mostrar cómo funciona su red familiar a favor y en contra del grupo. Por cierto, nadie tiene la capacidad de ver esta red en realidad, pero podemos percibirla, como demostrarán los ejercicios descritos en éste y el siguiente capítulo.

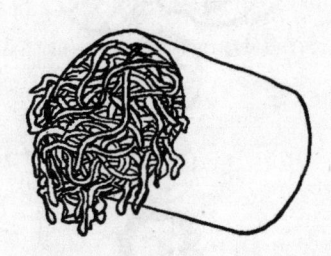

162   NUEVAS RELACIONES HUMANAS EN EL NÚCLEO FAMILIAR

Muy bien; he aquí a los Lara como individuos y en su ambiente familiar actual.

La familia Lara en la actualidad

Alicia
adulta femenina
38 años

Juan
adulto masculino
40 años

José
hijo
17 años

Roberto
hijo
16 años

Teresa
hija
12 años

Pongan una hoja grande de papel en la pared, donde todos puedan verla. Empiecen a trazar el mapa de la familia dibujando círculos para cada uno de los miembros con un marcador. En este momento, tal vez su familia incluya a un abuelo u otra persona que forme parte del hogar. En tal caso, incluyan un círculo para esa persona en la línea donde se encuentran los adultos.

Si hay otra persona que haya formado parte de la familia y ya no se encuentra presente, represéntenla con un círculo sombreado. Si el marido o padre ha muerto, abandonado la familia o se divorció de la mujer, y esta no ha vuelto a casarse, el mapa tendrá este aspecto:

Si la mujer ha vuelto a contraer matrimonio, el mapa será como sigue:

Si el segundo hijo murió o está internado en una institución, el mapa será así:

Todos los que han formado parte de la familia dejan una huella muy honda en el grupo. La persona desaparecida a menudo tiene una vida propia en los recuerdos de quienes quedaron en la familia. También es frecuente que estos recuerdos tengan un papel muy importante —a menudo negativo— en lo que sucede en el momento presente. Si, por cualquier motivo, su ausencia no ha sido bien aceptada, el fantasma rondará a la familia y a veces alterará el ambiente actual. Si la ausencia es bien aceptada, entonces el momento presente estará libre de su influencia.

Cada persona tiene un yo individual que puede describirse con un nombre, características físicas, intereses, gustos, habilidades, capacidades; todas las cualidades que tengan relación con él o ella como individuo.

Hasta aquí, nuestro mapa muestra a los miembros de la familia como islas, pero cualquiera que haya vivido en un grupo familiar sabe que nadie conservará su condición de isla durante mucho tiempo. Los diversos miembros de la familia están conectados mediante una vasta red de enlaces que puede ser invisible, pero que se halla presente con tanta solidez y firmeza como si fuera de acero.

Agreguemos otra hebra a la red: las parejas. Las parejas tienen papeles con nombres específicos en la familia. Los dibujos que aparecen a continuación muestran las parejas que existen en la familia Lara, con los *nombres de sus papeles.*

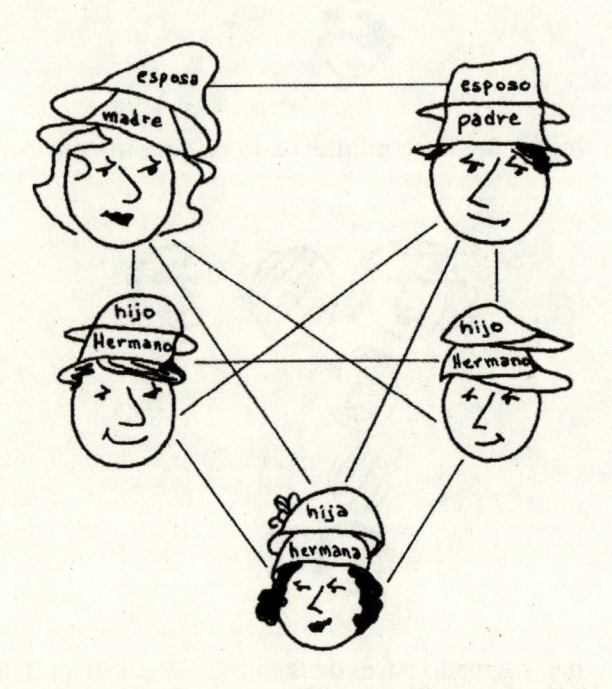

En la familia, los papeles y las parejas caen en tres categorías principales: la marital, que ostenta las denominaciones de marido y mujer; la paternofilial, que tiene las denominaciones de padre-hija, madre-hija, padre-hijo y madre-hijo, y la fraternal, que tiene las denominaciones de hermano-hermano, hermana-hermana y hermano-hermana. Los papeles familiares siempre implican la creación de parejas; es imposible tomar el papel de esposa sin un marido, o el de padre o madre sin un hijo o una hija, y así sucesivamente.

La concepción de los distintos significados de un papel puede diferir. Cada papel evoca distintas expectativas, así que es importante averiguar qué significan los diversos papeles para cada miembro de la familia.

Cuando las familias acuden a mi consultorio presas de confusión, una de las primeras cosas que hago es preguntar a cada miembro cuál es su concepto del papel que tiene dentro del grupo. Recuerdo con mucha claridad a una pareja en particular. La mujer dijo: "Creo que ser esposa significa que siempre debo tener la comida lista, cuidar de que la ropa de mi marido esté ordenada y evitar que se entere de las cosas desagradables que ocurrieron a los niños durante el día. Me parece que el marido debe ofrecer una buena calidad de vida y no darle problemas a la mujer".

Él contestó: "Creo que el papel de marido significa ser la cabeza del hogar, aportar dinero y compartir los problemas con su esposa. Creo que la mujer debe comunicar al esposo todo lo que ocurra. Y tiene que ser una gatita en la cama".

Ambos practicaban lo que creían que eran sus papeles; no sabían cuán separados se encontraban en estas importantes áreas. Como jamás hablaron de su situación, llegaron a la conclusión de que sus puntos de vista en lo tocante a sus papeles respectivos eran los mismos. Cuando compartieron sus ideas, alcanzaron un nuevo entendimiento compartido y desarrollaron una relación mucho más satisfactoria. He visto que esta experiencia específica se repite sin cesar en todas las familias conflictivas que han solicitado mi ayuda.

¿Qué puedes decir de tu familia y de las expectativas y definiciones de sus papeles respectivos? ¿Por qué no se sientan y comparten lo que consideran que es su papel, así como el del cónyuge y los hijos? Creo que todos se llevarán una sorpresa.

Analicemos ahora otro aspecto de esta cuestión de los papeles. Alicia Lara es una persona de carne y hueso, y usa vestidos de determinada talla; también es esposa cuando se encuentra con Juan, y madre cuando está con José, Roberto o Teresa. Sería provechoso que imagináramos sus papeles como diferentes sombreros que deben ponerse cuando así lo exige una situación. Además de su papel personal, que usa todo el tiempo, Alicia utiliza un sombrero especial solo cuando se encuentra con la persona a quien corresponde el papel de dicho sombrero. Por esta razón, se pone y quita sombreros sin cesar a lo largo del día. Si ella o Juan tuvieran que utilizar todos los sombreros de sus papeles en todo momento, tendrían este aspecto y estarían bastante incómodos.

Ahora, tracen las líneas de la red en el mapa familiar enlazando a todos los miembros entre sí. Al trazar cada línea, piensen, por un momento, en esa relación particular. Imaginen qué siente cada una de esas personas respecto a dicha conexión. Todos los miembros de la familia deben participar en el ejercicio, para que experimenten cómo son las distintas relaciones.

Hasta ahora he presentado a los Lara como individuos y parejas: cinco individuos y diez parejas. Si fuera esto lo único que conformara el mapa, la vida en familia sería bastante sencilla. Sin embargo, cuando apareció José se formó un triángulo; es aquí donde la trama comienza a volverse interesante, porque el triángulo es la trampa en la que cae la mayor parte de las familias. Después hablaremos más sobre el triángulo, pero antes vamos a trazar una red de triángulos en el mapa de la familia Lara.

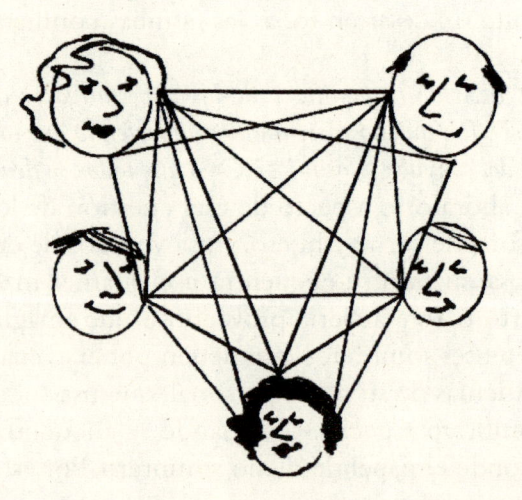

Ahora, la red de los Lara tiene este aspecto. Es bastante difícil percibir con claridad una conexión determinada, ¿verdad? Puedes darte cuenta cómo los triángulos oscurecen y complican las cosas. Las familias no viven en parejas sino en triángulos.

Cuando nació José se formaron tres triángulos. Uno representa siempre a una pareja más otra persona y, debido a que solo dos personas pueden relacionarse al mismo tiempo, un elemento del triángulo queda siempre excluido. La naturaleza del triángulo es cambiante, dependiendo de quién queda excluido del mismo, de tal manera que lo que parecía un triángulo, forma tres en realidad (aunque en momentos distintos). Los tres triángulos anteriores consisten de Juan, Alicia y José. En el primero, Juan es el elemento supernumerario que observa la relación que se desarrolla entre madre e hijo. En el segundo, es Alicia quien observa la unión de hijo y padre. En el tercero, el pequeño José observa a su padre con su madre. Los conflictos que se presentan en un triángulo dependen de quién quede excluido y del hecho de que se sienta a gusto o no con su exclusión.

Hay mucho de cierto en un viejo refrán: "Dos son compañía; tres, una multitud". La persona sobrante del triángulo tiene la posibilidad de interrumpir la relación entre los otros dos, apartarse de ella o apoyarla como un observador interesado. La decisión del elemento sobrante será determinante para el funcionamiento de la red familiar.

Todos los juegos se desarrollan en triángulos. Cuando habla una pareja, el tercero puede interrumpir o llamar su atención. Si la pareja disiente, uno de los miembros puede buscar aliarse con la tercera persona; esta situación cambia el triángulo haciendo que uno de los elementos de la pareja inicial quede excluido.

¿Puedes recordar una ocasión reciente en la que te encontraras con otras dos personas? ¿Cómo resolviste ese triángulo? ¿Qué sentiste? ¿Cómo enfrentan los triángulos en tu familia?

Las familias están plagadas de triángulos. La familia Lara, de cinco miembros, tiene treinta:

Juan/su esposa/su primer hijo,
Juan/su esposa/su segundo hijo,
Juan/su esposa/su hija,
Juan/su primer hijo/su segundo hijo,
Juan/su primer hijo/su hija,
Juan/su segundo hijo/su hija,
Alicia/su marido/su primer hijo y así sucesivamente.

Los triángulos son muy importantes debido a que el funcionamiento de la familia depende, en gran medida, de cómo se desarrollen los triángulos.

El primer paso para hacer que un triángulo sea tolerable es comprender a la perfección que nadie puede dar la misma atención a dos individuos en el mismo momento. Quizá la mejor solución sea abordar el inevitable triángulo como lo hace la gente de Texas con el clima: esperar un rato y este cambiará.

La segunda medida, cuando tú seas la persona excluida, es manifestar tu dilema verbalmente para que todos te escuchen. La tercera solución es demostrar, con actos, que quedar excluido no es motivo de ira, dolor o vergüenza; los problemas se presentan cuando los individuos sienten que no valen porque han sido excluidos. ¡Baja autoestima!

Para vivir a gusto en un triángulo, es necesario que sintamos por nosotros mismos. Un individuo tiene que sentirse bien consigo mismo y valerse por sí sin depender de otros; de esta manera, podrá quedar eliminado del triángulo sin sentirse mal o rechazado. Esta persona debe tener la capacidad para esperar sin considerar que la maltratan, tiene que hablar con claridad y sin rodeos comunicando a los demás sus sentimientos e ideas, y sin cavilar tristemente o abrigar rencores.

Si echamos un vistazo al mapa familiar de los Lara y sus triángulos, podremos darnos cuenta de la complejidad de las redes o tramas familiares. Al mismo tiempo, entenderemos mejor el concepto del bote de lombrices.

Traza el bote de lombrices de tu familia, agregando todos los triángulos del mapa familiar. Si utilizas lápices o tintas de distintos colores podrás distinguir los triángulos de las parejas. Una vez más, al dibujar medita en la relación que representa cada línea. Solo podrás trazar un triángulo entre tres individuos determinados, aunque en realidad existan tres triángulos. Piensa en el aspecto de ese triángulo desde el punto de vista de cada persona.

La red familiar de los Lara no se creó en un día. Fueron necesarios seis años para reunir a las personas que aparecen representadas en la trama; tal vez ocho años, si tomas en cuenta los dos años de cortejo de Juan y Alicia. Algunas familias requieren 15 o hasta 20 años para completar el esquema. Otras más necesitan uno o dos años, y algunas jamás terminan debido a que el fundamento (la pareja encargada de la familia) sigue cambiando.

Cuando los Lara están reunidos, entran en operación cuarenta y cinco unidades distintas: cinco individuos, diez parejas y treinta triángulos. En tu familia hay elementos similares; cada persona tiene una concepción mental propia de las características de estas unidades. Es posible que para Alicia la esposa, Juan sea muy distinto de lo que parece a su hijo Roberto. Alicia puede ver su relación con Roberto de cierta manera, Roberto la verá de otra forma. La imagen de Juan tal vez sea muy diferente de las que acabo de mencionar. Todas estas imágenes diversas deben encajar dentro de la familia, sin importar que los individuos tengan conciencia de ellas o no. En las familias nutricias, estos elementos y la interpretación que los demás hagan de ellos, se encuentran abiertos y pueden discutirse con facilidad. Por otra parte, las familias conflictivas no tienen conciencia de las imágenes familiares, o tal vez no se encuentran capacitadas o dispuestas a hablar de ellas.

Muchas familias me han dicho que se sienten frustradas, tensas e incómodas cuando se reúnen todos. Los elementos se encuentran en constante movimiento y jalan en distintas direcciones. Si los miembros de la familia tuvieran conciencia del bote de lombrices en el que tratan de funcionar, no se sentirían tan perplejos e incómodos.

Cuando las familias contemplan por primera vez su red familiar y se percatan de lo complicada que es la vida en familia, a menudo manifiestan un enorme alivio; se dan cuenta de que no es necesario que se ocupen de todo al mismo tiempo.

¿Quién puede seguir el rastro o controlar cuarenta y cinco unidades a la vez? Los miembros individuales pueden pasarla mejor al encontrarse juntos porque ya no sienten la necesidad de controlar las situaciones; de esta manera ponen más interés en observar lo que sucede y en encontrar medios creativos para mejorar la función familiar.

El desafío de la vida familiar es encontrar la manera de que cada individuo participe o sea el observador de los demás, sin sentir que no es valioso. Enfrentar el reto exige que no seamos víctimas de nuestro conocido verdugo: la baja autoestima.

El bote de lombrices de la familia ejerce presiones encontradas en el individuo; plantea grandes exigencias en cada uno de los elementos de la familia. En algunas de ellas, resulta casi imposible conservar la individualidad. Cuanto mayor sea la familia, más uniones habrá y más difícil será que cada miembro de la familia tenga la oportunidad de entrar en la acción. Con esto no quiero decir que las familias grandes siempre sean un fracaso. Por el contrario, algunas de las familias más nutricias que he conocido, tienen varios hijos.

En cualquier caso, cuanto mayor sea el número de hijos de la familia, mayor será la presión que deba soportar la relación marital. Una familia de tres elementos solo tendrá tres triángulos individuo-pareja; una de cuatro tendrá doce; una de cinco tiene treinta, ¡y una familia de diez miembros tiene 280 triángulos! Cada vez que el grupo familiar incluye un nuevo miembro, debe dividir el limitado tiempo y los recursos restantes en porciones más pequeñas. Es posible que encuentre una casa más grande y más dinero, pero los padres solo tendrán dos brazos y dos orejas. Y las ondas de radio solo pueden transmitir un grupo de palabras a la vez sin provocar un caos.

Suele ocurrir que la presión de la paternidad se vuelva tan avasalladora que el yo de los progenitores no encuentre muchas posibilidades de expresión, lo que ocasiona que la relación conyugal se debilite por descuido. Es en este momento cuando muchas parejas se separan, se dan por vencidas y huyen. Empezaron como individuos, fracasaron como compañeros y quizá tampoco han desempeñado un buen papel como padres. Los adultos frustrados, desanimados y agonizantes emocionalmente no pueden ser buenos dirigentes de la familia.

A menos que protejan la relación conyugal y le den la oportunidad de florecer, y a menos que cada miembro de la pareja tenga la oportunidad de desarrollarse, el sistema familiar se torcerá y los hijos presentarán desviaciones en su crecimiento.

No es imposible que seamos padres buenos y equilibrados; el problema es que los adultos necesitan ser especialmente avezados y conscientes para conservar su identidad y dar vida a la sociedad conyugal cuando el bote de lombrices está lleno. Estos padres están a cargo de familias nutricias y son vivos ejemplos de la clase de funcionamiento familiar que canaliza las presiones de la red familiar en direcciones creativas y que favorecen el crecimiento.

13
El bote de lombrices en acción

Hasta aquí hemos hablado de los trazos en el mapa familiar como si fueran canales de televisión por los cuales pueden pasar los mensajes y las emociones. Esto sin duda es cierto, pero dichos trazos o líneas también representan los *lazos* familiares. Estas líneas unen a todos los individuos de tal manera que uno recibe influencias de los demás. Cualquier persona puede encontrarse en el centro de varias fuerzas que jalan en distintas direcciones al mismo tiempo y, una vez más, la cuestión no es cómo evitar estos jalones (porque es imposible), sino cómo vivir, de una forma creativa, con ellos. Eso es justamente lo que quiero tratar en el presente capítulo.

Por cierto, algunos de los ejercicios que les pediré que realicen pueden parecerles ridículos, tal vez les quiten mucho tiempo o sean molestos; de cualquier manera, me gustaría que los realizaran. Lo que descubran con estos sencillos y simples juegos quizá resulte asombroso. Estoy segura de que vale la pena una pequeña inversión de tiempo y esfuerzo: la recompensa será una comprensión más profunda y una vida familiar más funcional y creativa.

Empezaremos con los Lara. Juan vuelve a casa de la oficina; Alicia quiere disfrutar de su compañía, pero José, Roberto y Teresa también desean recibir su atención. Si todos solicitan su atención al mismo tiempo, Juan se verá en esta posición:

Pueden imaginar lo qué sentiría con tantos jalones a la vez. Mejor aún, en vez de limitarse a imaginarlos, experimenten con estos jalones.

Empecemos con tu "Juan". Debe colocarse en el centro de la habitación, de pie y equilibrado. Luego pide a "Alicia" que tome su mano derecha. El primogénito tomará

la mano izquierda de "Juan", el segundo hijo, "Roberto", sujetará la cintura de "Juan" por delante; pide a "Teresa" que le rodee la cintura por detrás. Si tienen un cuarto hijo, haz que le sujete la rodilla derecha; el quinto tomará la izquierda. Sigan así hasta que todos los miembros de la familia tengan las manos puestas sobre "Juan". Ahora, todos deben jalar con cuidado, despacio, pero con firmeza hacia si, hasta que los demás perciban la tensión. Luego deténganse. Después de unos segundos "Juan" empezará a sentir que lo estiran, estará inquieto, incómodo y molesto. Es posible que tema perder el equilibrio.

Las sensaciones de Juan en este ejercicio son muy parecidas a los sentimientos reales que experimenta cuando debe satisfacer muchas exigencias. No puede permanecer para siempre en esta postura; debe hacer algo. Sus opciones de acción están abiertas: tal vez decida tolerar la situación y sufra un entumecimiento progresivo hasta que pierda por completo la capacidad de sentir. Una vez en este estado, podrá esperar indefinidamente. A la larga, la gente lo "soltará" y se quedará con la impresión de que: "No le intereso a papá". O es posible que Juan decida utilizar la fuerza bruta para liberarse. Algunos miembros de la familia serán golpeados o derribados accidentalmente; luego, cuando Juan mire a su familia, se dará cuenta de que la ha lastimado. Se sentirá culpable por no tener la capacidad de hacer lo que le piden, o quizá culpe a los demás por agobiarlo con sus demandas. Los miembros restantes tendrán la impresión de que papá es malo, y poco amoroso.

Juan puede hacer algo más: dejarse caer cuando sienta la presión. Se tumba en el suelo, con lo cual soluciona la sensación de impotencia o fastidio. Cuando esto sucede, los demás se sienten mal por haber lastimado a papá; y Juan podría enojarse mucho con ellos porque le hicieron sentirse débil.

Otra posibilidad para Juan es hacer tratos con la familia mediante sobornos y promesas que no podrá cumplir, pero que le permiten escapar del sufrimiento. En este caso, Juan pregunta a cada persona cuál es su precio para soltarlo, y no habrá límite alguno. Juan tendrá que aceptar cualquier cosa que le pidan; sin embargo, como sus promesas no son sinceras, es posible que no las cumpla. Esta maniobra provoca la desconfianza, así como todo lo que sentimos cuando alguien rompe una promesa

Juan tiene una opción más. En el momento en que su incomodidad sea mayor, puede gritar pidiendo ayuda: a su madre, su terapeuta, a los vecinos o un amigo que esté allí de visita. "Ven a sacarme de este lío". Y si la persona requerida es hábil, poderosa o bastante convincente, Juan quedará en libertad. Sin embargo, el ingreso de un elemento ajeno puede provocar mayor distanciamiento en la familia. Muchas relaciones secretas ajenas al grupo familiar —amantes y demás— empiezan y terminan de esta manera. Hay otra posibilidad abierta para Juan. Puede tomar conciencia de que es una persona importante para todos aquellos que le piden cosas. Se da cuenta de que quienes jalan de él no comparten sus sensaciones. Así, puede decir a los miembros de la familia lo que está sintiendo y tendrá la confianza necesaria para pedir que *ellos* le den un descanso. Formulará su petición de una manera directa: sin insinuaciones.

Juan debe actuar todas estas posibilidades para solucionar su situación; después, los miembros de la familia comentarán lo que sintieron durante el ejercicio. Creo que todos aprenderán algo. Luego, repitan el mismo proceso colocando en el centro, por turnos, a cada uno de los miembros de la familia.

Me gustaría resaltar el hecho de que cada vez que formes parte de un grupo, estarás expuesto a esta clase de dificultades. Conozco tres métodos para evitarlas por completo: volverse ermitaño; planificar los contactos familiares para que nadie pueda acercarse a los demás sin tener un plan y una autorización previos ("Puedes verme el martes, a las cinco de la tarde, durante cinco minutos") o, simplemente, dejar de interesarse en los demás. Si existen otras posibilidades, las desconozco.

Ninguna de estas opciones para evitar compromisos es satisfactoria. De hecho, la gente que las pone en práctica suele quejarse de ellas. Como mencioné antes, la habilidad no estriba en evitar los contactos, sino en saber resolverlos. Sin embargo, es un hecho comprobado que la mayoría de las personas utilizan una de las soluciones que "Juan" aplicó en el ejercicio: la actitud del mártir (tolerar), del agresor (abrirse paso por la fuerza), del "pobre de mí" (dejarse caer), del artista del engaño (promesas y más promesas) o de entregar a otros el paquete (pedir ayuda externa). Son pocos los que hablan directamente con los miembros de la familia y les dan indicaciones para cambiar la situación. He observado que la gente suele responder cuando alguien hace una petición de ayuda directa y sincera.

Es obvio que hay ocasiones en que una persona debe soportar el dolor, luchar, reconocer su cansancio o pedir ayuda; nada hay de malo en estas situaciones. Solo se vuelven destructivas cuando el individuo las utiliza para evitar compromisos.

Hasta aquí hemos hablado de Juan, pero la misma situación se aplica a los restantes miembros de la familia. Toda esposa y madre sabe lo que siente Alicia cuando Juan espera que le sirva la cena; José se ha lastimado una rodilla, a Roberto se le ha hecho tarde para sus lecciones de música y Teresa grita: "¡Mamá!", desde lo alto de la escalera. Alicia tendrá un dolor de cabeza.

Ahora es Alicia quien se encuentra en dificultades. Tiene las mismas opciones que Juan. ¿Cuál tomará? *Practica con todas ellas para saber qué sientes.*

José ha salido en su primera cita con una chica. Alicia le da instrucciones sobre cómo debe comportarse; Juan le advierte que no regrese muy tarde; Roberto lo molesta por haberse afeitado y Teresa está enfadada porque deseaba que José la llevara al cine esa noche. Él también cuenta con las mismas posibilidades de acción.

¿Cuál seguirá? *Pide a tu José que ponga en práctica las actitudes para romper compromisos que utilizaron sus padres.*

Roberto se lastimó la rodilla; Alicia lo reprende por descuidado; Juan le dice que sea valiente, que los hombres no deben llorar; José lo llama torpe; Teresa llora. Roberto tiene las mismas opciones de antes. ¿Cuál tomará?

Teresa obtuvo bajas calificaciones; Alicia trata de consolarla; Juan la reprende diciéndole que tendrá que estudiar dos horas bajo su supervisión, todas las noches, hasta que reciba la siguiente libreta de calificaciones; José le guiña un ojo y Roberto la llama tonta. ¿Cuál de las opciones disponibles tomará Teresa?

Ahora eres el centro del conflicto. ¿Qué clase de presión ejercen en ti los otros miembros de la familia? Trata de sentirlas y luego descríbelas a los participantes. Cada uno de ustedes tornará un turno. Luego, imaginen las presiones que ejercen en los demás.

Como dije, es posible acabar con las dificultades al hablar de ellas. Lo importante es lo que sucede después: la opción que haya tomado el individuo tiene efectos secundarios o posteriores que determinan su reputación y establecen la forma de trato que reciba de los demás.

Ahora, hagamos un ejercicio que dará vida a la red de tu familia. Una participación entusiasta servirá de mucho para convertirse en un grupo familiar más vital y nutricio.

Corten un trozo de cuerda gruesa en segmentos de seis metros, cuatro para cada uno de ustedes (en una familia de cinco miembros) Además, corten cinco segmentos de un metro y amarren uno de estos segmentos cortos en torno a la cintura de cada persona (tal vez algunos de ustedes prefieran amarrarlos en el cuello, pero yo sugiero la cintura). Después, cada persona debe atar sus cuatro cuerdas largas a la soga que rodea su cintura. Ahora, cada uno de ustedes tiene un lazo de unión con los otros miembros de la familia.

Procedan a entregar los extremos de sus cuerdas a la persona correspondiente. Por ejemplo, Juan entregará su cuerda de marido a la esposa; ella, a su vez, le dará la cuerda de esposa. Cuando todos tengan a una persona en el extremo de su cuerda, estarán listos. Y, perdonando la expresión, estarán hechos un nudo, ¿verdad?

Amarren las cuerdas que hayan recibido a la que tienen en la cintura (muchas personas lo hacen de inmediato, casi sin darse cuenta de sus actos). Tendrán el aspecto del dibujo que aparece arriba.

Conserven atadas las cuerdas mientras hacen los siguientes experimentos.

Coloquen sillas en un círculo a no más de un metro del centro. Tomen asiento; ahora, casi no se percatarán de la presencia de las cuerdas. Todos se encuentran en una silla; pueden hablar entre ustedes, leer o realizar otras actividades reposadas.

Muy bien; imaginen ahora que suena el teléfono y el hijo mayor se levanta a contestarlo. Es posible que se encuentre a diez metros de allí; observen lo que ocurre a todos los demás. ¡Todos se sentirán sacudidos! Habrá quienes se sientan invadidos, empujados o enfadados. Es posible que te des cuenta de que cualesquiera que sean tus sensaciones las habrás vivido antes. ("José, ¿por qué haces tanto ruido?". "¿Por qué te mueves tan rápido?"). *Si quien llama por teléfono es un amigo de José, aguarden por lo menos diez minutos.*

¿Qué sucede con los demás mientras José habla? Quizá algunos empiecen a jalar de José para sentirse más cómodos. "¡Apresúrate con el teléfono, José! ¡Tienes tres minutos!".

José empieza a gritar: "¡Déjame en paz! "Quizá pierda el aliento y levante la voz".

Ahora, vuelvan a sus sillas y practiquen con otras escenas. Mamá, es tu turno. Recuerdas que dejaste algo en la estufa, que está a siete metros de allí, y es posible que esté quemándose. Observen y sientan qué les sucede al vivir esta situación.

En esta ocasión, Juan, empiezas a sentirte aburrido o cansado y quieres levantarte para dar un paseo. Al dirigirte a la puerta, sientes jalones. "Por Dios, ¿no puedo salir a caminar sin que todos estén encima de mí?". ¿Qué ocurre con todos los demás? ¿Qué sienten hacia ustedes mismos y los miembros de su familia?

Ahora, Teresa estás cansada y quieres ir a acostarte. Ve a poner la cabeza en el regazo de tu madre. Observa qué sucede.

Roberto, has decidido que quieres divertirte un poco con José y empiezas a luchar con él. ¿Qué ocurre con los demás?

Muy bien; regresa a tu sitio y recupera el equilibrio. Esta vez vamos a realizar una escena extrema. José contestas el teléfono; Alicia vas a la cocina; Juan trata de salir a caminar; Teresa estás cansada y buscas el regazo de tu madre; Roberto empiezas a hacer algo con José. Hagan las actividades al mismo tiempo.

A estas alturas, sin duda todos están mezclados entre sí y se sienten irritados y frustrados. Es posible que algunos de ustedes hayan tropezado y caído al suelo. La comida se quema; el teléfono no cesa de sonar. Roberto forcejea con José quien trata de alcanzar el teléfono; Teresa pisó el pie de su madre al darse la vuelta; y Juan ni siquiera tuviste una oportunidad para salir, ¿verdad? (¿No es maravilloso que mañana vuelvas a la oficina?)

Las emociones evocadas por el experimento sin duda les resultan conocidas. Por supuesto, no todos los días van por la casa amarrados con cuerdas. Pero estoy segura de que, en ocasiones, tienen la sensación de estar atados. Quizá la próxima vez tendrán más conciencia de la facilidad con que los miembros de su familia entorpecen las actividades de otros sin darse cuenta.

Consideren que sus cuerdas representan las relaciones de amor-cuidados-deberes-comodidad que existen entre los miembros de la familia. Será muy sencillo comprobar cómo, sin proponérselo, un miembro de la familia puede alterar por completo la dinámica del grupo. La lección, en este caso, es que necesitamos reconocer también la vida individual de los demás.

Ahora, realicemos una vez más el último experimento, solo que esta vez, cuando sientan un jalón, expresen sus sensaciones y digan qué observan. Luego tendrán la oportunidad de recuperar las cuerdas que los atan a los demás para sentirse libres. Esta es la comunicación directa, clara y total que sale al rescate.

Quizás observaron que solo había cinco personas presentes, aunque contaban veinte cuerdas; y un jalón del lazo que une al marido con su mujer afecta los lazos de los padres con sus hijos.

He aquí otro experimento que pueden realizar mientras sigan amarrados. *Juan: Alicia y tú empiezan a jalar en sentidos opuestos; vean qué ocurre con los demás. Si jalan con suavidad, es posible que los hijos no se den cuenta (después de todo, no deben verlos pelear, ¿verdad?). Si jalan con suficiente delicadeza, es probable que ni siquiera ustedes se den cuenta de lo que sucede. Pero si jalan con ganas de hacerlo, las cuerdas de sus hijos se tensarán, lo que volverá la atención de los chicos hacia ustedes y pondrá en movimiento los triángulos.*

Ahora, Juan, Alicia y tú se acercan y abrazan. Vean qué sucede con los niños: tendrán que moverse. Repitan el movimiento con cada pareja y observen el resultado.

¿Listos para otro experimento? Llega el momento en que todos los miembros de la familia deciden abandonar el hogar: Hoy se casa José.

¿Qué sucede con sus lazos? Acaso tú, Juan, ¿entregas a José el extremo de la cuerda y lo dejas partir? ¿Te limitas a soltar tu extremo y lo guardas, simbolizando los recuerdos de la paternidad? Ya es un hombre.

José, ¿qué haces? No es suficiente que tus padres te dejen en libertad: tú también debes soltar las amarras. Roberto y Teresa deben hacer algo con respecto a sus cuerdas, y José hará lo propio con los lazos que lo unen a ellos. José necesita soltar sus antiguas amarras y desarrollar nuevos lazos al prepararse para fundar su propia familia.

Un último experimento. Piensen en algún acontecimiento importante en la familia, o tal vez alguna situación cotidiana que suela causar problemas. Actúen las circunstancias con sus cuerdas y observen qué ocurre con los lazos de los diversos miembros de tu familia. ¿En dónde hay un jalón? ¿Qué pueden hacer para aligerar la tensión?

Uno de los retos más reales del mapa familiar es mantenerlo actualizado. Comparemos a los Lara de hoy con los que fueron hace doce años, cuando Juan tenía 28 y Alicia 26. José contaba cinco años; Roberto cuatro y Teresa era una niña de brazos. La única constante que se repite desde ese momento al presente es el número de la familia. Las necesidades, los deseos y las formas individuales han cambiado de manera notable. Si el mapa familiar no toma en cuenta estas variaciones, el grupo se sentirá desorientado, como si utilizara un mapa de Chicago de 1929 para localizar su dirección actual.

¿Su mapa familiar está actualizado? ¿Aún llaman "Paquito" o algo igualmente ridículo a un muchacho de dos metros de estatura que se llama Francisco? "Mi bebé", decía una madre refiriéndose a su hija de 21 años; la joven casi no podía contener su irritación.

Otro suceso común en las familias es que varios miembros pasan por cambios drásticos al mismo tiempo. Esto provoca lo que he dado en llamar un *conjunto normal de crisis de desarrollo.*

En pocas palabras, las cosas se acumulan. Por ejemplo, no es raro que una esposa-madre se encuentre embarazada del tercer bebé cuando el primero apenas ingresa al jardín de niños, el segundo aprende a hablar y el marido-padre terminó en fecha reciente el servicio militar.

Volvemos al caso de los Lara, a un año en el futuro. José tendrá 18 y quizá esté dando un paso importante por su cuenta. Teresa tal vez haya iniciado una vida social activa, Alicia se acerca a la menopausia y Juan quizás esté revalorando sus expectativas y sueños. A la vez que todos pasan por estas crisis intensas, aunque normales, las tensiones aumentan. Cuando aparece un conjunto de crisis como estas, algún miembro de la familia se aísla durante un tiempo. Todos se sienten constreñidos y la familia podría tratarse como un grupo de extraños durante algún tiempo; situación que asusta a todos.

Este es el terreno propicio para una brecha generacional, así como marital. Por ejemplo, conozco a una mujer a cuyo hijo, Joel, de seis años, le empezaron a interesar las serpientes. Al niño, las víboras le gustaban; a la madre, la asustaban y horrorizaban. En otro caso un hombre, a quien llamaré Raúl, anunció un día a su mujer que había decidido tomar unas vacaciones por su cuenta. Deseaba la oportunidad de alejarse por completo de cualquier exigencia familiar; esto encajaba con el estado interno *de él,* pero para la mujer significaba un rechazo.

Supongamos que Alicia Lara decidiera buscar un empleo para dar variedad y nuevo interés a su vida, o para ayudar con el ingreso del hogar. Esto significaría un crecimiento para ella, pero para Juan sería una manifestación de que no es un buen proveedor. Hay incontables ejemplos de esta clase de situaciones.

Aunque estas circunstancias suelen reflejar, en términos generales, las necesidades de desarrollo individual, a menudo no son interpretadas de esta manera. La conducta a seguir dependerá de las consecuencias que emerjan cuando choquen los papeles de los distintos miembros de la familia. ¿Es posible que Joel conserve sus serpientes sin provocar un ataque de nervios a su madre? ¿Acaso Raúl podrá tomar sus vacaciones a solas sin lastimar su relación con la esposa? ¿Alicia podrá conservar su empleo sin perder a Juan?

Quisiera describir los pasos más importantes y naturales que debe dar una familia cuando sus miembros crecen. Todos estos pasos conllevan una crisis y provocan cierta angustia temporal debido a que requieren un periodo de adaptación y una nueva integración.

La primera crisis es la concepción, el embarazo y el nacimiento de un hijo.

La segunda ocurre cuando el niño comienza a utilizar un lenguaje inteligible. Muy pocas personas se dan cuenta de la gran capacidad de adaptación que requiere esta situación.

La tercera crisis se presenta cuando el niño establece un contacto oficial fuera de la casa, es decir, en la escuela. Esto provoca la inclusión del mundo escolar en la familia, y aporta un elemento desconocido para los padres y los hijos. Los maestros son, en general, una extensión de los progenitores; y aun cuando veamos esta situación con agrado, la adaptación es necesaria.

La cuarta crisis, que es muy importante, ocurre cuando el niño llega a la adolescencia.

La quinta aparece cuando el niño ha alcanzado la edad adulta y abandona el hogar en busca de independencia. A menudo esta situación provoca intensos sentimientos de pérdida. La sexta crisis llega cuando el joven adulto contrae matrimonio y hay que aceptar a los parientes de la esposa en el seno de la familia.

La séptima es la aparición de la menopausia en la mujer.

La octava, llamada climaterio, es la reducción del nivel de la actividad sexual del hombre. Esto no se manifiesta en un problema físico; la crisis del varón tiene más relación con la sensación de que empieza a perder su potencia sexual.

La novena crisis ocurre con la llegada de los nietos y la condición de abuelos, con todos sus privilegios y trampas.

Por último, la décima crisis se presenta cuando muere uno de los cónyuges, y después el otro.

La familia es el único grupo social que se adapta a tantas diferencias y cambios en un espacio muy reducido y en un tiempo muy breve. Cuando hay tres o cuatro crisis al mismo tiempo, la vida puede volverse más intensa e "inquietante" que antes. Empero, es muy posible que si los individuos comprenden qué está ocurriendo, puedan tranquilizarse un poco. Al mismo tiempo, pueden percibir la dirección que deben seguir para realizar los cambios. Deseo subrayar que estas situaciones de tensión son normales y naturales; de hecho, son previsibles en la mayor parte de los casos. No cometas el error de considerarlas anormales.

Esto también tiene un aspecto positivo. Es difícil que un miembro de la familia haya vivido, exactamente, los mismos años que otro; no hay otra persona en la familia que haya tenido la misma experiencia, y cada elemento del grupo cuenta con un bagaje de experiencias que puede compartir con los demás. Por ejemplo, los Lara reúnen 123 años de experiencia humana de la cual obtener conocimientos, y eso representa un montón de experiencia. Conozco pocas familias que hayan considerado así sus edades acumuladas.

Los cambios y las diferencias son factores constantes, normales y saludables en toda familia. Si los miembros del grupo familiar no esperan encontrar cambios ni se preparan para sobreponerse a las diferencias, corren el riesgo de sufrir una gran desilusión; aspiran a una homogeneidad que no existe. Las personas nacen, crecen, trabajan, se casan, se convierten en padres, envejecen y mueren; tal es la condición humana.

Al tomar conciencia de la trama de nuestra familia, podemos entender mejor las estrecheces y tensiones de la vida común. Lo mismo sucede cuando comprendemos bien los papeles de la vida en familia. La simple descripción de una familia según el nombre de sus papeles —maridos, mujeres, padres, madres, hijos, hijas, hermanas, hermanos— excluye a los seres humanos que viven estos papeles y les dan vida. Por lo que a mí respecta, el nombre de un papel determinado solo describe una parte de una relación; por otra parte, creo que los papeles también establecen los límites de dicha relación. En tercer lugar, los papeles sugieren la existencia de un lazo afectivo y positivo entre las personas: que el marido ama a la esposa y viceversa, la madre ama a la hija/hijo, el padre ama al hijo/hija, los hijos aman a los padres y demás.

Si digo que te quiero como a un padre, quiero expresar que te percibo como un individuo protector y que no te considero un hermano, un hijo o una hija: sugiero una estrecha unión, pero te elimino como pareja sexual.

Con frecuencia las familias presentan dos formas de lo que denomino *discrepancia del papel-función*. Como vimos en el capítulo de las familias especiales, una de estas formas es aquella en la que el hijo recibe el papel de cabeza de la familia, comúnmente el papel del padre. Esto podría deberse a la muerte del padre, a un divorcio o abandono, a que el padre se encuentre incapacitado, sea incompetente o negligente. En la otra forma, una hija obtiene el papel de la madre, quizá debido a que la progenitora no está presente por motivos similares.

El hijo que se halla en esta situación termina con todas las responsabilidades y ninguno de los privilegios del nuevo estado. Al adoptar un nuevo papel, debe abandonar su papel real y esto puede causarle mucha soledad e inseguridad. Por ejemplo, supongamos que José Lara, a los 18 años, se convierte en el sostén principal de la familia debido a una enfermedad crónica del padre. Como principal proveedor de dinero, sentirá que tiene el derecho de decidir cómo gastarlo; por lo tanto, tal vez establezca un contacto con la madre similar al del marido en esta situación. La madre podría acudir a él como con el esposo para pedirle que la ayude a disciplinar a los hijos menores. De esta manera, José no tendrá la posibilidad de desempeñar todo el papel de marido, hijo o hermano. Los primogénitos suelen encontrarse en esta posición con mucha frecuencia. No es "ni carne ni pescado" en lo que se refiere a las posiciones familiares. La manera como se viva un papel dentro de la familia influye mucho en la autoestima de los individuos afectados.

No creo que sea malo que alguien haga algo para ayudar con lo que sea necesario; el problema radica en los mensajes que enmarcan la conducta.

Vuelve a analizar tu mapa familiar. ¿Hay personas que tengan un papel nominal, pero que desempeñen otro?

Por desgracia, en muchas familias, por cualquier motivo, los hombres no tienen el papel activo del padre. Están ausentes debido a las responsabilidades del trabajo, al divorcio o una incapacidad, o porque han renunciado emocionalmente a la paternidad. En consecuencia, los hijos deben soportar cargas insostenibles. Si el padre no está disponible, la mujer tendrá la tentación de utilizar a un hijo como marido sustituto en detrimento del hijo.

Si he expuesto mi idea con tanta claridad como espero, entonces habrán aprendido algunas cosas sobre su mapa familiar. Describiré, brevemente, lo que me parece más importante.

Todo miembro de la familia tiene un lugar, tan solo porque es un ser humano y se halla presente. Para cada familia y cada miembro de la misma es vital que el lugar de una persona reciba total reconocimiento, aceptación y comprensión.

Todo miembro de la familia tiene relación con los demás. Una vez más, lo importante aquí es que las relaciones queden bien entendidas.

Todo miembro de la familia afecta y es afectado por los demás. Por tanto, todos tienen importancia y todos contribuyen a lo que sucede con los demás, y deben aportar su ayuda para favorecer el cambio de los otros.

Todo miembro de la familia es, potencialmente, el centro de muchas influencias, tan solo porque cada miembro tiene muchas relaciones. Esto es normal y natural. Lo importante es no evitar las influencias, sino enfrentarlas con tranquilidad.

Como la familia se desarrolla con el tiempo, siempre crece sobre lo que ya ha sido creado. Todos nos encontramos sobre lo que fue construido con anterioridad. Por lo tanto, para entender lo que sucede en el presente, es necesario tener una perspectiva del pasado. Podría agregar que, al analizar el pasado personal en términos de experiencias y aprendizaje, es posible esclarecer mejor el presente. No debemos preocuparnos por calificarlo de bueno o malo.

Todo miembro de la familia usa, por lo menos, tres sombreros con su papel en la vida familiar. Lo importante es usar el sombrero que concuerde con lo que digas y hagas. Es necesario que desarrolles la facultad de ser un artista del cambio rápido de papeles, para que puedas colocarte el sombrero adecuado en el momento indicado.

14
El diseño de la familia

Todo progenitor se enfrenta a dos interrogantes que se presentan de una manera u otra: "¿Qué clase de ser humano deseo que sea mi hijo?" y "¿Qué puedo hacer para lograr mi propósito?". El diseño de la familia se desarrolla a partir de las respuestas a estas preguntas. Como hay dos progenitores, cada cual podría tener una idea distinta. La forma como ustedes, los padres, resuelvan estas diferencias será el modelo que copiará su hijo. Si la relación de la pareja es buena, podrán resolver estas diferencias sin sobrecargar al niño. Las respuestas a las preguntas anteriores y el modelo que ofrezcan servirán para crear el diseño, el plano, de su familia. Todo padre posee alguna respuesta para estas interrogantes; las respuestas pueden ser claras, vagas o inciertas, pero existen.

En el mejor de los casos, la paternidad es todo menos sencilla. Los padres deben aprender en la escuela más difícil de todas: La Escuela para Hacer Personas. Ustedes son el consejo educativo, los directores, los maestros y los encargados de la limpieza... todo ello comprimido en dos individuos. Se espera que sean expertos en todos los temas pertinentes de la vida y el vivir. La lista seguirá creciendo con la familia. Además, hay pocas escuelas que los preparan para esta tarea, y no existe un consenso general sobre el currículum; son ustedes quienes deberán conformarlo. Su escuela no tiene vacaciones, días de descanso, sindicatos, ascensos automáticos o incrementos de sueldo; se encontrarán en funciones, o al menos de guardia, los 365 días del año durante, por lo menos, los 18 primeros años de cada uno de sus hijos. Además, tendrán que luchar contra una administración que tiene dos dirigentes o jefes, cualquiera que sea el caso.

En este contexto deben realizar la tarea de educar a los hijos. Considero que este es el trabajo más difícil, complicado, angustioso y agobiante del mundo. Para tener éxito es necesario contar con toda la paciencia, el sentido común, el compromiso, el sentido del humor, el tacto, el amor, la sabiduría, la conciencia y el conocimiento que tengan a su disposición. Al mismo tiempo, esta tarea puede ser la experiencia más satisfactoria y gozosa de la vida. Cualquier progenitor se siente conmovido y ve estrellas y luces al oír que un niño le dice: "Caramba, mamá (papá), eres increíble".

La formación de seres humanos implica una generosa cantidad de pruebas y errores. Todos aprendemos mejor sobre la práctica, aunque, por supuesto, cualquier experiencia previa es de utilidad. Los cursos para padres y otros ejercicios experimentales también son provechosos. La interpretación de papeles los ayudará, en particular, a desarrollar un sentido de las opciones y posibilidades.

Recuerdo la anécdota de un psicólogo soltero que escribió una tesis sobre la educación de los niños. La intituló: "Doce requisitos para criar a los niños". Luego contrajo matrimonio, tuvo un hijo y cambió el título a "Doce sugerencias para educar a los niños". Después del siguiente hijo, el título fue: "Doce consejos para educar a los niños". Tras la llegada del tercero, dejó de impartir seminarios sobre su tesis. Lo anterior sugiere que no existen reglas fijas para educar a los hijos; solo disponemos de parámetros que deben ser modificados para cada niño y cada progenitor.

Considero que la mayoría de los padres podrían describir cómo quisieran que fuera su hijo: sincero, que se respete a sí mismo, competente, ambicioso, limpio, fuerte, saludable, inteligente, bondadoso, bien parecido, amoroso, con sentido del humor y capaz de llevarse bien con los demás. "Quiero sentirme orgulloso de mi hijo", diría un padre así. *¿Estas cualidades se adaptan a tu imagen de una persona ideal? ¿Qué agregarías u omitirías?*

La cuestión es cómo pueden los progenitores realizar el proceso de enseñanza que alcance las metas que se han trazado. Una vez más, la congruencia de los padres es la habilidad más provechosa. La combinación de "qué" y "cómo" es el tema a tratar en este y el próximo capítulo. Trataré en ellos sobre las metas y los valores que los progenitores pretenden inculcar en los hijos, y cómo pueden lograr su objetivo. Los diseños varían de una familia a otra; considero que algunos favorecen la creación de familias nutricias, en tanto que otros conducen al origen de familias conflictivas. Es importante que tengan una imagen clara de cuáles pueden ser las diferencias.

Quizás, al leer esto, tomen conciencia de la clase de diseño o plano que están utilizando. Es posible que analicen de manera crítica los resultados que ofrece su diseño tanto a ustedes mismos como a la familia en este preciso momento. Espero que obtengan algunas ideas para cambiar aquello que no funcione bien en la actualidad. Tal vez también encuentren una confirmación de lo que hacen en este momento, y maneras de extender y enriquecer sus prácticas actuales.

Muchas familias se han iniciado por adultos que se encuentran en la necesidad de enseñar a sus hijos lo que ellos mismos no aprendieron. Por ejemplo, un progenitor que no aprendió a controlar su temperamento no estará bien capacitado para impartir este conocimiento a sus hijos. Nada hay mejor que la crianza de los niños para que un adulto descubra los defectos de su aprendizaje; cuando aparece una deficiencia, los padres inteligentes se convierten en estudiantes a la par que sus hijos, y así todos aprenden al mismo tiempo.

La mejor preparación para la paternidad es que los padres desarrollen cierta apertura para aceptar las cosas nuevas, un gran sentido del humor, una mayor conciencia de sí mismos y la libertad para ser sinceros. Cuando los adultos inician una familia antes de haber alcanzado la madurez personal, el proceso es mucho más complicado y peligroso; no es imposible, solo más difícil. También puede ser muy divertido. ¿Acaso alguien es perfecto?

Por suerte, es posible realizar cambios en cualquier momento de la vida, si estamos dispuestos a correr el riesgo. Por favor, recuerden que deben iniciar el cambio a partir de la premisa de saber que siempre harán su mejor esfuerzo. Gracias a la retrospección podemos darnos cuenta de las cosas que pudimos mejorar; en esto radica la naturaleza del aprendizaje. Si sabemos que realizamos nuestro mejor esfuerzo, encontraremos la confianza necesaria para proseguir con la tarea.

Cuando se convirtieron en padres, se encontraban en un punto dado de su desarrollo; es inútil que se repriman y culpen ahora si se dan cuenta de que no se hallaban donde "debían estar" cuando contrajeron matrimonio, tuvieron un hijo y demás. Aquí lo importante es preguntarse: ¿en dónde se encuentran ahora?, ¿qué sucede en la actualidad y a dónde irán a partir de este punto? No pierdan el tiempo en culparse, porque esto solo los hará más ineficaces y limitará su energía para el cambio. La culpa es un medio costoso, inútil y destructivo de invertir la energía.

La mayoría de los progenitores quieren hijos que tengan vidas tan buenas o mejores que las suyas. Abrigan la esperanza de ser el medio para lograr esto, pues a la larga se sentirán útiles y orgullosos.

Si te gustó cómo tus padres te criaron y te agradó cómo se relacionaban entre sí, su ejemplo puede servir de modelo para tu diseño familiar. Dirás: "Lo haré como ellos" y, por tanto, te sentirás más capacitado para agregar cualquier cosa que consideres apropiada.

Si no te gustó lo que ocurrió cuando crecías, es posible que quieras cambiar de conducta. Por desgracia, decidir lo que no harás es solo una parte de la tarea. "Lo que no debemos hacer" ofrece muy pocos objetivos; es necesario que tomes la determinación de cambiar lo que consideres inadecuado y decidas cómo lo harás. Es aquí donde comienzan las dificultades: estás en tierra de nadie cuando no tienes modelos a imitar; por ello, es necesario que crees ejemplos nuevos. ¿De dónde los obtendrás? ¿Qué incluirás en los modelos nuevos?

El cambio de los modelos del pasado suele ser difícil; es como romper con un hábito muy arraigado. Lo que experimentamos en la infancia, todos los días durante largos años, forma una parte fundamental de nuestra vida, ya sean experiencias agradables o incómodas. Con frecuencia escucho este lamento de los padres: "No quería parecerme a mis padres, pero soy idéntico a ellos". Esto puede ser efecto del modelo aprendido. Lo que experimentaste en la infancia se ha vuelto conocido; el poder de lo conocido es muy grande, a menudo más fuerte que el deseo de cambiar. Las intervenciones firmes, la paciencia y la conciencia constante nos permiten desafiar el poder de lo conocido.

Mucha gente tal vez quiere que su ejercicio de la paternidad sea distinto que el de sus padres: "¡Te aseguro que educaré a mis hijos de manera muy distinta de la que fui criado!". Esto puede significar cualquier cosa, desde ser más estrictos o menos rígidos, acercarse más a los hijos o alejarse de ellos, trabajar más o menos, y muchas otras situaciones.

Toma unos minutos para recordar las cosas que viste y experimentaste durante tu crecimiento y qué querrías cambiar para tus hijos.

¿Qué harías, en vez de ello? ¿Está dando resultados? Encuentra la manera de hacer que funcionen tus cambios. Escribe cinco experiencias familiares que fueron útiles para ti. Trata de averiguar qué aspectos positivos te ofrecieron. Luego busca

cinco experiencias que consideres destructivas, y analízalas de la misma manera. Pide a tu pareja que haga lo mismo.

Comenta y escribe cómo pretendes cambiar las cosas para tus hijos. Comparte con ellos lo que deseas que suceda y solicita su ayuda. Recuerda que, de niño, eras muy inteligente.

Vuelve a la experiencia familiar; por ejemplo, podrías recordar lo útil que fue para ti que tu madre te dijera, de una manera clara y directa, lo que quería que hicieras en vez de hacerlo indirectamente. Quizá recuerdes cómo te miró a los ojos, y el timbre claro, firme y bondadoso de su voz. "Quiero que podes el césped antes de las cinco de la tarde". Con esta actitud te sentiste satisfecho al desempeñar la tarea. En contraste, tu padre tal vez volvió a casa de la oficina y gritó: "¿Por qué nunca haces algo en la casa? ¡Voy a quitarte la mesada si no tienes más cuidado!". Esto te provocó temor y te puso a la defensiva.

Tal vez recuerdes que tu abuela no te ayudaba mucho, ya que siempre decía que sí, sin importar lo que pidieras. De alguna manera te quedaste con la impresión de que estabas muy comprometido con ella. No fue fácil sincerarte con la abuela. Tal vez el recuerdo te inspire a enseñar a tus hijos a ser sinceros en sus respuestas.

Quizás has decidido que papá te ayudaba mucho cuando le presentabas algún problema. Te escuchaba y pacientemente te ayudaba a tomar una decisión. Esto contrastaba con tu tío, quien siempre te resolvía las dificultades. Tu tío retrasó tu aprendizaje en lo concerniente a valerte por ti mismo. Resulta evidente que papá te ayudó más.

Tal vez has llegado a la conclusión de que tus padres no te ayudaron mucho, porque, cada vez que los interrumpías, ellos guardaban silencio y te dedicaban su completa atención. Esto provocó que te sintieras muy importante y después, cuando los demás no te trataron igual, te sentiste lastimado y confuso. Hacías rabietas cuando no obtenías lo que querías; no aprendiste a ser paciente y comprensivo cuando tenías que esperar tu turno.

Tal vez viviste una experiencia dolorosa cuando dijiste una "palabrota" y tu madre te lavó la boca con jabón o te encerró en el armario. Te dolía el cuerpo por el miedo que tenías y luego tramaste tu venganza. Después lloraste porque te sentías abandonado y rechazado.

Cuando hayas hecho tu lista, da un paso más y determina cómo puedes aprovechar lo que estás aprendiendo para aplicarlo a tu situación.

Torna tu "lista destructiva" y averigua qué trataban de enseñarte tus padres. Con ojos de adulto podrás percibir lo que entonces no comprendías. Es muy posible que quieras enseñar a tu hijo algunas de estas cosas, pero podrías hacerlo más constructivamente. Por ejemplo, ¿hay alguna opción más adecuada para responder a las palabrotas de un niño sin lavarle la boca con jabón o encerrarlo en el armario? ¿Puedes encontrarla?

Descubrirás que algunas de las cosas que te enseñaron tus padres estaban equivocadas. Por ejemplo, antes que Colón demostrara lo contrario, los padres enseñaban a sus hijos que el mundo era plano. Cuando descubrimos que la tierra era redonda, esta información ya no fue adecuada. Otro ejemplo podría ser la idea de que la masturbación vuelve locos a los chicos; de hecho, en una época los médicos creyeron que la masturbación provocaba la locura. En la actualidad, casi todos sabemos que no es así; la idea de la masturbación tal vez incomode a algunas personas, pero el acto por sí mismo es inocuo.

Durante la década de 1940, los padres creían que debían alimentar a sus bebés a horas fijas, sin desviación posible; hoy sabemos que esto era perjudicial para el niño. Lo importante aquí es tomar conciencia de estas falsedades y enterarnos de la verdad actual. No siempre es fácil, pues por doquier circulan muchas "verdades". Tenemos que desarrollar algún medio para determinar qué es y qué no es verdad. La publicidad y la propaganda influyen en nuestras emociones y a veces ocultan los hechos.

Los nuevos padres deben aprender muchas cosas. Por ejemplo, muchos adultos ignoran cómo se desarrolla el cuerpo humano. Hay muchas personas que desconocen la psicología de las emociones y cómo estas afectan la conducta y la inteligencia. Una información importante es aprender cómo se desarrollan los niños: la buena información nos brinda una sensación de seguridad.

De una u otra forma, hemos visto, desde hace tiempo, que el conocimiento es una herramienta muy importante para la formación de los individuos. Esto podemos constatarlo en la crianza de los cerdos; sin embargo, este descubrimiento ha sido aplicado con mucha lentitud a la educación de los hijos. De alguna manera tenemos la idea de que la crianza de una familia era una tarea instintiva e intencional; actuamos como si cualquier individuo pudiera ser un progenitor eficaz tan solo porque quiere serlo o porque, accidentalmente, pasó por los actos de la concepción y el nacimiento. La paternidad es la tarea más complicada del mundo. No niego que todos poseemos una sabiduría interior; empero, para ser útiles, es necesario encauzar este conocimiento.

También tenemos que aceptar la asesoría. Los padres requieren toda la ayuda, el conocimiento y el apoyo disponibles. Me parece que toda comunidad se beneficiaría de la organización de un centro para la paternidad que diera satisfacción a estas necesidades. Tal vez alguno de mis lectores quiera fundar un servicio como este, el cual podría incluir un salón de abrazos para los padres, donde recibirían mucho afecto. La vida plantea muchas exigencias a los padres, y ofrece muy poco a cambio.

La dirección del niño a la absoluta humanidad requiere el conocimiento de cosas especiales. Analicemos el inicio de una familia; este ocurre cuando la pareja tiene un hijo. Ahora hay tres individuos donde antes solo había dos.

La llegada del niño, aunque sea deseado, requiere importantes adaptaciones en la vida de la pareja. Los cambios y alteraciones en lo tocante al tiempo y la presencia del compañero son esenciales para satisfacer la inminencia de las necesidades del bebé. Quienes ya han alcanzado un sano equilibrio en su relación, pueden resolver con más facilidad los problemas de esta adaptación. Para los padres que no se hallan en este punto, los cambios podrían parecer defectos de adaptación y adoptar la forma de tensiones físicas o emocionales, o ambas.

Cuando aparecen estas tensiones, sugiero lo siguiente a la pareja que inicia la paternidad:

1. Busquen a una persona de confianza que cuide al bebé y encuentren un lugar acogedor y neutral, fuera de la casa, donde puedan hablar franca y abiertamente. Tomen el tiempo necesario para compartir lo que sienten, incluyendo sus resentimientos y desilusiones, así como sus sensaciones de impotencia y temor. Tal vez en ese momento tengan la impresión de que el sueño que compartían comienza a desaparecer. El bebé se ha adueñado de sus vidas. Esto suele ser muy difícil para los hombres, quienes no poseen el evidente lazo que comparte la madre con el niño.

    Es necesario que el papá sepa que es necesario, querido y esencial. Las mujeres tienen la autoridad psicológica para otorgar este sitio al padre.
2. Expresen con palabras lo que significan el uno para el otro, y cuáles son sus expectativas para y con el compañero. Esto les permitirá renovar su autoestima lo suficiente para conjuntar sus energías y relacionarse más positivamente entre ustedes y con el bebé.

    A partir de esta charla sincera, quizá surja el compromiso de establecer contacto entre ustedes en algún momento del día, y también para realizar alguna actividad especial a solas todas las semanas. Conserven esta conexión y conviértanla en una prioridad; estas medidas son fundamentales para la satisfacción de los padres. Es necesario que el compromiso sea firme y que lo respeten de manera consciente.

Después puede aparecer el temor de perder su autonomía. "¿En dónde hay tiempo para mí?", es la pregunta más frecuente. Las parejas necesitan encontrar, conscientemente, el tiempo necesario para cada individuo. Con el objeto de que esto resulte, verbalicen sus necesidades y soliciten la cooperación del compañero (y, después, de los otros miembros de la familia). Es muy factible que encuentren una solución, pero tienen que pedirla y planificarla.

3. Concéntrense en canalizar la sabiduría interior y observen si sus esfuerzos personales y de pareja están desfasados. En tal caso, determinen cuál es la dificultad. La sabiduría interior también es una fuente para encontrar nuevas ideas que resuelvan conflictos.

Mucha gente obtiene mejores resultados al considerar que esta crisis es un reto, y no una forma de fracaso. Aconsejo que aborden la situación como si fuera un rompecabezas. ¿Cómo es posible que dos personas que se quieren utilicen sus energías en conjunto y hagan que las cosas funcionen en beneficio de sus intereses personales, comunes y de su hijo o hijos?

Es aconsejable recordar que poseemos una inteligencia. Esta funciona mejor cuando nos encontramos emocionalmente equilibrados.

Si nada de esto resulta, busquen ayuda profesional.

Muy a menudo la paternidad se vuelve pesada y demandante, y la vida de la pareja debe ceder paso a la responsabilidad. Si esto sucede y no le ponen solución, el niño pagará un precio alto. Será utilizado como el motivo de que la pareja permanezca unida, o quizá los padres proyecten en él sus dificultades, de una manera abierta o encubierta: "Si no hubiera sido por ti, las cosas habrían sido mejores".

En este momento también es probable que uno de los miembros de la pareja se involucre emocionalmente con alguien más. Esto suele ocurrirles a los hombres, quienes se sienten desplazados por el hijo en el afecto de la madre.

Espera un poco y haz un recuento. ¿Esto te está ocurriendo? ¿Le ha sucedido a tu cónyuge? ¿Cómo ha afectado a los miembros de la familia? ¿Qué están dispuestos a hacer o cambiar en este momento? Recuerden que contrajeron matrimonio y tuvieron un hijo para engrandecer la alegría de su vida.

A menudo, la gente se siente desanimada porque no ha obtenido resultados positivos de muchas cosas que ha hecho. El deseo de reconocer eso francamente podría representar el inicio de un cambio. Tienes la capacidad de hacer las cosas de otro modo, sin importar cuánto tiempo te tome llegar a los resultados.

Ante todo, necesitas saber qué está sucediendo y qué puedes aprender de esto. Luego, encuentra la forma de asimilar la lección. Una persona, cuyo nombre he olvidado, dijo: "La vida es el enfoque actual de las cosas". Si cambias tu enfoque, cambiarás tu vida. Supe de un hombre que siempre se quejaba de que la vida era oscura. Esto cambió un día cuando se tropezó: al caer, perdió los anteojos. Y, ¡oh, sorpresa! Había luz. No sabía que siempre llevaba puestas unas gafas oscuras.

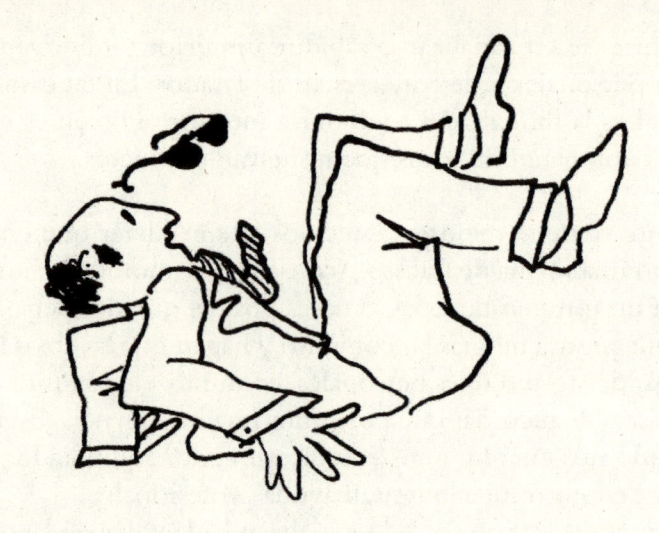

¿Cuántos de nosotros llevamos los espejuelos oscuros de la ignorancia, sin darnos cuenta? A veces necesitamos una crisis para enterarnos. Si podemos tomar conciencia de nuestra ignorancia, ¿no valdría la pena celebrar el acontecimiento?

Si descubres que algo anda mal en tu familia, trata la situación como lo harías cuando una luz roja en el auto indica que algo se ha descompuesto. Detente, investiga, comparte tus observaciones y averigua qué puedes hacer. Si no estás en condiciones de cambiar el problema, busca a una persona de confianza que te ayude. No importa que hagas, no pierdas el tiempo en lamentaciones o culpas.

Haz lo que mencionamos en el capítulo de los sistemas. Convierte a la familia en un "equipo de investigación" en vez de una "sociedad de inculpación". ¿Te das cuenta de que las cosas serían muy distintas para tu familia si tomaras las cosas negativas y dolorosas que suceden como señales de alarma? No es necesario culpar ni mesarte el cabello. Conserva la calma y agradece haber recibido una señal, cualquiera que esta sea. Tal vez no te parezca muy agradable, pero será sincera y real, y podrás hacer algo al respecto. No esperes más.

Recuerdo a una familia que atendí en cierta ocasión. El padre se presentó con la mujer y un hijo de 22 años, quien tenía problemas psicológicos. La luz roja se había encendido desde hacía mucho tiempo, y se tardaron en adoptar medidas. Cuando terminaron el tratamiento el padre, con lágrimas en los ojos, puso la mano en el hombro del hijo y le dijo: "Gracias, hijo, por enfermar, para que yo pudiera curarme". Aún me estremezco al pensar en ellos.

Sin darnos cuenta, podemos caer en algunas trampas al seguir el modelo de nuestros padres. Una de ellas es dar al hijo lo que el padre no recibió en la infancia.

Los esfuerzos del progenitor pueden resultar muy bien, pero también pueden provocar profundas desilusiones.

En una ocasión presencié un claro ejemplo de lo que digo. Era poco después de Navidad, cuando una joven madre a quien llamaré Elena acudió a verme. Estaba enfurecida con Pati su hija de seis años. Elena ahorró durante muchos meses para comprarle a la niña una costosa muñeca. Pati respondió con indiferencia; Elena se sintió desconsolada y decepcionada, pero en apariencia, su actitud era de enojo.

Con mi ayuda, se dio cuenta de que en realidad esa muñeca era la muñeca que ella quiso tener y no tuvo en la infancia. Le daba a su hija la muñeca de su sueño incumplido y esperaba que Pati respondiera como ella, Elena, a los seis años. Pasó por alto el hecho de que su hija ya poseía varias muñecas; Pati hubiera preferido un trineo para salir a deslizarse en la nieve con sus hermanos.

La muñeca, en realidad, pertenecía a Elena. Sugerí que conservara la muñeca y sintiera su satisfacción personal, cosa que hizo. Cumplió directamente su anhelo infantil y no tuvo que cumplirlo a través de su hija. En vez de la muñeca le compró un trineo a Pati.

¿Existe alguna razón para que los adultos no satisfagan en la edad adulta los deseos insatisfechos de la infancia? A menudo, si no los satisfacen, heredan estas viejas necesidades a los hijos. Los niños rara vez agradecen una satisfacción heredada (a menos que hayan aprendido a aceptar todo), y tampoco agradecen las condiciones que los padres imponen a los regalos. Me refiero con esto a los papás que compran trenes para sus hijos o hijas, y luego no sueltan el juguete, imponiendo rígidas condiciones para que los niños puedan utilizarlos. Sería mucho más sincero que el padre comprara un tren para él; de esta manera el juguete sería suyo y podría prestarlo o no a sus hijos.

Los residuos del pasado de los padres, si no han sido resueltos o satisfechos, a menudo se convierten en parte integral de su actitud paterna. Estas son las *sombras contaminadoras del pasado*, de las cuales los padres tal vez ni se hayan percatado. Otra trampa es que los padres inicien una familia idealizando lo que quieren que sean sus hijos, incluyendo el deseo de que el niño haga lo que ellos no pudieron hacer: "Quiero que sea músico. Siempre me ha gustado la música". Muchos hijos se han entregado al altar del sacrificio para que sus padres no se sientan decepcionados.

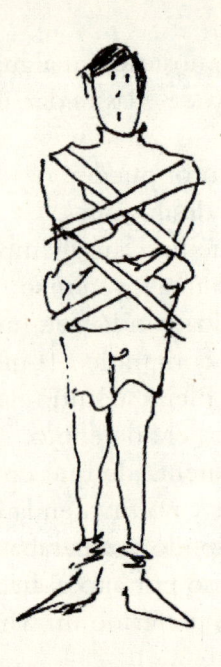

Sin saberlo, es muy sencillo que los progenitores tracen planes para que el hijo sea lo que ellos desean, pero no lo que quiere el niño. Escuché a Abraham Maslow decir que abrigar esta clase de expectativa y planes para los hijos era como ponerles una camisa de fuerza invisible.

Puedo observar los efectos de esta situación en los adultos que manifiestan que querían ser otra cosa, pero que no sabían cómo enfrentar las presiones de sus padres. Después de todo, se requiere mucho valor y habilidad por parte del hijo, para desafiar con éxito a los padres, en particular cuando hay un gran amor en juego.

Existe otro obstáculo si tú, como progenitor, estás encadenado a tus padres. Tal vez temas sus críticas y no te sientas en libertad de educar a tu hijo de una manera distinta. Esto podría provocar una educación "torcida" de tu hijo y pueden presentarse situaciones muy insidiosas. A esto lo llamo *manos paternas engrilletadas*.

Por ejemplo, Javier, un padre de 34 años, no castiga directamente a su hijo porque su padre siempre se pone a favor del niño; si lo castigara, tendría una discusión con su padre. Todavía teme enfrascarse en una disputa con su padre, porque tiene miedo de que lo rechace. Por supuesto, en consecuencia, Javier no educa bien a su hijo.

Ahora, quiero hablar de lo que llamo la *capa paterna* (el papel paterno). Con este término, me refiero a la parte del adulto que representa el papel de un progenitor. En mi opinión, la capa paterna solo es útil mientras los niños son incapaces de hacer cosas sin ayuda y requieren la dirección de los progenitores. El problema es que nos dejemos puesta la capa para siempre.

Un factor muy importante en el diseño personal de la familia es el tipo de capa paterna que llevamos puesta y si nos sentimos obligados a usarla todo el tiempo. ¿Puedes despojarte de ella cuando no actúas como padre? Después de todo, a veces querrás ser "cónyuge" o "individuo", y te verías ridículo llevando encima la capa paterna.

La capa paterna tiene tres forros: el de "jefe", el de "dirigente y guía" y el de "amigo". Para algunas personas, la capa carece por completo de forro: no hay manifestación alguna del ejercicio de la paternidad. Creo que hay muy pocas capas de esta clase, en comparación con las otras.

El jefe tiene tres aspectos fundamentales. Primero, es el tirano que ostenta el poder, todo lo sabe y se erige como el ejemplo de toda virtud ("Soy la autoridad; harás lo que te diga"). Este padre es inculpador y controla mediante el miedo. La segunda cara del jefe es la del mártir, quien solo desea servir a los demás. El mártir hace cualquier cosa para aparentar muy poca valía y es aplacador. Controla a través de la culpa ("No te preocupes por mí, solo quiero que seas feliz"). La tercera máscara es la enorme cara de piedra que da interminables sermones, impasible, sobre todas las cosas correctas ("Esta es la conducta correcta"). Esa persona es una computadora y controla mediante la erudición.

El amigo es el compañero de juegos que todo lo permite y disculpa, sin importar las consecuencias. Este padre suele ser irrelevante ("No pude evitarlo; no quise hacerlo"). Los niños necesitan que sus padres sean sus amigos, tanto como un balazo. Esta clase de forro en la capa paterna produce irresponsabilidad en los hijos.

Creo que pagamos un precio muy alto por algunas de las formas como los padres utilizan su poder o los forros de la capa. Para mí, uno de los forros más destructivos es el del tirano, quien insiste en formar seres humanos obedientes y conformistas. En todos los casos, he observado que esta conducta es resultado directo de un adulto que trataba de ocultar su incertidumbre obteniendo la obediencia inmediata de un niño. ¿De qué otra manera pueden sentir estos padres inseguros que son eficaces?

Muchos padres abrigan el deseo momentáneo de golpear a los niños en la cabeza, pero son pocos quienes lo hacen. Muchos niños sienten ganas de hacer eso mismo a sus padres, pero son contados los que lo ponen en práctica. Estos sentimientos representan la manifestación última de la frustración.

Rara vez los niños que crecen en un marco de obediencia son otra cosa que tiranos o víctimas, a menos que haya una intervención inesperada en su vida. En términos generales, el tema de la obediencia es: "Solo hay una manera de hacer cualquier cosa. Por supuesto, es mi manera de hacer las cosas". No comprendo cómo es posible que una persona considere que el buen juicio puede aprenderse con la técnica "obedéceme". Si algo necesitamos en este mundo, es individuos con capacidad de juicio. La persona que no puede utilizar el sentido común es un ser que cree que debe hacer lo que alguien más le pida o espere de él.

He oído tanto sobre "la manera correcta", que realicé una investigación sobre las distintas formas de lavar los trastes. Encontré 247 estilos diferentes y todos ellos lograban que los trastes pasaran del estado de suciedad al de limpieza. Las diferencias estribaban en el equipo disponible y otros aspectos similares: ¿Conoces a alguien que jure en nombre de determinado detergente? ¿Que asegure que los platos deben enjuagarse siempre antes de lavarlos?

La gente que vive con un tirano —aquel que dice: "Lo harás porque yo lo digo", o bien: "Es así porque yo lo digo"— se ve sometida todo el tiempo a ofensas personales. Es como si la otra persona dijera: "Eres un tonto. Yo sé más que tú".

Ninguna de estas capas paternas, permitirá a los padres crear un ambiente de confianza con los hijos; el aprendizaje no se favorece en un entorno de desconfianza, temor, indiferencia o intimidación.

Aconsejo a los padres que procuren ser dirigentes que capaciten; esto significa que deben mostrarse gentiles y firmes, y dar inspiración y comprensión a las personas que dirigen a partir de una postura de realidad y amor, en vez de recurrir al uso negativo del poder.

Hay quienes se tienden trampas al convertirse en padres. De pronto, deben cumplir con su "deber", mostrarse serios y renunciar a la sencillez y la alegría. Ya no pueden otorgarse libertades o, incluso, divertirse. Esto es un error; la gente que cree que los miembros de la familia pueden ser disfrutados y valorados como seres reales, tiene también la capacidad de enfrentar las dificultades normales y cotidianas de la familia con una actitud distinta.

Recuerdo a una pareja de jóvenes, Laura y Sergio, quienes me dijeron que su prioridad era disfrutar de su hijo. Fue obvio que disfrutaban también uno del otro. A través de su goce del niño, enseñaban al pequeño a disfrutar de ellos. Esta alegría continúa en la actualidad, después de 15 años y dos hijos más. Me siento muy bien cada vez que estoy con esa familia. El desarrollo del grupo resulta muy evidente y cada miembro se enorgullece de sus logros, a la vez que abriga buenos sentimientos hacia los demás. No hablo de padres indulgentes y tampoco de una familia que carezca de límites seguros y bien definidos. Un "no" claro, al igual que un "sí", son términos saludables en esta familia y son utilizadas con sinceridad y de manera adecuada.

Parte del arte de disfrutar es ser flexibles, curiosos y tener sentido del humor. Una anécdota de un niño de cinco años que derramó la leche, puede ser una experiencia distinta dependiendo de la familia del pequeño y cómo aborden estas situaciones. No existe una fórmula universal para resolver la cuestión.

Mis amigos Laura y Sergio quizá dirían a David, su hijo: "¡Caramba! ¡Dejas que mande el vaso en vez de la mano! Tendrás que hablar con la mano. Vamos a la cocina a buscar una esponja para limpiar esto". Luego, Laura o Sergio van a la cocina con el niño y, tal vez, tarareen una melodía al volver a la habitación.

Puedo oír que Sergio dice: "Caramba, David, recuerdo cuando eso me ocurrió. Pensé que había hecho algo terrible y me sentí muy mal. ¿Cómo te sientes tú?", a lo cual David respondería: "También me siento mal. Ahora debo limpiar esto. No lo hice a propósito". Esta situación sería un sentimiento normal de disculpa y no un ataque contra la autoestima.

Puedo imaginar el mismo episodio con otros padres, Alex y Esther. Esther sujeta a David con violencia, lo sacude y exige que abandone la mesa, comentando con Alex cuando el niño se aleja: "No sé qué voy a hacer con ese niño. De grande será un descuidado".

Conozco a otra pareja, Elsa y Luis, quienes actuarían otra escena. Cuando la leche se derrama, Luis mira a Elsa, arquea una ceja y sigue comiendo en tenso silencio. Elsa, en silencio, va a buscar una esponja y recoge la leche derramada, dirigiendo a David una mirada de reproche.

Laura y Sergio resolvieron la situación de tal manera que benefició a todo el grupo. Los otros dos ejemplos no tuvieron el mismo resultado. *¿Qué opinas? ¿Podrías fundamentar tu respuesta a las situaciones negativas sobre la premisa de que lo que acontece ocurre entre individuos que se tienen buena voluntad y afecto? ¿Y que, por lo tanto, son necesarios la educación y el buen humor, mas no un castigo? ¿Cómo enfrentas estos acontecimientos en tu familia?*

¿Hay veces en que los integrantes de la familia disfrutan de los demás como individuos? Si no lo consideras así, averigua si hay una manera de cambiar la situación. La gente que no disfruta de los demás, quizá también ha puesto obstáculos en el camino del afecto compartido.

El niño aprende, en gran medida, a disfrutar de sí cuando sus padres lo estimulan a gozar de las partes de su cuerpo, de la sensación de su piel, del contacto de los colores y sonidos; en particular, el sonido de su propia voz, así como disfrutar del placer de la vista. Los padres ponen el ejemplo con su placer en el hijo; la risa y el amor son contagiosos.

La capacidad para disfrutar es también una cuestión estética. En términos relativos, en nuestros hábitos de educación infantil hacemos muy poco para que los niños aprendan a disfrutar de sí mismos de una manera consciente. He visto muchas familias donde la idea de la crianza y la paternidad es una triste experiencia plagada de trabajo agotador, histeria y cargas. He observado que una vez que los adultos derriban las barreras que les impiden disfrutar de sí, la vida se vuelve más sencilla para todos. Son individuos más alegres y flexibles con sus hijos y con ellos mismos. No sé si has notado la pesadez y austeridad que existe entre los adultos; no me sorprende que muchos niños me digan que no quieren crecer, porque ser adultos no es divertido.

No creo que la diversión o el sentido del humor se opongan a la competencia o la responsabilidad. De hecho, considero que la competencia incluye la capacidad para disfrutar de uno mismo, de los compañeros de trabajo y de todo cuanto sucede. Durante una conferencia reciente, me enteré de que una empresa grande e importante obedecía a tres criterios para la selección de su personal: buscaban candidatos amables, que fueran una agradable compañía y competentes. Como estas cualidades son muy apreciadas por los demás, debemos incluirlas en nuestro estilo de educación infantil y en otros aspectos de nuestras vidas.

Es muy importante que la gente aprenda a reír de sí misma y encuentre el lado amable de todo. De esto puede depender que en el futuro encontremos un empleo. El aprendizaje y el ejercicio de esta capacidad se encuentran en la familia; si tomamos todo lo que dicen o hacen papá y mamá como si fueran la mayor expresión de poder y sabiduría, es muy poco probable que desarrollemos la capacidad para ver el lado gracioso de las cosas. He visitado algunos hogares donde la severidad y la seriedad flotaban en el ambiente como una nube de tormenta —donde la cortesía era tan espesa, que tuve la impresión de que allí vivían fantasmas y no personas—. En otros hogares el entorno estaba tan limpio y ordenado, que me sentí como una toalla esterilizada en una lavandería. No puedo pretender que la gente desarrolle la capacidad para disfrutar en ambientes como esos.

¿Qué clase de ambiente impera en tu familia? ¿Crees que la risa y la diversión son el alimento del cuerpo?

Empezamos a entender y a realizar seminarios sobre cómo la risa y el buen humor favorecen la curación y sirven de alimento para el cuerpo. Desde hace mucho que sabemos cómo preocuparnos, temer, sentir resentimiento y otras emociones negativas de consecuencias destructivas. La risa y el amor son la mejor medicina; su costo es muy bajo, solo requieren conciencia. Creo que trabajo mejor y con mayores resultados en un ambiente ligero. Y la forma como Sergio y Laura trataron el problema de la leche derramada, permitió que su hijo aprendiera más que las actitudes de desaprobación y castigo.

¿Qué puedes incluir en el diseño de tu familia para favorecer la risa, el placer y el sentido del humor?

Al igual que la capacidad para disfrutar, el amor es un aspecto muy importante de la vida. ¿Alguna vez te has detenido a analizar cómo es un sentimiento amoroso? Cuando siento amor, mi cuerpo se vuelve ligero, mi energía fluye con mayor libertad, me siento estimulada, abierta, tranquila, confiada y segura. Tengo una mayor conciencia de las necesidades y deseos de la persona a quien dirijo mis emociones. Mi deseo de satisfacer dichas necesidades y deseos. No quiero lastimar ni imponerme al ser amado; solo quiero unirme a él o ella, compartir ideas, tocar y ser tocada, mirar y ser vista, y disfrutar y ser disfrutada. Me gusta el sentimiento amoroso; creo que es la forma más pura de manifestar la condición humana.

He descubierto que expresar amor es un lujo en muchas familias; oigo hablar del sufrimiento, la frustración, el desencanto y la ira que sienten los miembros de la familia entre sí. Cuando la gente da tanta importancia a las emociones negativas, sus sentimientos positivos mueren por falta de estímulo. No pretendo afirmar que en la vida no hay peligros ni actos y sentimientos negativos; lo que quiero decir es que si solo nos concentramos en esto, perderemos la oportunidad de percibir los otros aspectos. La esperanza y el amor nos hacen seguir adelante; si pasamos mucho tiempo enfocados en hacer las cosas "correctas" y cumplir con una tarea, a menudo disponemos de poco tiempo para amar y disfrutar de los demás. Y esto lo descubrimos durante el funeral, o cuando ya es muy tarde para remediar la situación.

Muy bien, hemos hablado de algunos de los desafíos de la paternidad. Quizás ya empiecen a pensar en otras maneras de trazar un diseño más firme y vital para su familia.

En este momento recuerdo un relato clásico de Robert Benchley. Cuando este hombre estudiaba en la universidad, tuvo que presentar un examen final donde debía escribir un ensayo sobre los criaderos de peces. Robert no abrió un libro en todo el semestre. Sin titubear, empezó a redactar el examen con algo parecido a esto: "Mucho se ha hablado del tema de los criaderos de peces. Sin embargo, nadie ha analizado este aspecto desde el punto de vista de los peces". Y así procedió a hacer lo que tal vez ha sido el examen final más entretenido de la historia de Harvard.

Después de meditar en todas estas páginas sobre la tarea de la paternidad, daremos ahora un vistazo a la situación desde el punto de vista del bebé.

Voy a imaginar que nos encontramos dentro de un niño llamado Jaime, que tiene más o menos dos semanas de vida.

Siento que el cuerpo me duele a veces. Me duele la espalda cuando me ponen ropa apretada, y debo estar en una postura durante mucho tiempo. Mi estómago se contrae cuando tengo hambre, o me duele si como mucho. Cuando la luz me da directamente en los ojos, me lastima porque no puedo mover la cabeza para evitarla.

A veces, cuando me ponen al sol, siento que me quemo. En ocasiones tengo la piel muy caliente por toda la ropa que me ponen, y otras veces tengo frío cuando no me abrigan bien. También, me duelen los ojos y me aburro de contemplar una pared vacía. Se me adormece el brazo cuando me acuesto sobre él mucho tiempo. Si no me cambian el pañal mojado, las nalgas y la entrepierna se me irritan. Siento cólicos cuando estoy estreñido. Cuando me exponen mucho tiempo al viento, se me eriza la piel.

Muchas manos me tocan. Siento dolor cuando esas manos me aprietan con fuerza; me siento aprisionado y estrujado. A veces, esas manos son como agujas y otras parecen tan débiles, que temo caer. Estas manos hacen toda clase de cosas: me empujan, tiran de mí, me apoyan. Estas manos son muy agradables cuando saben lo que me hacen sentir; entonces parecen fuertes, amables y amorosas.

Me duele mucho cuando me levantan tomándome de un brazo o cuando me sujetan los tobillos con mucha fuerza al cambiarme el pañal. En ocasiones siento que me ahogo cuando una persona me abraza con tanta fuerza que no puedo respirar.

Una situación terrible es cuando alguien se acerca a la cuna y me pone la cara encima. Pienso que un gigante está a punto de aplastarme. Todos mis músculos se ponen tensos y siento dolor, y entonces lloro; es así como hago que los demás sepan que tengo dolor. La gente no siempre sabe qué quiero expresar.

A veces los sonidos que escucho me agradan. Otras más, lastiman mis oídos y me causan dolor de cabeza. También lloro en estas situaciones. A veces mi nariz percibe aromas deliciosos, y a veces los olores me causan náuseas. Esto me hace llorar.

Gran parte del tiempo, mis padres se dan cuenta de mi existencia cuando lloro; me alegro mucho cuando saben que algo me duele y descubren qué me incomoda. Piensan que los alfileres me pinchan, que necesito comer o que estoy estreñido o me siento solo. Entonces me cargan, me arrullan y dan de comer, y juegan conmigo. Sé que quieren que me sienta mejor.

Mi situación es difícil porque no hablamos el mismo idioma. A veces tengo la impresión de que solo quieren que me calle y hacer otra cosa. Juegan conmigo un rato, como si fuera un saco de papas, y luego me dejan. Entonces me siento peor que antes. Supongo que tienen cosas más importantes que hacer. A veces solo los enfado; no tengo la menor intención de hacerlo, pero no tengo los medios necesarios para decirles qué me duele.

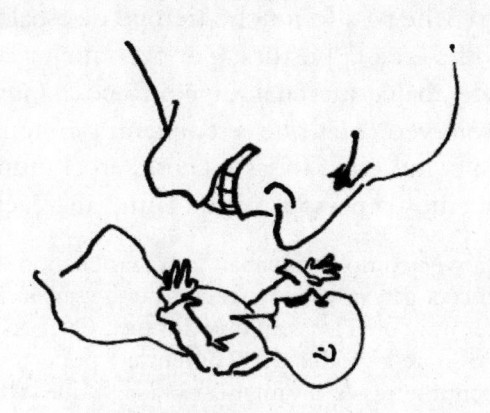

Mis malestares desaparecen cuando las personas me tocan como si me quisieran. Parecen sentirse a gusto consigo mismas y sé que de veras tratan de comprenderme. Intento ayudar en todo lo posible. Hago que mi llanto tenga diferentes tonalidades. Me siento muy bien cuando la voz de la persona es profunda, suave y cuando fijan su mirada en mis ojos.

Creo que mi madre no sabe que sus manos me causan dolor y que su voz es áspera. Si lo supiera, sé que trataría de cambiar. En esas ocasiones parece como distraída. Cuando las manos de mamá me lastiman varias veces seguidas y su voz conserva el tono desagradable, empiezo a sentir miedo de ella. Cuando aparece, me pongo tenso y la rechazo. Entonces parece lastimada o enojada. Cree que no me agrada, pero en realidad le temo. A veces mi padre es más gentil y me siento abrigado y seguro con él. Cuando mi padre es así, me relajo.

A veces creo que mi madre no sabe que mi cuerpo responde igual que el de ella. Me gustaría decirle esto. Evitaría expresar algunas de las cosas que dice de mí, y del resto de la familia, cuando me encuentro en la cuna y ella está con sus amistades, si supiera que puedo escucharla perfectamente. Recuerdo que cierta vez dijo: Es posible que Jaime se parezca a su tío Juan, y se echó a llorar. Han ocurrido otras situaciones similares y comencé a pensar que había algo muy malo en mí.

(Años después, me enteré de que tío Juan era el hermano predilecto de mi madre y debió ser un hombre estupendo. A menudo mi madre comenta que me parezco mucho a él. Mamá lloró porque tío Juan murió en un accidente cuando ella conducía el auto. Eso cambió mucho las cosas para mí; sin embargo, no supe esto durante mucho tiempo. Creo que si me hubiera hablado de su afecto por Juan y de lo mal que se sentía por su muerte, en particular porque me parecía mucho a él en varias cosas, ¡no me habría sentido tan mal! Hubiera comprendido que, cuando ella me miraba y se ponía a llorar, estaba recordándolo.)

Es importante que los adultos digan a los niños, sin importar su edad, qué piensan y sienten. Es muy sencillo que un niño interprete mal algún mensaje.

"Desde que nací, he pasado mucho tiempo de espaldas, así que he conocido a las personas en esta postura. Conozco mejor las barbillas de mis padres, vistas desde abajo, que cualquier otra cosa. Cuando me tienden sobre la espalda, solo veo cosas que se encuentra sobre mí y, claro, las veo desde abajo. Es así como están todas las cosas en el mundo".

Ahora, imaginemos la perspectiva de Jaime al crecer:

Me sorprendí al ver cómo cambiaban las cosas cuando aprendí a sentarme. Cuando comencé a gatear, vi muchas cosas que estaban por debajo de mí y llegué a conocer muy bien los tobillos y los pies. Cuando empecé a pararme, descubrí mucho sobre las rodillas. Al comenzar a ponerme de pie, solo medía como sesenta centímetros. Al levantar la mirada, vi que la barbilla de mi madre era distinta. Sus manos parecían enormes. De hecho, en muchas ocasiones, cuando me paraba entre mamá y papá, parecían muy distantes y, a veces, peligrosos, y esto hacía que me sintiera muy, muy pequeño.

Después de que aprendí a caminar, recuerdo haber acompañado a mamá a la tienda. Ella tenía prisa; me tomó de la mano y caminó tan rápido que no podía poner los pies en el suelo. Comenzó a dolerme el brazo y me eché a llorar. Ella se enfadó conmigo; creo que nunca se enteró de por qué lloraba. Su brazo pendía hacia abajo y caminaba con dos pies; tiraba de mi brazo hacia arriba y yo apenas podía apoyar un pie. Tropezaba sin cesar. Me sentía incómodo y mareado cuando perdía el equilibrio.

Recuerdo que tenía los brazos muy cansados cuando caminaba con mis padres y ellos me llevaban de la mano. Mi padre era más alto que mamá, así que tenía que levantar más el brazo para alcanzar su mano; caminaba encorvado. Pocas veces podía poner los pies en el suelo; los pasos que daba papá eran enormes y cuando yo pisaba el suelo, trataba de llevar su ritmo. Cuando ya no pude soportarlo más, le supliqué a papá que me cargara; y así lo hizo. Creo que pensó que solo estaba cansado. No sabía que estaba tan contraído que tenía problemas para respirar. Hubo ocasiones muy agradables, pero, por algún motivo, solo recuerdo las desagradables.

Mis padres debieron asistir a un seminario en alguna parte, porque han cambiado. A partir de entonces, cada vez que hablan conmigo, siempre me paran en algo elevado para mirarme a los ojos y luego me tocan con suavidad. Esto es mucho mejor. Yo siempre trato de establecer un contacto visual con todos los niños; esto suele requerir que me acuclille para hablar con ellos, o les pida que se paren en algo que iguale nuestras estaturas.

Como la primera impresión siempre deja huella, a menudo me pregunto si la primera imagen que recibe un niño de cualquier adulto es la de un gigante, que, automáticamente, significa mayor poder y fortaleza. Este puede ofrecer un gran consuelo y apoyo, y también representa un gran peligro si lo comparamos con la impotencia y el tamaño diminuto de un niño.

Ya he hablado de esto, pero creo que es muy importante que lo repita. Cuando un adulto se encuentra con su hijo por primera vez, el bebé, de hecho, es muy pequeño e indefenso. Esto podría explicar la imagen que se forman los padres de un hijo diminuto e impotente, la cual podría prolongarse mucho más allá del momento en que esto deja de ser así. Es decir, el hijo o la hija, aun a los 18 años, siguen siendo "niños" pequeños e indefensos para sus padres, sin importar cuán crecidos o competentes sean como adultos. Del mismo modo, el hijo adulto podría aferrarse a la imagen de unos padres todopoderosos, aun cuando haya adquirido poder por derecho propio.

Considero que los padres que tienen conciencia de esta situación ayudan a sus hijos a descubrir su poder tan pronto como es posible. Sin este aprendizaje, un niño llegaría a convertirse en un adulto que parasita a los demás, trata de dominarlos o juega a ser dios, ya sea benevolente o maligno.

Los bebés experimentan todas las respuestas físicas de los adultos. Sus sentidos entran en funciones al nacer (tan pronto como limpian los orificios naturales); por lo tanto, es lógico suponer que el niño tiene la capacidad de experimentar lo mismo que los adultos. El cerebro del recién nacido interpreta lo que siente, aunque el niño no pueda expresar a los demás lo que experimenta. Si adoptamos este punto de vista, será más sencillo tratar los niños como personas.

El cerebro humano es una computadora maravillosa que siempre funciona para dar orden y lógica a los estímulos que recibe. Si el cerebro no encuentra una lógica, responderá con tonterías. Al igual que una computadora, el cerebro desconoce lo que no sabe; solo puede utilizar la información que ha recibido.

Suelo realizar el siguiente ejercicio cuando trabajo con los padres:

Pido a un adulto que represente a un bebé en su cuna, acostado boca arriba. No tendrá la edad suficiente para hablar, así que solo debe responder con sonidos y movimientos sencillos. Luego pido a otra pareja de adultos que se incline sobre el bebé, haciendo las cosas que deben hacer con un bebé y siguiendo las pistas que presente el niño. Cada adulto tendrá el papel del bebé, por turnos. Después de cinco minutos de esta interpretación de papeles, pido que cada adulto explique a los otros dos qué sintió mientras era un "bebé".

Luego, anuncio alguna interferencia exterior, como un teléfono o el timbre. Elijo el momento en que el bebé se encuentra más incómodo, y luego observo lo que

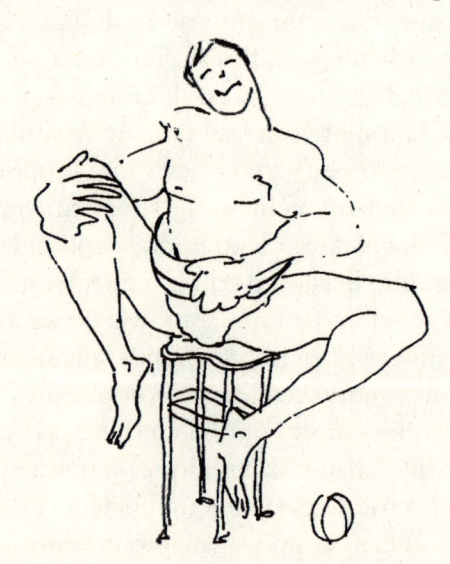

sucede entre los padres y el niño. Una vez más, pido a los actores que expresen entre sí las diferencias que ocasionaron las interrupciones. Hagan la prueba.

Esta es una forma muy sencilla de ayudar a que los adultos entiendan lo que podría sentir un bebé, y cómo el niño utiliza esta experiencia para crear sus expectativas de los demás.

El contacto de una mano humana, el sonido de la voz y los olores del hogar son experiencias con las que el bebé inicia su aprendizaje del nuevo mundo. La manera como un padre toque o hable al bebé, será el fundamento del aprendizaje de ese niño. El bebé tiene la obligación de desenmarañar todos los diferentes contactos, las voces y los olores de los adultos que lo rodean, y encontrar un significado. El mundo del recién nacido es muy confuso para él.

Creo que los niños se han formado expectativas claras cuando llegan a la edad de comer solos, caminar, controlar los esfínteres y hablar; más o menos contarán tres años. Después de esta época, los niños solo desarrollan algunas variaciones. En este periodo, aprenden a tratarse a sí mismos, a los demás, qué pueden esperar de los otros y cómo tratar al mundo de objetos que lo rodea. El diseño familiar adquiere entonces una importancia definitiva: ¿qué enseñar y cómo hacerlo?

El aprendizaje no ocurre en un nivel único; a la vez que un niño aprende a utilizar sus piernas para caminar, descubre cómo las otras personas lo perciben y las expectativas puestas en él o ella. A partir de esto, los niños aprenden qué pueden esperar de los demás y cómo tratar a otras personas. Los bebés también aprenden algo del mundo que exploran y la manera de conducirse en él: "¡No, no! No toques", o bien: "Toca esto; ¿has visto qué agradable sensación?".

Durante el primer año de vida, un niño debe asimilar más cosas importantes y distintas que durante el resto de su vida. El niño jamás volverá a enfrentar un aprendizaje tan abundante y tan variado en un lapso tan breve como este.

Hay tres áreas adicionales que complican mucho el cumplimiento del diseño familiar. Estos aspectos son como un témpano de hielo que se encuentra en el fondo del funcionamiento familiar. El primero es la ignorancia; alguien desconoce algo y, además, es posible que no se dé cuenta de ello, así que no tiene conciencia de la necesidad de averiguarlo. Los niños brindan mucha ayuda en este sentido si el progenitor se muestra abierto a sus comentarios. Estén alertas a la información que aporten sus hijos.

El segundo problema es que la comunicación puede ser ineficaz. Tal vez han enviado mensajes que desconocen, o quizá piensen que envían mensajes que en realidad no transmiten; así, no se comunican con sus hijos. Si vigilan las respuestas inesperadas de los demás podrán percatarse de esta situación. Muchos padres se muestran asombrados de lo que sus hijos aprenden de sus declaraciones aparentemente inocentes. Por ejemplo, conozco a una pareja de blancos que quería enseñar a su hijo la tolerancia racial. Un día recibieron la visita de un niño negro. Más tarde, el padre preguntó a su hijo: "¿Qué te pareció su pelo rizado?". Pero formuló la interrogante de manera que hiciera evidente la diferencia. Si los padres toman conciencia de la posibilidad de que se presenten estas situaciones, cuidarán más sus actitudes y podrían percibir lo que su hijo ha asimilado de ellas.

Recuerdo otra anécdota. Una madre habló largamente de las "cosas de la vida" a su hijo de seis años, llamado Alex. Varios días después, observó que el niño la miraba con expresión interrogante. Cuando le preguntó que sucedía, Alex respondió: "Mami, ¿no te cansas de pararte de cabeza?". Muy confundida, pidió que explicara la pregunta. "Bueno, ya sabes, cuando papi te pone la semilla". La madre olvidó profundizar en el proceso del coito, así que Alex desarrolló una imagen propia.

La tercera área del témpano es qué hacer con sus valores. Si dudan de sus valores, no podrán enseñar a sus hijos algo definido. ¿Qué pueden enseñar, cuando ustedes mismos desconocen el tema? Y si no tienen la capacidad de ser directos al abordar un problema, la situación podría convertirse en: "Haz lo que te digo, y no lo que yo hago", o bien: "No tiene importancia", o también: "¿Por qué me preguntas a mí?" o "Usa tu criterio". Cualquiera de estas respuestas podría provocar en el niño un sentimiento de injusticia o falsedad.

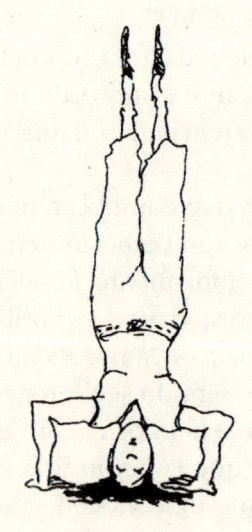

En el siguiente relato, podremos percibir otro mensaje inadvertido de un padre. Visité a una joven que tenía una hija de cuatro años; el teléfono sonó y mi joven amiga dijo, al responder: "No, no puedo ir hoy. Me siento mal".

La pequeña de cuatro años preguntó: "¿Mamá, estás enferma?".

Mi amiga contestó: "No, me encuentro bien".

La niña trató de resolver la evidente discrepancia: "Pero, mamá, le dijiste a la señora que llamó por teléfono que te sentías mal".

La madre repuso: "No te preocupes por eso".

Con estas palabras, la niña salió a jugar al jardín. A la hora del almuerzo, la madre la llamó para que entrara. La pequeña respondió: "No puedo ir, estoy enferma".

Entonces la madre fue al jardín, muy enfadada: "Ya te enseñaré a desobedecerme".

Intervine antes de que la madre castigara a la niña y la invité a acompañarme a un sitio aislado para charlar. Repetí los acontecimientos, mostrándole que la niña solo se limitaba a imitarla. La joven se dio cuenta de la relación creada, algo de lo que no se había percatado.

Sugerí que para resolver la situación original, habría podido decir: "No estoy enferma; le dije eso a la señora porque no quería verla y no deseaba ofenderla. Me cuesta trabajo decir 'no', así que mentí. Tengo que aprender una mejor manera de resolver estos problemas. Quizá podamos hacerlo juntas".

La madre no era un monstruo y la niña no era una chiquilla malcriada. Pero en este caso la niña habría recibido un castigo por aprender y utilizar algo que la madre modeló; de este modo, la pequeña habría tenido una experiencia que le haría desconfiar de su madre y ninguna de las dos sabría por qué.

Como dije antes, la información principal que queda incluida en el diseño familiar procede de las experiencias de tu familia. Todos los individuos a quienes dimos un nombre paterno o con quienes nos vimos obligados a tratar como padres, nos suministraron la experiencia que, de alguna manera, utilizamos en nuestra práctica de la paternidad. Sin embargo, todo tendrá un efecto en nosotros.

Quienes tenemos la libertad suficiente para entrar en contacto con nuestra sabiduría interior, contamos con otro recurso maravilloso. Es necesario tener el valor suficiente para confiar en esta sabiduría. Esto significa que estamos libres de juicios, culpas y conciliaciones. Estamos dispuestos no solo a nivelarnos, sino a correr riesgos.

15
Algunos elementos esenciales del diseño de la familia

Todo niño viene al mundo en un contexto y ambiente distinto del de los demás, aun cuando nace de los mismos progenitores. Las *influencias ambientales* se refieren a lo que sucede en el momento del nacimiento del niño y a las actitudes que se hallan presentes durante su desarrollo. Estas influencias son muy significativas en el diseño familiar.

La experiencia de la concepción, el embarazo y el parto a menudo proyectan sombras que contaminan el ambiente que rodea a un niño en particular. Si la concepción ocurrió en un momento inadecuado o en circunstancias indeseables, los padres podrían sentir ira, impotencia o frustración. Estas emociones suelen entorpecer la aplicación del diseño familiar.

El bebé podría convertirse en el símbolo de una carga; además, si la experiencia del embarazo estuvo acompañada de un prolongado periodo de enfermedad e incomodidad continua, y si hubo graves complicaciones para la madre, el niño o ambos durante el parto, es posible que se presenten efectos inhibidores similares. Como padres, quizá desarrollen temores innecesarios que les impedirán responder normalmente al niño, quien de esta manera se convertiría en un símbolo de sufrimiento o compasión.

Algunos bebés nacen prematuramente; otros lo hacen con la ausencia o inutilidad de algunas partes del cuerpo, y unos más nacen con impedimentos internos e intelectuales. Cuando esto sucede, la gente establece una relación con el bebé en términos de lo que se halla ausente o es inútil, fuera de toda proporción con el resto del niño. Una vez más, el diseño familiar sufre las consecuencias. A menudo el niño no es considerado como una persona, sino como un inválido, situación que, por supuesto, afecta sus respuestas y la forma como los demás respondan a él o ella.

Muchos niños también nacen cuando el padre está ausente durante largos periodos después del parto, tal vez porque esté cumpliendo con el servicio militar, una sentencia en prisión, un negocio en algún país lejano o internado en un hospital. Esto crea una diferencia para el niño desde el principio y prepara el terreno para desviar el curso de las relaciones familiares. Cuando regresa el padre, a veces tiene dificultades para encontrar un sitio importante en la vida del hijo, como lo ha hecho la madre. Cuando un hombre conoce a su hijo a los dos años, no puede pretender encontrarse en situación comparable con el adulto que le lleva dos años de ventaja.

Si alguno de los cónyuges ha muerto, abandonó el hogar o solicitó el divorcio en el momento del nacimiento del hijo, esto puede originar una relación exagerada entre el padre restante y el niño, lo que, a la larga, resultará en perjuicio de ambos. Las consecuencias no son inmediatas, pero es necesario tener conciencia de ellas y ser creativos para evitarlas.

Hay otras situaciones desagradables que pueden afectar la llegada del niño al mundo, como una muerte, enfermedad, el desempleo o problemas graves con algún otro miembro de la familia. Las presiones creadas por estas circunstancias suelen exigir que la atención de los progenitores se desvíe hacia otro sitio, y no se concentre en el recién nacido que requiere atención. Esto puede ocasionar negligencia e indiferencia —algo que los padres no pretendían que sucediera.

Por ejemplo, conozco a una mujer que ya tenía dos hijos, de veintiuno y diez meses, respectivamente, cuando llegó el tercero. Entonces se preguntó: "¿De dónde sacaré brazos y piernas para cuidar de este cuando ya tengo dos bebés?". Una mujer que esté en una difícil situación económica dirá: "¿Cómo voy a alimentar a este niño? ¡Ya tengo ocho!", o bien: "¡Por Dios, otro varón y ya tengo cinco!". Es posible que la familia no haya tenido hijos después de 15 años y de pronto aparece uno más.

Cada niño entra en la vida de sus padres cuando están ocurriendo otras cosas. Los adultos no siempre pueden controlar el momento de la llegada del bebé, y es posible que ese no sea el mejor mes o año para los progenitores. Nunca he realizado un estudio estadístico, pero no creo que muchos de nosotros hayamos aparecido en el momento ideal. Esto no nos convierte en niños rechazados, aunque muchos podríamos argumentar que fuimos "no deseados", si quisiéramos hacerlo. Lo más importante es que nos encontramos aquí.

Otra influencia ambiental es la del conflicto en la relación conyugal cuando llega el bebé. Quizás el matrimonio no ha sido una experiencia muy gratificante para la pareja; con mucha frecuencia esto provoca que los progenitores no pueden mostrarse sensatos y realistas con el niño. Considero que la armonía marital tiene una relación directa con la crianza exitosa. Si la situación personal de uno o ambos progenitores no es muy feliz, la autoestima de este individuo será baja y tendrá problemas para aplicar el diseño familiar con una actitud entusiasta y adecuada.

La llegada del primer hijo a la familia es un paso muy importante. Las circunstancias cambian por completo para la pareja. Ese primer hijo representa el medio por el cual los adultos descubren lo que significa la paternidad. El primer hijo es siempre un ensayo y recibe un tratamiento distinto al dedicado a los hijos siguientes. En muchos sentidos, el primogénito crea el contexto para los hijos que seguirán. El primer bebé es un verdadero conejillo de Indias y no creo que podamos considerarlo de otra manera.

He descrito los factores que pueden afectar el desarrollo del diseño familiar. En resumen, estas influencias ambientales son: la experiencia de la concepción, el embarazo y el parto; las circunstancias individuales de la familia; el estado del niño y la relación conyugal de la pareja. Hay otros factores adicionales que incluyen la relación de la familia con los abuelos y el grado de conocimiento de los adultos, sus medios de comunicación y su filosofía.

En cualquier ambiente y diseño, ciertas lecciones son indispensables para todo ser humano desde su nacimiento hasta que alcanza la madurez. Dichas enseñanzas caen dentro de cuatro categorías principales, las cuales, cuando se transfieren a la vida familiar, evocan las siguientes interrogantes:

- ¿Qué debo enseñar a mi hijo(a) sobre sí mismo(a)?
- ¿Qué debo enseñarle sobre los demás?
- ¿Qué debo enseñarle sobre el mundo?
- ¿Qué debo enseñarle sobre la vida y su origen, sobre Dios?

El proceso de enseñanza incluye lo siguiente: una idea clara de lo que debemos enseñar; que cada progenitor tenga conciencia de lo que está modelando; saber cómo interesar al compañero en la elección de un modelo de paternidad y la comunicación necesaria para que esto funcione.

En la familia ideal, los adultos demuestran su condición de seres únicos, su poder, su sexualidad, su capacidad para compartir mediante la comprensión, la bondad y el afecto, su sentido común, su naturaleza espiritual y el hecho de que son individuos realistas y responsables.

¿Hemos dicho ya que no es vergonzoso que seamos padres imperfectos? ¡No existen los progenitores perfectos! Lo importante es que nos esforcemos siempre por mejorar nuestra paternidad. Si eres sincero sobre el punto en que te encuentras, crecerá la confianza que tus hijos depositen en ti. A ellos les interesa la verdad, no la perfección, y es imposible que un ser humano juegue a ser Dios. Empero, hay muchos padres que se imponen esta terrible responsabilidad.

Jamás he visto familias perfectas, hijos perfectos y, de hecho, personas perfectas. Tampoco espero llegar a conocerlos. Las palabras clave son exclusividad, amor, poder, sexualidad, compartir, sensibilidad, espiritualidad, realismo y responsabilidad. *¿Puedes describirte en estos términos? ¿Tratas de enseñar a tus hijos a ser lo que no eres? Si tal es tu situación, es posible que este descubrimiento te lastime; pero si lo utilizas como una señal, podrías comenzar a realizar un cambio en tu familia.*

Una vez que un individuo realiza los aprendizajes necesarios, se presentan muchas cosas: la honestidad, la sinceridad, la creatividad, el amor, el interés, la energía, la competencia y la resolución constructiva de los problemas. Como seres humanos, valoramos todas estas situaciones, pues con ellas también podemos impartir más fácilmente la información que requieren todos los niños.

Una vez que, como adulto, asimiles la idea de que todo ser humano es una *persona* a cualquier edad —al nacer, a las dos semanas de vida, a los 15 años, a los 35 o a los 80—, tu labor como educador se facilitará. Tendrás más en común con tus hijos de lo que imaginas. Por ejemplo, la desilusión se presenta a cualquier edad, ya sea como un adulto que pierde el empleo o como un niño de cuatro años que extravía su juguete predilecto. El efecto de la pérdida será más intenso en un niño que recibe las airadas recriminaciones de una madre furiosa; sin embargo, la naturaleza de esta emoción no es distinta de los sentimientos de una mujer que ha recibido las recriminaciones del marido furioso, o viceversa.

Un niño experimenta muy pocas cosas que un adulto no haya vivido en su experiencia personal. Los niños se nutren de la certeza de que su mundo de esperanza, temor, errores, imperfección y éxitos es un mundo que sus padres también conocen y comparten. ¿Conoces a un adulto que no tenga ocasionales, y a veces frecuentes, sentimientos de desesperanza, temor, desilusión, o que no utilice mal su juicio y cometa errores? Sin embargo, muchos progenitores consideran que si manifiestan estas sensaciones menoscaban su autoridad. Si tú posees esta actitud, espero que trates de cambiarla; los niños confían más en la humanidad que en la santidad y la perfección.

Si quieres comprobar lo que digo, solo pregunta a tus hijos qué saben de tus emociones, esperanzas y desilusiones. Pregúntales qué opinan de hablar contigo cuando cometes errores y tal vez aprendas a resolverlos de otra manera: comunica a tus hijos tus emociones sobre las esperanzas, las desilusiones y los errores que ellos cometen. Esclarecerán muchas cosas con esta conducta, y el resultado será una nueva formación de vínculos.

Cuando un niño desarrolla un sentimiento de desconfianza respecto a los padres, esto se traduce en un aislamiento personal y en la experiencia general de inseguridad, desequilibrio y rebeldía. Cuando los adultos no reconocen y expresan su condición humana, y tampoco reconocen la humanidad del niño, la situación resulta muy atemorizante para este.

Ahora, volvamos al aprendizaje esencial; creo que no necesito explicar lo que pretendo decir con los vocablos *sensibilidad, compartir* y *realismo*; utilizo estas palabras de la misma manera como lo haces tú. Empero, cuando se trata de *exclusividad, poder* y *sexualidad*, quiero ahondar en ellas un poco más, no solo porque utilizo estos vocablos de una manera distinta a como lo haces tú, sino porque, además, es muy importante para el diseño familiar que entiendas bien estos conceptos. En el capítulo 22 hago un análisis más detallado de la *espiritualidad*.

Considero que la *exclusividad* o condición de unicidad es la palabra clave para la autoestima. Como dije en el capítulo de la pareja, todos nos unimos sobre la base de nuestras semejanzas y nos desarrollamos fundamentados en nuestras diferencias; ambos aspectos son necesarios. Lo que denomino la exclusividad o condición de unicidad del ser humano es la combinación de semejanza y diferencia.

Casi desde el principio, tu hijo y tú descubrirán que son distintos entre sí y de otros seres humanos en diversos aspectos. Recuerdo un ejemplo que he observado con frecuencia. Conozco a dos hijos de una familia; uno tiene 14 y el otro 15 años. Al chico de 15 le interesa el atletismo y prefiere pasar el tiempo ejercitándose; el de 14 está más interesado en el aspecto artístico de la existencia y prefiere dedicar su tiempo a ello. Estos niños tienen el mismo origen e igual inteligencia, pero poseen intereses que difieren.

Este es un ejemplo básico de la clase de diferencias a que me refiero. Por fortuna para estos chicos, sus padres respetan sus diferencias y los ayudan a desarrollarse en forma independiente.

Desde el punto de vista genético, cada niño es único aun cuando proceda de los mismos progenitores. El equipo con que nace cada niño, solo desde el punto de vista genético, difiere del de todos los demás. Así, cada niño presenta la oportunidad de una experiencia única para los padres a lo largo de su crecimiento y desarrollo.

Del mismo modo, cada pareja conyugal es distinta de las demás, y es innegable que su desarrollo no se interrumpe con el matrimonio y la paternidad. Una parte importante del aprendizaje es ayudar al niño a percibir las diferencias entre sus progenitores. Si los padres tratan de presentarse como iguales, pasarán por alto esta oportunidad vital. A mamá le gusta dormir hasta muy tarde y papá prefiere levantarse temprano, y los dos hacen lo correcto. La gente no tiene que ser parecida. Algunas diferencias hacen que la vida sea un poco más complicada, pero la mayor parte de ellas pueden aprovecharse constructivamente.

Si los bebés no reciben un tratamiento exclusivo desde el inicio de su vida, desarrollarán hábitos que les impedirán responder como personas íntegras. Tenderán a responder más como estereotipos de gente —controlarán sus diferencias por el bien de la conformidad y se verán acosados por gran diversidad de malestares físicos, emocionales, sociales e intelectuales—. Se verán impedidos hasta que aprendan nuevos medios para convertirse en personas íntegras.

Así pues, ¿cómo enseñarás a tu hijo las diferencias que le son inherentes? ¿Cómo vas a enseñar a los hijos a distinguir entre las diferencias positivas y las negativas? ¿Cómo les enseñarás a juzgar cuáles son las diferencias de los otros que deben fortalecer y en cuáles deben influir para crear un cambio? ¿Cómo podrás enseñarles que no deben destruir a los individuos diferentes ni admirar a quienes se apegan a las semejanzas? Como sabes, todos tenemos estas tendencias.

Todo lo que es extraño y diferente puede asustarnos, pero contiene la simiente del desarrollo. Cada vez que me encuentro en una situación nueva o extraña (que es otra forma de describir las diferencias), se me presenta una oportunidad para aprender algo que desconocía. No pretendo que todo sea agradable, pero no puedo evitar el aprendizaje.

Ya he dicho esto antes, y lo considero importante. Las diferencias no se resolverán con éxito a menos que podamos apreciar la similitud. Las semejanzas entre los individuos son menores en número, pero a la vez son básicas y fundamentales, previsibles y omnipresentes, aunque no siempre evidentes. Todo ser humano experimenta emociones a lo largo de su vida, desde el nacimiento hasta su muerte; cada uno puede sentir ira, tristeza, alegría, humillación, vergüenza, temor, impotencia, desesperanza y amor. Esta es la base sobre la cual establecemos una conexión con los seres humanos restantes en cualquier momento de nuestra vida.

- Los niños sienten.
- Los adultos sienten.
- Los hombres sienten.
- Los negros, mulatos, blancos y orientales sienten.
- Los ricos sienten.
- Los pobres sienten.
- Los judíos, budistas, protestantes, musulmanes y católicos sienten.
- La gente que tiene el poder siente.
- La gente que no ostenta el poder siente.
- Todo ser humano siente.

Tal vez esto no siempre sea manifiesto, pero así es. Y al tener la certeza de su existencia, podremos actuar de una manera distinta de la que solemos tener cuando respondemos solo a lo que es evidente. Los padres y terapeutas son más eficaces cuando están completamente convencidos de que todos los seres sienten.

Así, el desarrollo de tu sensación de exclusividad es fundamental para el desarrollo de la autoestima. Sin ese sentimiento de exclusividad nos volvemos esclavos, máquinas, computadoras y déspotas: dejamos de ser seres humanos.

Creo que ya estamos listos para hablar del poder. *El poder es fundamental para todo ser humano.* Para ser una persona eficaz, todos necesitamos desarrollar, en lo posible, nuestras capacidades. *Poder*, en el diccionario, procede de una palabra que significa "tener capacidad"; se define el término como la capacidad para actuar, la capacidad para producir un efecto, la fuerza física o la posesión del control, la autoridad o la influencia sobre los demás.

El poder corporal es el primero que desarrollamos. Casi todos recibimos con alivio la demostración del poder de los pulmones de un niño al nacer; significa que vive. Después nos alegran las manifestaciones de la coordinación física como son volverse, sentarse, caminar y sujetar objetos, así como el control de esfínteres; el niño está creciendo como esperábamos. En términos más simples, el niño o la niña aprende a controlar los músculos del cuerpo, y la finalidad última de este aprendizaje es controlar las respuestas del cuerpo para satisfacer nuestras demandas. Con el paso de los años he observado que los padres emplean una infinita paciencia para enseñar a sus hijos el poder corporal y se alegran ante las manifestaciones de un nuevo esfuerzo exitoso.

Creo que esto también es útil en la enseñanza de otras áreas del poder: utilizar la paciencia y responder con alegría y aprobación ante la expresión del poder recién adquirido de un niño. También es necesario desarrollar otras capacidades personales como la emocional, social, intelectual, material y espiritual.

Un individuo demuestra poder intelectual (pensamiento) en las tareas de aprendizaje, concentración, resolución de problemas e innovación. Esto es más difícil de enseñar, pero podremos hacerlo con el mismo placer que muestra un progenitor cuando su hijo, por ejemplo, da el primer paso. Así, el padre podría sonreír con orgullo y exclamar: "¡Mi hijo es muy inteligente!".

El poder o capacidad emocional del individuo se hace evidente en la libertad para sentir sus emociones de una manera abierta, expresarlas con claridad y convertirlas en actos constructivos. Muchas veces la enseñanza de esta capacidad provoca mucho temor, así que asegúrate de reconocerla en ti y de darte el permiso para enseñarla.

El poder material de un niño se manifiesta en la manera de aprovechar su entorno para satisfacer sus necesidades personales, a la vez que considera las necesidades de otros. Por desgracia, este poder suele verse reducido solo a la capacidad para trabajar. Aconsejo que busques oportunidades adicionales: la hora de juegos, de la siesta o al cortar flores para enseñar a tu hijo algo acerca del poder material.

Un individuo demuestra su poder social por la manera de entrar en contacto con otras personas, compartir con ellas y formar grupos para alcanzar metas comunes, así como en dirigir y seguir a dicho grupo. Esta es un área rica en posibilidades para que los padres expresen su alegría y aprobación.

El poder espiritual queda expresado en el respeto del individuo por la vida —la propia y la de los demás, incluyendo a los animales y la naturaleza—, con un reconocimiento de la fuerza vital del universo que llamamos Dios. Muchas personas limitan esta parte de su vida a una hora, más o menos, los domingos. Considero que casi todos sabemos que los seres humanos poseen un aspecto espiritual, una faceta que tiene que ver con su alma. En la actualidad pasamos por momentos muy difíciles en las relaciones entre los miembros de distintas razas, grupos económicos y generaciones. Muchos de estos problemas quedarían resueltos si desarrolláramos nuestro poder espiritual y estuviéramos dispuestos a ponerlo en práctica en un grado mayor.

Con el fin de enfrentar la vida con libertad y abiertamente, necesitamos desarrollar nuestro poder o capacidad en todas estas áreas.

Con las palabras que encontré en un diccionario, crearé adjetivos para definir el poder: capaz, activo, eficaz, potente, influyente, controlador y autoritario. Estos son los principales aspectos del poder. Pocas personas presentarían objeciones a los cinco primeros adjetivos; sin embargo, los dos últimos podrían tener connotaciones confusas o negativas. Estos son los vocablos que tienen mayor relación con el uso negativo del poder. La violencia es aún más extrema; es el uso destructivo del poder.

El *control*, la *responsabilidad* y la capacidad para *tomar decisiones* tienen que ver con el poder. Existen cuestionamientos que se nos presentan con frecuencia y que tienen relación con cuánto control tengo sobre mí, sobre ti o la situación en que me encuentro, y cómo utilizo este control. Si pretendo comprender cómo se desarrolla una situación entre dos individuos en un momento determinado, puedo estudiar tres aspectos.

El primero es el nivel de autoestima de cada persona (cómo me siento conmigo en este momento). El segundo es la respuesta de cada individuo a la otra persona (qué impresión doy con mi aspecto y el tono de mi voz, y con lo que digo), y el tercer punto es el conocimiento individual de los recursos disponibles en ese momento (dónde me encuentro, qué momento y lugar es este, en qué situación estoy, quién se halla presente, qué quiero que suceda y qué posibilidades existen en esta realidad). Al reunir todo lo anterior, podemos concluir lo siguiente:

- La autoestima de la persona A y de la persona B.
- La respuesta de A a B y de B a A.

- La concepción de A sobre las posibilidades existentes.
- La concepción de B sobre las posibilidades existentes.

Es aconsejable que aislemos las cosas que podemos controlar de las que solo podemos afectar. Yo tengo el control de mi voluntad para actuar o no, y del curso de acción que seguiré. *Soy responsable* de esto ante mí misma. No puedo responsabilizarme de lo que me presentan los demás, solo de mi respuesta a las circunstancias. No puedo responsabilizarme de la lluvia que cae y me moja; solo soy responsable de mi respuesta a la lluvia.

No puedo hacerme responsable de tus lágrimas; solo de mi respuesta a ellas. La clase de respuesta que yo tenga influirá en tu experiencia del llanto, mas no la determinará; eres tú quien debe hacerlo. Es posible que yo ejerza una poderosa influencia, ante la cual tú consideras que debes responder con llanto. Considero que cada individuo tiene la responsabilidad de tomar conciencia de lo que ofrece a los demás. Si tengo 28 años y soy tu madre, y tú tienes tres, mis respuestas a ti sin duda tendrán una influencia más intensa que si contaras 28 años y fueras un compañero de trabajo. Algunas situaciones y respuestas tienen mayor influencia que otras, y de mí depende tomar conciencia de esto. Lo anterior significa que tengo una responsabilidad ética y moral para tratarte con humanidad.

Creo que existe mucha confusión en torno a lo que es la responsabilidad y cómo podemos ejercerla. Me gustaría demostrar dónde me encuentro en mi ejercicio de la responsabilidad. Primero, no hay duda de que poseo todo lo que sale de mí: mis palabras, pensamientos, movimientos corporales y actos. Es posible que hayas influido en mí, pero acepto que tomé las decisiones de aceptar dicha influencia, así que eso es responsabilidad mía.

Lo que salga de ti es responsabilidad tuya y representa tu determinación de utilizar la influencia que aplicaste. Me vuelvo responsable cuando reconozco esto en su totalidad. Puedo utilizarte para que influyas en mí, pero yo solo tengo la capacidad para decidir mis actos fundamentados en esa influencia. Las tres excepciones a esta situación son cuando una persona es un niño, no tiene conciencia o sufre una grave enfermedad física. Además, solo tendré libertad para vigilar tu influencia si poseo un sentimiento de elevada autoestima.

Si no sabemos que somos nosotros quienes tomamos la decisión de utilizar todo aquello que influye en nosotros, nos sentiremos inseguros y caeremos en relaciones insatisfactorias en las que inculparemos a los demás, lo que hará que nos sintamos impotentes y más inseguros.

Quisiera señalar que un aspecto objetivo de la realidad no cambiará, necesariamente, debido a nuestras decisiones. Tomemos como ejemplo la realidad objetiva de la ceguera. Si tus ojos no pueden ver, no verán. Si pierdes el tiempo en culpar al mundo de tu ceguera, gastarás tu energía en despreciar a los demás y compadecerte y, en consecuencia, te marchitarás como ser humano. Por supuesto, en tanto actúes así no tomarás la responsabilidad de reconocer lo que es. Tan pronto como lo hagas, podrás invertir tu energía en actividades creativas y que permitan tu desarrollo personal.

He aquí el mismo tema en un ejemplo distinto.

Un marido grita a su mujer, a las 5:30 de la tarde: "¡Maldita tonta!". El hecho de que debiera, quisiera o, incluso, de que supiera lo que estaba diciendo es irrelevante para el hecho de que esto es algo que su mujer tendrá que resolver en ese momento. La mujer tiene opciones para responder, las conozca o no. Quizá su situación no sea más agradable que la ceguera, pero tiene opciones. Tal vez recuerden las posibilidades que se le presentan, mismas que analizamos en el capítulo sobre comunicación.

- "Lo lamento, tienes razón" (aplacadora).
- "¡No me insultes, estúpido!" (lo culpa a su vez).
- "Creo que, en el matrimonio, todos debemos esperar momentos como este" (calculadora).
- "El doctor Smith llamó y quiere que te comuniques de inmediato" (distractora).
- "Te ves muy cansado", o bien, "Me dolió que dijeras eso", cualquiera de estas respuestas sería niveladora. En el primer caso, estaría respondiendo al dolor del hombre; en el segundo, responde al sufrimiento personal.

Cada una de estas respuestas puede influir en la del marido. Como son distintas, pueden evocar consecuencias diferentes; pero una vez más, la respuesta de la mujer no determinará, necesariamente, la respuesta del marido.

Por desgracia, es innegable que en las familias suele suponerse que el control y la autoridad son, ante todo, territorios del padre: "Yo [el progenitor] te controlo a ti [mi hijo]". De esta manera, el niño no aprende a valorar las aplicaciones positivas del poder, y podría enfrentar situaciones difíciles similares en la vida adulta. Existen dos maneras de utilizar la autoridad y que podrían crear una diferencia en este caso. ¿El padre habla como un dirigente capacitador o como un líder autocrático? Si se expresa como un dirigente capacitador, es posible que pueda utilizar el control como una herramienta de aprendizaje, así como de implementación; esto también puede servir de modelo en el aprendizaje del poder.

Por otra parte, abusar del niño no le enseña mucho sobre el desarrollo constructivo del poder personal. El resultado más importante es una disminución de la autoestima infantil y nos encontraremos ante la creación de otro ejemplo del abismo generacional.

Empero, lo que suele asustar a los padres es el desarrollo del poder emocional de sus hijos —las emociones básicas de soledad, sufrimiento, amor, alegría, ira, temor, frustración, humillación y vergüenza.

- "No te enojes".
- "¿Cómo puedes amarla? Es [católica, judía, negra o blanca]".
- "Los niños grandes no tienen miedo".
- "Solo los bebés se quejan".
- "Si hubieras hecho lo que te dije, no te sentirías solo".
- "Deberías estar avergonzado".
- "No demuestres tus sentimientos".
- "Sé siempre formal".

Estos típicos comentarios son demostrativos del tipo de enseñanza que se practica en las familias en lo tocante a las emociones. Nuestras emociones son la experiencia personal de *sentirnos humanos*. Las emociones vibran con la energía vital. Con el fin de que nos sean útiles, necesitamos valorarlas, reconocerlas y disponer de medios adecuados de expresión. No puede haber un argumento válido para lo que sentimos. Un individuo siente lo que siente. El error más grande es utilizar el sentimiento como el fundamento primario de la conducta. ("Estoy enojado contigo, así que te golpeo".)

Por desgracia, son pocos los padres que han desarrollado tanto su poder emocional que pueden tolerarlo y estimular su desarrollo en los hijos. De hecho, el poder emocional es tan atemorizante, en apariencia, que suelen controlarlo de forma activa. Gran parte de este temor tiene sus raíces en la ignorancia.

Opino que, si los adultos supieran utilizar de manera constructiva su poder emocional, estarían más dispuestos a encontrar formas de desarrollarlo en sus hijos. Espero que lo que has leído hasta aquí esclarezca un poco el tema.

Esto nos conduce al aprendizaje esencial de la sexualidad. La familia enseña la masculinidad y la femineidad: *el sexo* en su sentido más amplio y en el estrecho sentido genital. Podemos dividir a los bebés según su sexo desde el momento del nacimiento, pero esto nada revela respecto a cómo se desarrollará y de lo que sienta hacia su sexo genital, o de la posibilidad de que encuentre la manera de vivir con lo que tiene en común con el otro sexo. Los hombres y las mujeres son diferentes, pero ¿cómo difieren y en qué consisten las diferencias? Mucho depende de las respuestas que den los padres a las interrogantes que plantee el niño. Parte del aprendizaje infantil emana de experimentar al progenitor cuando este responda a las preguntas. La manera como el progenitor ayude al niño a establecer su identidad sexual es un elemento básico del diseño familiar.

Cada uno de los progenitores representa un sexo y el niño cuenta con el modelo sexual de lo que puede ser. ¿Sabías que la identificación sexual de todo niño requiere la presencia de un papel femenino y uno masculino? Todo individuo contiene aspectos de ambos sexos; todo hombre posee potenciales femeninos y toda mujer tiene potenciales masculinos. Estoy convencida de que las diferencias reales entre hombres y mujeres son solo físicas y sexuales. Todas las diferencias restantes están impuestas por la cultura y varían de un grupo cultural a otro.

Ninguna mujer puede afirmar que sabe lo que siente un hombre, y no hay hombre que pueda decir lo que siente una mujer. Esto resulta evidente al darnos cuenta de que ninguna mujer sabe qué se siente utilizar y tener un pene, o el crecimiento del vello en su rostro. Del mismo modo, ningún hombre sabe qué sentiría al menstruar, estar embarazado o dar a luz. A lo largo de su vida, la mayoría de los individuos establecen una unión con el otro sexo, así que es importante que compartan esta información; cada elemento de la pareja debe enseñar al otro lo que es formar parte de su sexo. El padre enseña al niño lo que significa su condición de varón, la forma como el hombre considera e interactúa con una mujer; lo mismo hace la madre con su hija. A partir de esta enseñanza, el niño desarrolla una imagen de lo que es el varón y la mujer, y de la forma como ambos se relacionan entre sí. Por supuesto, puede presentarse gran confusión cuando los progenitores no comprenden esta situación, no se valoran como individuos sexuales o no consideran que cada sexo tiene un valor distinto, aunque equivalente.

Si el padre y la madre no tienen una actitud saludable para resolver sus diferencias (incluyendo las corporales), el niño recibe una idea poco clara de cómo debe apreciarse en su papel de varón o niña, y de cómo puede disfrutar y valorar al otro género. Para lograr esta integración, el niño necesita aprender con los adultos de ambos géneros. Esto requiere un esfuerzo mayor por parte de las familias de un progenitor o de progenitores del mismo sexo. Lo que pretendo decir es que debemos ofrecer a nuestros hijos un modelo de vida en el cual puedan experimentar su totalidad.

Lo más triste es que muchos progenitores no han alcanzado esta condición. Así pues, ¿cómo pueden enseñar a sus hijos algo que desconocen? El consuelo es que todos tenemos la capacidad de aprender a cualquier edad. Como decíamos en el capítulo de las reglas o normas, durante muchos años se consideró que los órganos sexuales eran sucios y vergonzosos, lo cual impedía resolver abiertamente la cuestión de masculinidad-femineidad. Un individuo no podrá hablar con franqueza sobre la condición masculina y femenina sin hablar de los genitales. En la actualidad, esta información se halla disponible en diversos libros y revistas.

Como un ente sexual, el niño en desarrollo aprende mucho en el hogar al ver cómo se tratan sus progenitores y con cuánta apertura y franqueza pueden abordar las situaciones de lo masculino y lo femenino. Si tú, como mujer, no valoras ni encuentras placer y felicidad en tu marido y su cuerpo, ¿cómo enseñarás a tu hija a apreciar a los hombres? Lo mismo puede decirse del padre. De alguna forma, se ha levantado el velo del secreto en lo tocante al tema sexual, de tal modo que los adultos que salen hoy de las familias son individuos más completos.

Otro aprendizaje que debe ocurrir es cómo los hombres y las mujeres se adaptan, cómo hacen que sus vidas individuales queden fundidas en una nueva unión —sexual, social, intelectual y emocional. En el pasado era muy sencillo provocar enfrentamientos entre hombres y mujeres: La famosa "lucha de los sexos"; esto era innecesario y muy incómodo. Muchas familias enseñan a las mujeres a ser serviles con los hombres. Dicen a la mujer que su función en la vida es ser útil al varón. Hay otros grupos familiares donde los hombres aprenden a ser siempre los siervos de las mujeres: deben protegerlas, cuidarlas, pensar y sentir por ellas, y jamás provocarles sufrimiento; algunos niños aprenden que los hombres y las mujeres son iguales en todo sentido y niegan el hecho de que exista una diferencia. Otros más aprenden que son distintos desde el punto de vista sexual, pero que tienen cosas en común y pueden unirse.

Utilizaré una comparación bastante conocida: cuando un plomero une dos tubos, es necesario que una parte sea más pequeña que la otra. Ningún plomero pierde el tiempo en preguntarse si un extremo es mejor que el otro; lo mismo se aplica a los hombres y las mujeres. ¿Puede establecerse un flujo entre ambos a consecuencia de su contacto, sin preocuparse por quién es superior?

En los estereotipos sexuales que determinan gran parte de la enseñanza sexual en las familias, se supone que la mujer debe ser suave, flexible y tierna, y no dura y agresiva. Se espera que el varón sea duro y agresivo, y no flexible y tierno. Considero que la ternura y la dureza son cualidades que todos necesitamos. ¿Cómo es posible que un hombre pueda entender la ternura de la mujer si no ha desarrollado esta cualidad? ¿Cómo puede la mujer entender la dureza del hombre si no la ha experimentado en su vida? Con estos estereotipos, puedes entender cuán sencillo es que los hombres consideren débiles a las mujeres, y que estas los califiquen de individuos crueles y bestiales. ¿Cómo es posible que una persona se una a otra, partiendo de esta base?

Según las estadísticas, los hombres viven menos tiempo que las mujeres, lo que considero puede atribuirse al hecho de que los varones suelen ahogar sus emociones más suaves. Los sentimientos suaves son la esencia de nuestro ser, pero se supone que un hombre nunca debe llorar o sentir dolor. Para adaptarse a esto, tiene que volverse insensible; también tiene reglas contra la ira, así que tampoco podrá desahogar sus emociones agresivas, aun de manera aceptable. Estos sentimientos se ocultan y provocan un conflicto con su cuerpo que, a la larga, conduce a elevada presión arterial y ataques cardiacos. He sido testigo de cambios sorprendentes en hombres que aprenden a entrar en contacto con sus emociones. Casi todos expresaron que tenían miedo de su violencia, pero al aprender a dar cabida a sus emociones más suaves, sus sentimientos de agresividad sirvieron para crear más energía en vez de destrucción.

Del mismo modo, si las mujeres consideran que solo pueden manifestar sus emociones suaves, se sentirán en peligro constante de ser pisoteadas. Así que buscan hombres que las defiendan a cambio de quedar cautivas en una camisa de fuerza emocional.

Cuando los seres humanos se aíslan de sus emociones más suaves, se convierten en máquinas peligrosas; si hacen lo mismo con sus sentimientos duros, se vuelven parásitos o víctimas. La familia es el lugar donde aprenden esto.

Hemos hablado mucho de la enseñanza, pero resulta evidente que no podremos enseñar a un niño lo que debe hacer en toda situación. Tenemos que enseñarles enfoques y perspectivas; por tanto, el progenitor tiene la responsabilidad de educarlo en la manera de abordar las cosas: ¿de qué manera utilizas qué cosa en este caso? ¿De qué forma en aquel caso? En otras palabras, los progenitores enseñan a utilizar el criterio cuando aplican un estilo de enseñanza que capacite al niño.

Conozco algunos relatos que ejemplifican este punto. Elías era un pequeño de cinco años que vivía en una población lejana; un día, su madre lo envió a comprar mantequilla. El niño se alegró de hacer algo por su madre, porque la quería mucho y sabía que ella le correspondía. Las últimas palabras de su madre fueron: "Cuida cómo traes la mantequilla". Elías marchó feliz a la tienda, cantando al caminar. Después de adquirir la mantequilla, recordó las palabras de su madre. Deseaba ser muy cuidadoso; jamás había comprado mantequilla. Pensó mucho tiempo y decidió llevar la mantequilla en la cabeza, bajo el sombrero. Hacía mucho calor y cuando llegó a la casa, la mantequilla se había derretido y le corría por la cara. Su madre exclamó, con tono de reproche: "Elías, ¿en dónde tienes la cabeza? Debiste refrescar la mantequilla en el arroyo, meterla en un saco y correr a casa para traerla". Elías se puso muy triste; había decepcionado a su madre.

Al día siguiente la mujer lo envió a la tienda para comprar un cachorrito. Elías estaba feliz; ya sabía qué hacer. Con mucho cuidado y detenimiento, enfrió al cachorrito en el arroyo y cuando el animal estuvo frío y rígido, lo metió en el saco. Su madre se mostró horrorizada. Con un tono más cortante, le recriminó. "No sé dónde tienes la cabeza. Debiste atarle una soga al cuello para traerlo a casa". El niño amaba mucho a su madre y ella a él, pero estaban sucediendo cosas terribles. Ahora Elías sabía muy bien qué debía hacer.

Al día siguiente su madre decidió darle otra oportunidad. En esta ocasión lo envió a comprar una hogaza de pan. Elías amarró el pan con una soga y lo arrastró hasta la casa entre el polvo del camino. Su madre lo miró con severidad y nada dijo.

Al día siguiente decidió acudir ella misma a la tienda. Acababa de hornear una tarta de cerezas. Antes de salir, dijo: "Cuida cómo caminas alrededor de la tarta de cerezas". Elías fue muy, pero muy cuidadoso, y plantó el pie derecho justo en el centro de la tarta.

Esta anécdota ejemplifica la triste situación que suele presentarse entre padres e hijos. El criterio es la decisión de lo que debe hacerse en determinado momento; no hay una regla que abarque todas las circunstancias.

Recuerdo un incidente casi trágico que ocurrió a dos jóvenes padres, Juan y Julieta, y a su pequeña de cuatro años, Alicia. Julieta me contó, entre furiosa y asustada, cómo Alicia atacó a Tomás, un compañero de escuela de los padres, quien fue a visitarlos en su casa. La madre dio una paliza a la niña, motivada, principalmente, por la vergüenza. Aunque Alicia jamás se había comportado de esta manera, el cambio de conducta fue tan radical que Julieta se preguntó si el ataque era una manifestación de tendencias criminales o psicosis. Recordó que su tío abuelo había sido un criminal.

Al analizar la información pertinente, apareció esta imagen. Como preparativo para la visita de Tomás, los padres le enviaron una fotografía reciente de la niña, pero olvidaron presentar a Alicia con Tomás por el mismo medio. Cuando llegó el invitado, Alicia jugaba en el jardín; él la conocía, pero ella no. Tomás se acercó a Alicia ruidosamente y trató de levantarla en brazos, a lo que Alicia respondió con patadas, gritos y mordidas. Julieta y Juan estaban muy avergonzados de su conducta, y Tomás se sintió furioso y lastimado.

Cuando hice notar que Tomás conocía a Alicia, pero esta no conocía al hombre, comenzaron a comprender la situación. El problema se resolvió cuando pregunté a Julieta y Juan cómo le habían enseñado a Alicia a responder a los desconocidos. Había habido casos de violaciones infantiles en la zona donde vivían, y Julieta y Juan le recomendaron a Alicia que si algún hombre extraño trataba de tocarla, debía luchar con todas sus fuerzas. Juan, incluso, llegó al extremo de hacerla practicar con él.

Juan llegó a la mitad de este relato, se interrumpió y se tragó sus palabras con vergüenza y una terrible sensación de vacío en el vientre. Alicia hizo justamente lo que le habían pedido que hiciera. Me recorrió un estremecimiento ante la posibilidad de que esta situación se repitiera en otros casos y jamás fuera corregida. Para Julieta y Juan, Tomás era un amigo; para Alicia era el extraño que trataba de tocarla.

Ahora me gustaría volver al aspecto del diseño familiar que es una parte fundamental de la vida, pero que rara vez comentamos: la muerte. Algunas enseñanzas sobre la muerte son ridículas: usa esta medicina o ese perfume, piensa así y no de otra manera, y quizá puedas engañar a la muerte. ¡Imposible!

Sé que para la mayoría es difícil hablar siquiera de este tema, y mucho más hacerlo de manera franca y abierta. Empero, la vida no tiene sentido a menos que consideremos que la muerte es un aspecto natural, inevitable y esencial de la existencia. La muerte no es una enfermedad o algo que solo ocurra a las personas malas. Nos sucede a todos.

Creo que un buen objetivo es hacer todo lo posible para evitar la muerte *prematura*; esto se logra mediante una mejor atención médica, mayor seguridad, mejores condiciones ambientales, relaciones interpersonales más satisfactorias y un mayor sentimiento de autoestima. Creo que la vida es un don muy preciado, y me gustaría vivir productivamente tanto como pueda. Quisiera ayudar a otros seres humanos a hacer lo mismo, y considero que la familia es el lugar ideal para comenzar mi tarea.

¿Qué dicen tus reglas sobre la muerte? Si has valorado a una persona que poco después muere, sufres una pérdida y vives un duelo. El duelo es un acto de amor que todos debemos realizar. ¿Tienes reglas para el duelo, o sobre la duración del mismo?

¿Te has percatado de cuánto misterio rodea a la muerte? Conozco a muchos adultos que tratan de evitar que sus hijos tengan contacto con la muerte; les impiden asistir a los funerales de los parientes y luego complican el problema al cambiar el tema de la muerte con comentarios como: "Abuelita se fue al cielo", sin volver a mencionar el asunto. Comprendo que muchos adultos creen que hacen un favor a sus hijos al "protegerlos" de este modo, pero me parece que, en realidad, les hacen daño.

Los niños que no conocen la evidencia de la muerte de un ser amado, y no reciben ayuda para vivir el duelo del fallecimiento e integrarlo a sus vidas, pueden desarrollar bloqueos graves en sus vidas emotivas. Podría escribir todo un libro con relatos de los adultos que jamás integraron las muertes de sus progenitores a sus vidas, en particular si los padres murieron durante la infancia de estos adultos. Estos individuos sufrieron un grave trauma psicológico.

Se presenta otra distorsión cuando los adultos que sobreviven convierten al muerto en una especie de santo. Esto perturba por completo la concepción que tiene el niño de la persona que murió.

Conozco a un jovencito, Jaime, quien tenía diez años cuando falleció su padre. Cada vez que Jaime mencionaba alguna experiencia negativa con el papá, su madre lo reprendía con severidad por hablar mal de los muertos. A la larga, esto provocó que Jaime borrara todos los recuerdos que tenía de su padre; luego desarrolló una imagen santificada del hombre, con la cual no podía establecer un parámetro ni utilizarla como modelo. Jaime desarrolló graves problemas para enfrentar la vida.

Conozco otro caso en el que cada vez que la niña hacía algo malo o cuestionable, la madre le decía que tuviera cuidado, porque su padre la miraba desde el cielo y podría castigarla. Como la niña creía esto a pie juntillas, comenzó a presentar ideas paranoides. ¿Puedes imaginar su impotencia al creer que no gozaría de intimidad en parte alguna, que siempre estaba siendo vigilada?

En cierta ocasión trabajé en un centro de tratamiento residencial para jovencitas. Me sorprendió constatar que muchas de las que habían perdido a un progenitor y no tuvieron la posibilidad de participar activamente en su muerte, se hallaban afectadas por graves conflictos de autoestima. También fue sorprendente que esta situación comenzara a cambiar cuando mostré a estas jovencitas alguna prueba de las muertes de sus progenitores; encontré obituarios, fui en busca de las personas que estuvieron presentes en el funeral, o llevé a las chicas al cementerio donde sus padres estaban enterrados. Luego, con su ayuda, reconstruí a los padres como personas. Representamos muchas veces las escenas de la vida previa a las muertes, y la muerte misma.

La muerte es una parte inevitable de nuestras vidas. Considero que la aceptación de la muerte convierte la vida en una experiencia real y gratificante.

Me temo que hasta que aceptamos la mortalidad, confundimos muchas cosas con la muerte y estropeamos la vida. Por ejemplo, hay quienes tienen tanto miedo a la crítica, que la evitan a cualquier precio. No creo que la crítica sea placentera; sin embargo, es necesaria y, a menudo, útil. Darle el tratamiento reservado a la muerte, es confundirla. ¿Conoces a alguna persona que haya intentado cualquier cosa por temor a la crítica? El miedo de cometer errores, de equivocarnos —en tal caso, cualquier temor puede confundirse con la muerte—. He oído que muchas personas tienen miedo de tantas cosas, que mueren un poco todos los días. El resto del tiempo, tratan de evitar la muerte, así que mueren antes de haber tenido la oportunidad de vivir.

La muerte es solo eso, la muerte; ocurre nada más una vez en la vida. En la existencia, no hay otra cosa que se le parezca, cuando hacemos esta distinción, entonces comprendemos que la vida es todo, excepto el acto de morir. Si actuamos de otra manera, solo estaremos fingiendo vivir.

La cuestión de la seguridad tiene una relación directa con el temor a la muerte dentro de la familia. ¿Cómo vas a enseñar a un niño que se mantenga a salvo y, al mismo tiempo, corra los riesgos necesarios para su crecimiento y expansión? Nadie quiere que su hijo muera, así que le enseña la cautela.

Por supuesto, no existe algo que sea cien por ciento seguro. He conocido a muchos padres que, temerosos, mantenían a sus hijos casi encadenados al porche de la casa. Entiendo el deseo de proteger a los pequeños; sin embargo, hemos sobrevivido a la infancia y seguimos aquí, así que debemos relajarnos un poco y ofrecer a nuestros hijos las mismas oportunidades que tuvimos de enfrentar los peligros de la vida. No sugiero que enviemos a un niño de tres años al otro extremo de la ciudad sin compañía, pero sí que observemos qué desean hacer nuestros hijos y seamos realistas al hablar de los peligros, en vez de exagerarlos o volverlos insignificantes.

Conozco a un niño de doce años, llamado Rafael, cuyos padres no le permitían andar en bicicleta más allá de seis kilómetros a la redonda, por temor a que lo mataran. Rafael era bueno conduciendo la bicicleta y muy cuidadoso, y este era su único medio de transporte. Consideraba que sus padres eran injustos así que, con una hábil mentira, llegó a un acuerdo con sus amigos para que lo ayudaran a salir del perímetro establecido. Su deseo de andar en bicicleta era una manifestación de su necesidad de desarrollar la independencia y la confianza en sí mismo. Sin embargo, tuvo que lograr su objetivo a costa de la sinceridad y corriendo el riesgo de recibir un castigo si lo descubrían en la mentira.

Me gustaría ver a un padre que pregunte a cada uno de sus hijos, al finalizar el día: "¿Qué peligro enfrentaste hoy? ¿Cómo lo hiciste?". Sería mucho mejor si el progenitor pudiera compartir la misma información.

Muchas veces me eché a temblar cuando mis hijas eran adolescentes y las observaba encarar un peligro. ¿Cuándo es real el deseo de protección, y cuándo es solo una manera sutil de tranquilizarnos? No es fácil determinar el momento en el que un niño se encuentra preparado para enfrentar nuevos peligros, pero, como padres, tenemos que hacerlo.

Recuerdo la ocasión en que mi segunda hija salió conduciendo el auto familiar sola por primera vez. Solo tenía 16 años, era solo una nena; pensé, Dios mío, ¿cómo se las arreglará con ese tráfico? Hay muchos borrachos al volante; podrían matarla. Además, solo teníamos un auto y ¿qué sucedería si lo destrozaba? ¿Qué pasaría si no estaba a su lado para dirigirla? Cuando logré salir de mi fantasía, el auto estaba destruido y ella tendida en la mesa del forense... en mi mente. En realidad, ni siquiera había salido por la puerta.

En otra parte de mi razonamiento, sabía que mi hija recibió un buen entrenamiento para manejar un auto. Yo había viajado con ella y condujo muy bien. Teníamos un seguro y confiaba en ella. Mas ninguno de estos razonamientos impidió que me echara a temblar cuando la vi salir por la puerta. No quería molestarla con mis temores, así que logré decir, con voz trémula: "¿Qué sientes ahora que vas a salir sola?".

Mi hija sonrió y repuso: "No te preocupes, mamá. Estaré bien".

Y, por supuesto, así fue. Más tarde tuvimos la oportunidad de comparar nuestros "interiores". Ella me dijo que sabía que yo estaba preocupada y que ella sentía lo mismo, y que agradecía que no la hubiese agobiado con mis inquietudes, ya que habrían empeorado su estado de ánimo.

Bien, quisiera terminar este capítulo con algo que mencioné en el capítulo sobre las parejas, es decir, los sueños. Los sueños y lo que hacemos con ellos —estimular y conservar vivos los sueños personales—, son elementos esenciales de nuestro diseño familiar. Los sueños de lo que seremos conforman un aspecto importante de nuestra vida infantil. Nuestros sueños son los faros que nos invitan a buscar un mayor crecimiento y más logros.

Tus sueños son las esperanzas que abrigas para ti. Cuando desaparecen los sueños, aparece la vida "vegetativa", la cual está acompañada de actitudes de indiferencia y resignación. Entonces, el individuo corre el riesgo de convertirse en máquina y envejecer prematuramente. La familia, triste, pero cierto, es el lugar donde fenecen los sueños. Esto lo aprendimos al hablar de la pareja: muy a menudo, las esperanzas individuales que florecen durante el noviazgo o cortejo mueren en la familia.

Los miembros de la familia pueden ofrecerse mutuo apoyo e inspiración para mantener vivos los sueños. "Cuéntame tu sueño y yo te diré el mío. Quizás entonces podamos ayudarnos a alcanzar lo que ambos anhelamos". Recomiendo que las familias se sienten a hablar abiertamente de sus sueños.

Esto puede ser muy importante para los niños. Es mucho mejor decir: "¿Qué podemos hacer todos para que tu sueño se vuelva realidad?", que algo como: "Déjame explicarte por qué no es práctico". Créeme, pueden suceder cosas muy emocionantes e inesperadas.

No aceptes lo que digo. Siéntate con tu familia y analicen, de una manera abierta, tus sueños y los de los demás. Descubran por sí mismos algo de esta emoción.

Recuerdo a una familia que hizo la prueba. Uno de los padres preguntó a uno de los hijos: "¿Qué quieres ser de grande?". Teo, un niño de cuatro años, dijo que deseaba ser bombero. Después de varias preguntas que demostraban interés, descubrieron que a Teo le gustaba apagar incendios; y que también disfrutaba con encenderlos. Le gustaban los camiones rojos, relucientes y brillantes, y también el aspecto de los hombres que viajaban en ellos.

La familia decidió que Teo no tenía que esperar a ser un adulto para convertirse en bombero. Le instruyeron sobre la manera de preparar y encender el fuego en la chimenea y su padre lo llevó a la estación de bomberos, donde tuvo la oportunidad de sostener una charla "de hombre a hombre" con los bomberos. Estos hombres le enseñaron diferentes maneras de apagar un incendio. El niño tuvo la oportunidad de inspeccionar un camión de bomberos. Todos los miembros de la familia obtuvieron algo al ayudar a que Teo realizara su sueño. Y su padre, quien tenía un sueño propio, invitó a Teo a que lo ayudara a instalar un laboratorio de química en casa. ¿Puedes hacer algo parecido?

¿Qué puedes hacer para mantener vivas la curiosidad y la imaginación, para estimular la búsqueda de nuevos significados, para encontrar nuevos usos para las cosas conocidas, y para aventurarte en lo desconocido en busca de cosas nunca vistas? Esto es lo que despierta el interés en la vida. El mundo está lleno de maravillas, de cosas sorprendentes, de posibilidades para explorar y enfrentar desafíos.

Los sueños ocurren en el presente. Es muy posible que una parte de casi cualquier sueño pueda realizarse *ahora mismo*. Aconsejo que la gente viva sus sueños tanto como sea posible. En ocasiones es necesaria la ayuda de otras personas, pero antes deben conocer ese sueño. Pon a prueba las posibilidades de lograr tus sueños. La realización de las pequeñas esperanzas nos ayuda a tener fe en los grandes sueños. La familia es donde todo esto puede ocurrir.

A lo largo de mi vida, he pasado de la radio a la televisión; de los modelos de Ford con manivela, a los lujosos y cómodos autos de hoy, que casi se conducen solos; de recorrer seis kilómetros hasta una pequeña escuela rural, a volar por todo el mundo en un avión, en cuestión de horas, y de hacer girar la manivela de un teléfono de pared para comunicarse con una persona llamada Central, al teléfono de hermosos colores y botones que establece comunicaciones casi instantáneas. Los seres humanos no solo han caminado en la Luna, sino que muchos niños utilizan microcomputadoras en la escuela y en casa y tienen la posibilidad de jugar con este fabuloso logro de la tecnología.

Mientras todo esto ocurría, no dejé de expandir mis conocimientos del mundo y de encontrar cosas nuevas que me asombraban, educaban y emocionaban. Todos estos acontecimientos son producto del deseo de los individuos que quisieron cumplir sus sueños. Por desgracia, todavía no contamos con suficientes soñadores que sepan hacer que el mundo de los individuos se desarrolle con el mismo ritmo. Mi sueño es que las familias sean sitios donde puedan desarrollarse individuos de elevada autoestima. Considero que, a menos que nos empeñemos en esta clase de sueños, nuestro final llegará muy pronto. Necesitamos un mundo que sea tan positivo para los seres humanos como lo es para la tecnología y la energía nuclear. Contamos con las herramientas necesarias; solo tenemos que buscar entre los sueños la manera de utilizarlas.

Me entristece la cantidad de adultos que han renunciado a sus sueños; puedo verlos en las familias que acuden a mí en busca de ayuda. Estos individuos son indiferentes y están resignados. "¿Qué importa?" y "En realidad, no tiene importancia", son las declaraciones que suelen salir de sus labios.

Conozco a algunos adultos cuyo interés en el desarrollo infantil les ha permitido satisfacer los sueños de sus hijos y, de este modo, interesarse en revivir o desarrollar los propios. Como seres humanos, utilizamos una pequeña parte de nuestro potencial. Espero que no dejen morir sus sueños. Si esto ya ha ocurrido, averigua si puedes recuperar tus preciados sueños del pasado, o inventar uno nuevo. Haz lo que puedas para realizarlos, siéntate a discutir y compartirlos con los otros miembros de tu familia, y solicita la ayuda de los demás.

16
La ingeniería familiar

Las cosas no suceden solas, dentro de la familia o en cualquier otra parte. En este capítulo hablaremos de la ingeniería familiar, la cual no es muy distinta de cualquier otra clase de ingeniería. En la familia, como en un negocio, para realizar una tarea se requiere la administración del tiempo, el espacio, el equipo, la energía y las personas; para iniciar el proceso de la ingeniería, es necesario que determines cuáles son tus recursos, los compagines con tus necesidades, y procedas a descubrir la mejor manera de alcanzar los resultados que deseas. Con este inventario también te darás cuenta de lo que no tienes, y entonces tendrás que encontrar la forma de conseguir lo que falta. Este es el proceso que he denominado ingeniería familiar.

Uno de los problemas que observo con mayor frecuencia es que los miembros de la familia tienen que hacer muchas cosas, responder a muchas demandas en muy poco tiempo. Una parte de esta carga puede disminuir si la familia encuentra métodos más eficaces para cumplir con todos los requerimientos de la ingeniería familiar. Da un vistazo a la manera como hacen las cosas.

Averigua, con regularidad, cuáles son los recursos específicos con que puede contribuir cada miembro de la familia. Cuando las personas crecen y aprenden más, aumentan su caudal de recursos. Mantén actualizada a tu familia realizando con frecuencia este inventario. Adopten la costumbre de preguntarse: "¿De qué somos capaces en este momento?". Si formulan la pregunta de una manera niveladora, obtendrán una respuesta real. La mayoría de las personas disfruta ayudar a los demás; lo que les disgusta es recibir imposiciones.

Los adultos, en especial, olvidan que los niños pueden ofrecer mucha ayuda. Cuanto mayor sea la participación de todos los miembros, mayor será la sensación de pertenencia individual en la familia y menos carga tendrá que soportar una persona en particular. Si tienes siete años, tal vez puedas ayudar a papá en la cochera; si tienes solo cinco, serás demasiado pequeño para hacerlo, pero puedes llevar los cubiertos a la mesa. Por otra parte, tal vez Juanito con cinco años está más capacitado que Enrique a los siete. Algunas familias limitan la ayuda con comentarios como: "Las mujeres no son lo bastante fuertes para...". "Los hombres no hacen...". Hay muy pocas tareas familiares que estén regidas por el género.

En las familias suelen desperdiciarse muchas de las habilidades de diversos miembros, en particular los niños. Se supone que estos "no pueden hacer" determinadas cosas, así que sus capacidades no se reconocen. Esto no solo entorpece el desempeño de las tareas familiares, sino que priva a los niños del aprendizaje de habilidades muy necesarias.

Habría menos padres y madres agobiados si solo permitieran y estimularan a los hijos, a temprana edad, a emplearse con mayor intensidad en las tareas de la familia. Una de las experiencias más gratificantes para cualquier ser humano es la productividad. Jamás sabrás cuán productivos pueden ser tus hijos si no les das la oportunidad de demostrar sus distintas capacidades.

¿Cómo utilizar la habilidad de Pablo, tu hijo de cuatro años, para moverse con agilidad? Quizá puedas emplearlo de mensajero cuando estés trabajando en el cobertizo de herramientas. ¿Cómo aprovechas la capacidad de Ana, de siete años, para sumar con rapidez? ¿Por qué no le permites llevar las cuentas de los gastos de la casa? Es posible que encuentres muchas situaciones en que tus hijos puedan ayudarte de verdad.

Todos sabemos que las familias viven en ambientes distintos. Algunas tienen grandes casas, otras son pequeñas, algunas disponen de abundante equipo y otras de muy poco. Los ingresos pueden variar enormemente y el número de sus miembros varía de tres a 17 o 18.

Dadas las mismas condiciones de vivienda, número de miembros en la familia, ingreso y aparatos que ahorren trabajo, algunas personas consideran que sus necesidades se encuentran satisfechas, en tanto que otras no piensan así. El aprovechamiento de nuestros recursos en un momento determinado también tiene que ver con lo que sabemos de dichos recursos, lo que sentimos hacia nosotros mismos y las personas con quienes vivimos. Dicho de otra manera, el destino del departamento de ingeniería depende tanto de la autoestima de los individuos, de las reglas familiares, de la comunicación y del sistema familiar, como de los proyectos de ingeniería y las cosas a realizar con dichos proyectos.

Analicemos primero la situación del empleo. Los empleos familiares suelen ser denominados tareas; aunque necesarios, estos empleos a menudo se consideran negativos, una cosa que "alguien debe hacer". Es innegable que estas tareas componen una parte importante del negocio familiar, y como tales, son fundamentales. Las personas que las realizan pueden recibir atención especial.

Me gustaría proponer algo parecido a lo que hicieron en el capítulo de las reglas o normas. *Siéntense a escribir una lista de todos los trabajos que deben hacerse para que la familia funcione. Elijan un secretario, como hicieron antes. En su lista incluirán cosas como el lavado de ropa, el uso de la aspiradora, la preparación de alimentos, las compras, la limpieza, la contabilidad, el pago de cuentas, el trabajo en empleos ajenos a la casa y demás. Si tienen mascotas o un jardín, tendrán que incluirlos también en la lista. Si un miembro de la familia requiere atención especial, inclúyanlo. Estas son las diferentes tareas básicas que deben realizar con regularidad, tal vez todos los días.*

Ahora consulten su lista y vean la forma como toda la familia puede realizar las tareas. Aprenderán algo al hacer esto. Quizá jamás se han sentado a analizar la imagen familiar desde este punto de vista.

¿Han descubierto que no cumplen con todas las tareas necesarias? Tal vez observen que realizan mal algunos trabajos, o que muchos de ellos son responsabilidad de una persona y los demás tienen pocas obligaciones. Si tal es su situación, es muy posible que un miembro de la familia se sienta privado de algo o frustrado.

Este ejercicio, practicado cada tres meses, ayuda a conservar la perspectiva del departamento de ingeniería familiar. En un negocio, es aquí donde entran en acción los expertos en eficacia. Tu lista, y lo que hagas con ella, puede servir de guía para la eficacia de tu familia.

Cuando lleguen al momento de decidir lo que debe hacerse, la elección del mejor plan de trabajo y la persona adecuada para realizarlo es la siguiente medida a seguir, y a menudo resulta muy complicado. ¿Cómo deciden quién puede o debe hacer qué cosa y aplicar distintos métodos en momentos diferentes?

En lo que he denominado el *método de edictos*, el padre decide utilizar la autoridad de dirigente y ordena que hagan una cosa. "¡Es así como debe hacerse, y basta!". Recomiendo que apliquen este sistema lo menos posible. Cuando lo hagan, asegúrense de ser congruentes o podrían provocar una rebelión entre los miembros del grupo.

A veces es más adecuado recurrir al *método del voto*, al estilo democrático en que la mayoría toma la decisión. "¿Cuántos quieren hacerlo de este modo?".

En otras ocasiones, lo que llamo el *método de la aventura* resulta ideal. En este enfoque de marcha a rueda libre, todos exponen sus opiniones, mismas que se comparan con la realidad para determinar qué es posible.

Hay situaciones especiales que ameritan el *método de la conveniencia*. Todos lo conocemos; en este sistema, la persona que se encuentra disponible es quien recibe la tarea.

Todos estos métodos se adaptan a ciertas situaciones. Lo importante es elegir el método que encaje mejor con las circunstancias particulares del momento. Tengan la expectativa de que todos cumplan su promesa; este entrenamiento es ideal para el aprendizaje de la responsabilidad.

La palabra que debes evitar es *siempre*. Muchas familias *siempre* utilizan el edicto, *siempre*, votan y demás. Y si *siempre* es un término que ensombrece la ingeniería familiar, alguien resultará dañado. También podrían caer en la conocida y desagradable situación del hábito arraigado, y exponerse a sufrir una rebelión abierta o encubierta.

Es necesario que los padres aprendan a decir "sí" y "no" con firmeza; y también, a veces, deben desarrollar la habilidad para preguntar: "Bien, ¿qué quieres hacer?". En ocasiones es necesario que posean la introspección necesaria para reconocer una situación en la que procede decir: "Esto es algo que tú debes resolver sin ayuda".

Por ejemplo, conozco algunas familias cuyos padres jamás toman decisiones; las opciones quedan siempre al albedrío de "los chicos". En otros grupos familiares no existe dirección alguna; todos pasan sentados largas horas para juzgar las situaciones, incluso si el padre debe usar camisas blancas para ir a la oficina.

Otras familias se rigen solo por el edicto paterno. Una vez más, ninguna de estas circunstancias es agradable; tenemos que recurrir al criterio: saber cuándo debemos hacer determinada cosa.

La variedad en la asignación de las tareas puede minimizar el aspecto de "obligación". Los adultos también deben aceptar el trabajo de los niños a su nivel, y renunciar a la expectativa de la perfección. Los niños que oyen el comentario: "Es un trabajo mal hecho", no pueden incrementar su autoestima.

Otro peligro es pretender que un proyecto, una vez realizado, permanezca vigente para siempre. Un ejemplo de dicha situación es pretender que un niño se acueste a las 8:30, invariablemente, sin importar que el chico tenga 13 o 14 años. Esta es una regla anticuada por lo que respecta al adolescente.

Sé que es muy tentador buscar la "única manera correcta" de hacer las cosas, y utilizarla siempre. Considero que los proyectos bien desarrollados incluyen un lapso de terminación específico: una semana, un mes, un año, a las 3:30 de la tarde, cuando mamá regrese o cuando midas diez centímetros más.

Cuando la familia es muy joven y el niño no tiene edad suficiente para caminar, algún adulto tendrá que cargarlo. Tan pronto como el hijo esté capacitado para caminar sin peligro, los padres deben favorecer esta conducta. El progenitor consciente aprovecha las manifestaciones del desarrollo de su hijo, y así el niño podrá hacer cosas sin ayuda e incluso participar de las tareas.

Un punto importante es impedir que la manifestación de desarrollo se distorsione. Cuando el niño aprende a caminar, lo hará con mucha lentitud y no podrá desplazarse a la velocidad de sus padres. Quizá el adulto se sienta tentado a cargarlo como un bebé y llevarlo en brazos por doquier, aunque el niño pueda hacerlo solo.

He aquí otro ejemplo. Cuando los hijos llegan a los diez años (y tal vez antes), quizá puedan aprender a planchar su ropa. No hay duda de que pueden ayudar con el lavado de la misma. Un niño de cuatro años puede poner a funcionar una lavadora. La familia creativa aprovecha todas las manos, los brazos, las piernas y los cerebros tan pronto como es posible, en el interés personal y de la familia.

Muchos niños me han dicho que consideran que los adultos siempre les dejan todas las tareas desagradables y reservan para sí las más placenteras; quizá tengan razón. Si esta situación se ha presentado en tu familia, cámbiala; valdrá la pena. No importa quién reciba la tarea desagradable, existen medios creativos, divertidos y amenos para cumplirlas. Quien deba realizar las tareas aburridas no parecerá muy contento mientras las desarrolla.

Una vez más, les pido que sean flexibles y permitan la variedad. La ingeniería de una familia permite que cada miembro de la familia tenga una prueba concreta de valor. Toda persona necesita experimentar la sensación de importancia, de ser tomada en cuenta, así como la de contribuir a lo que está ocurriendo. Un niño que se considera importante, también recibe la sensación de que sus aportaciones son valoradas realmente, son tomadas en cuenta y puestas en práctica por alguien que necesita ayuda.

Ahora hablemos del *tiempo familiar*. Todos disponemos de 24 horas de 60 minutos al día. Sin embargo, trabajamos, vamos a la escuela y tenemos muchas otras actividades que roban este tiempo a la familia. ¿Cuánto tiempo familiar tiene tu familia? ¿Cuánto de este tiempo invierten en el desempeño de las tareas familiares?

Algunas familias utilizan tanto tiempo para su *negocio* familiar que no tienen tiempo libre para disfrutar de los demás. Cuando esto sucede, los miembros de la familia suelen sentir que en el grupo familiar están agobiados de tareas: en este caso, la ingeniería familiar comenzará a sufrir deterioros.

He aquí una manera de evitar esta situación. Revisen su lista de empleos y respondan a dos preguntas: *¿Esa tarea es de veras necesaria? En tal caso, ¿podría realizarla con mayor eficacia o de una manera más amena?*

Es posible que al analizar el *porqué* realizan determinada tarea, descubran que se debe a que "siempre lo hacen", aunque no tiene propósito alguno. Si sucede esto, utilicen el criterio y dejen de actuar así.

Lo anterior nos conduce a las *prioridades*. Si el problema de la familia es que el negocio familiar disminuye el tiempo para que sus miembros disfruten de los demás, me parece que deben analizar con detenimiento sus prioridades.

Recomiendo que empiecen por las cosas necesarias. Elijan los empleos que son de vida o muerte: las necesidades de supervivencia. Luego, si lo permite el tiempo, podrán desempeñar tareas menos imperiosas. Por supuesto, esto significa que se encuentran en libertad de cambiar sus prioridades. Para entender esto, les pido que dividan el negocio familiar en dos categorías: ahora y después. Como resulta evidente, la categoría de ahora tiene la mayor prioridad. ¿Cuántos aspectos del negocio familiar se hallan en esta categoría? Más de cinco son excesivos. Encontrarán que cada día difiere del anterior en términos de lo que se encuentra en estas categorías.

La segunda categoría: "Sería agradable y podríamos hacerlo después", puede ser incluida si la situación lo permite.

Ahora veamos cómo invierten el resto del tiempo familiar. *¿De cuánto tiempo dispone la familia para establecer contacto con los miembros individuales? Del tiempo invertido en dicho contacto, ¿cuánto es agradable y produce satisfacción?* Cuando una gran cantidad de contacto resulta desagradable, hay problemas. En mi experiencia he observado que hay muchas familias en las que, cuando los miembros individuales han concluido sus tareas, pasan muy poco tiempo gratificante con los otros elementos del grupo, lo que favorece que estas personas consideren a las demás como una carga y se vuelvan indiferentes.

Todo individuo necesita pasar algún tiempo a solas. Uno de los llamados de auxilio de los miembros de la familia es tener tiempo para sí mismos. Las madres, en especial, se sienten culpables si tienen el deseo de estar a solas; consideran que están robando algo a su familia.

Debemos dividir el tiempo familiar en tres partes; el tiempo para que cada individuo esté a solas (tiempo personal); el tiempo para que cada individuo esté con otra persona (tiempo de pareja); el tiempo para que todos se encuentren reunidos (tiempo de grupo). Sería maravilloso que todo miembro de la familia dispusiera de estas variedades de tiempo cada día. Para lograr esto es necesario tomar conciencia de que es una situación deseable y, también, de encontrar la manera de hacerlo. Debido a las presiones externas, no siempre podemos disfrutar de estas tres posibilidades de tiempo.

Algunos factores adicionales influyen en la administración del tiempo de ciertas familias. Unas tienen que organizar el tiempo en términos de la forma como se ganan la vida. Las personas a veces laboran turnos nocturnos, como sucede en los negocios de autobuses y aerolíneas, que funcionan todo el día. La gente que trabaja horas especiales debe inventar nuevas formas de participar en la planificación de la familia y el negocio familiar.

Muchas familias incluyen a un progenitor que viaja durante largos periodos. Esta situación puede ocasionar graves tensiones en la familia, a menos que sus componentes conserven un magnífico sistema de comunicación y aprovechen al máximo el tiempo cuando el viajero se encuentra en casa. De lo contrario, esta situación será de mucha presión para el progenitor que se queda en casa, disminuyendo sus posibilidades de tiempo personal y, a veces, orillándolo al consumo de sustancias químicas, relaciones extramatrimoniales, o excesiva indulgencia o rigidez con los hijos.

Otro factor importante es el tamaño de la familia. Cuanto mayor sea el grupo, más complicada resultará su ingeniería. La administración del tiempo será fundamental. Para que las familias puedan entender este aspecto especial de la ingeniería, he creado un inventario de tiempo/presencia.

Pide a cada persona que lleve un registro de su localización en determinados momentos durante dos días, uno de ellos durante el fin de semana y el otro durante la semana de trabajo. En una hoja de papel para cada miembro de la familia, traza divisiones de espacio según las horas del día, desde el momento en que se levanta de la cama hasta la hora en que vuelve a acostarse por la noche.

Si la primera persona se levanta a las 5:30 de la mañana y la última abandona el lecho a las 12:00 del día, tus hojas quedarán divididas de la siguiente manera:

5:30 a.m.	12:30 p.m.	7:30 p.m.
6:30 a.m.	1:30 p.m.	8:30 p.m.
7:30 a.m.	2:30 p.m.	9:30 p.m.
8:30 a.m.	3:30 p.m.	10:30 p.m.
9:30 a.m.	4:30 p.m.	11:30 p.m.
10:30 a.m.	5:30 p.m.	12:00 a.m.
11:30 a.m.	6:30 p.m.	

Pide a cada miembro de la familia que anote su localización a estas horas del día. Al día siguiente, una persona reúne toda la información para demostrar, de manera muy exagerada, qué oportunidades tuvo cada miembro de la familia para disfrutar del tiempo personal, tiempo de pareja o tiempo de grupo.

Recuerdo que una mujer comentó, después de hacer su inventario: "Por Dios, ¡no en balde me siento tan sola! ¡Solo veo al gato!" (su familia era muy activa). De hecho, las familias que he visto rara vez disponen de más de 20 minutos al día para reunir a todos sus miembros y compartir el tiempo de grupo: lo más frecuente es que el tiempo sea de 20 minutos a una hora a la semana. Esto significa que el negocio familiar debe realizarse en 20 minutos, casi siempre a la hora de la comida. Todos deben comer; realizar transacciones de negocios del pasado, presente o futuro con los demás, y atender cualquier cosa que se presente durante ese tiempo, como llamadas telefónicas, visitas inesperadas o el accidente del niño más pequeño. Esta carga es excesiva para resolverla en 20 minutos, y mucho mayor para quienes desean incrementar su conocimiento, conciencia y satisfacción de los demás.

Si una familia realiza sus transacciones en ausencia de uno de sus miembros, es muy posible que se multipliquen los malentendidos. Por supuesto, esto suele suceder con frecuencia. Cuando se presenta esta situación, es posible minimizar los problemas si alguien toma la responsabilidad de observar con cuidado lo que sucede para después ofrecer un informe detallado y claro al miembro ausente; por ejemplo: "Anoche, cuando trabajabas de niñera, mamá nos dijo que pensaba buscar un empleo de tiempo completo. Queríamos que lo supieras para que pienses cómo te afectaría esto".

Cuando reconocemos que es importante que todos los miembros de la familia estén informados del negocio familiar, podemos adoptar la costumbre de ver quién se halla ausente y encontrar la manera de transmitir la información. Los métodos para lograr esto incluyen el nombramiento de un reportero o hacer anotaciones escritas. Esto reduce en forma importante la situación enajenante de: "No lo sabía" o "Hacen las cosas a mis espaldas".

Pasar la información es solo una manera de sustituir la presencia real; sin embargo, es útil. Si se ha deteriorado la confianza entre los miembros de la familia, lo más adecuado sería realizar las transacciones del negocio familiar cuando todos los elementos estén presentes, al menos hasta que se recupere la confianza general.

Si la familia acostumbra a realizar transacciones sin contar con la presencia de todos los miembros, y dispone de poco tiempo de pareja, es posible que algunos miembros conozcan a los demás a través de una tercera persona. A esto lo he denominado *conocimiento por rumor*. El problema con el rumor es que solemos tratarlo como si fuera un hecho.

Por ejemplo, los maridos suelen enterarse por las esposas de cómo son los hijos, y viceversa. En una familia, sin importar que un individuo experimente la realidad de los otros miembros, todos piensan que saben cómo son los demás. ¿Cuántos hijos conocen a sus padres a través de la experiencia personal con ellos? ¿Cuántos hijos conocen al padre a través de los ojos de la madre? Y puedes darte cuenta de lo peligrosa que podría ser esta costumbre. Se convierte en algo parecido al viejo juego de "teléfono descompuesto", donde alguien susurra algo al oído de la persona que tiene al lado, y esto se transmite a las personas restantes del círculo. Cuando la última persona informa lo que ha escuchado, casi siempre dice cosas muy distintas de las que fueron comunicadas al principio.

Esta comunicación por rumores suele presentarse en la familia. Cuando los grupos familiares no se ponen de acuerdo sobre el tiempo de grupo para realizar las transacciones del negocio familiar, esto es lo único que pueden hacer. En las familias conflictivas, esta forma de comunicación es muy frecuente. Sin embargo, no sustituye a la comprobación de las percepciones y hechos propios, a la posibilidad de ver y escuchar por uno mismo.

La comunicación afecta el buen funcionamiento de la ingeniería familiar. Por ejemplo, una mujer anuncia al marido que su hijo Antonio, quien se encuentra ausente, no cortó el césped ese día. El padre quizá considere que debe disciplinar a Antonio y tal vez proceda a hacerlo sin la información necesaria o considerar por qué él debe impartir disciplina.

Por supuesto, disponer de tiempo de grupo no garantiza que el negocio familiar se desarrolle sin problemas.

Cuando el grupo se encuentra reunido, ¿qué sucede? ¿De qué hablan? ¿Gran parte de la conversación se centra en los defectos de otras personas, en sermones impartidos por uno o más miembros sobre la manera como deben ser las cosas? ¿Acaso una persona monopoliza el tiempo con largas recitaciones de malestares y enfermedades? ¿Impera el silencio? ¿Nadie habla? ¿Todos permanecen callados en sus sillas en espera de una oportunidad para escapar?

Una forma de averiguar esto es hacer una grabación de la familia (las grabaciones de video son ideales) y luego reproducirla para el grupo. Otra manera de lograr esto es pedir a un amigo de confianza que se encargue de esta tarea. El ejercicio puede ser muy revelador y hará que todos se percaten de cuán sencillo es que no prestemos atención a la forma como se desarrolla el proceso familiar.

¿Consideras que pueden aprovechar este tiempo para volver a conocer a los miembros de la familia, para entrar en contacto con lo que es la vida de cada uno de ellos en la actualidad y, tal vez, para saber cómo fue este día? ¿Es este el momento en que pueden emerger y manifestarse las alegrías y frustraciones individuales, así como los fracasos, sufrimientos y heridas?

¿Pueden hablar de nuevos planes, crisis actuales y otras cosas parecidas?

Pocas familias se dan cuenta de que, como grupo, todos los días pasan por un proceso de división y reconciliación. Cada individuo abandona a los demás y luego regresa. Mientras se encuentran separados, la vida continúa; al reunirse al finalizar el día, tienen una nueva oportunidad para compartir lo ocurrido en el mundo "exterior" y renovar su contacto mutuo.

Un día típico de muchas familias podría ser así: el padre se levanta, digamos, a las 6:30; se afeita, toma un baño y luego baja a la cocina, donde su mujer dispuso la noche anterior todo para el café. Es posible que coma un poco de cereal. Cuando está listo para salir, se despide de la esposa.

Ella se levanta como a las 7:15 y prepara el desayuno del niño de seis años, quien debe abordar el autobús de las 8:00. Entre tanto, la hija de 14 años se levantó temprano y salió a correr. Saldrá de casa para ir a la escuela a las 8:30.

Entre las 7:15, cuando se levanta la madre, y las 7:45, el segundo hijo, un varón de doce años entra en el baño para arreglarse. Aparece en la cocina justo cuando el hermano menor empieza a desayunar. Como no terminó sus deberes escolares la noche anterior, el niño mayor se sienta al otro extremo de la mesa; los dos deben abordar el mismo autobús. Permanecen en silencio, pensando en lo que sucederá ese día en el colegio.

Mamá está en la cocina, diciendo a los niños que coman.

Vigila el reloj y teme que sus hijos se retrasen. Por último, el hijo mayor se levanta, besa a la madre en la mejilla y el menor dice: "Adiós, mamá". La hija vuelve de su carrera, se prepara para asistir a la escuela y se marcha a pie. Unos minutos después, la madre sale a trabajar. Todos han abandonado el hogar.

En pocas horas, los miembros de la familia empiezan a regresar. El hijo de seis años vuelve a las 2:30 de la tarde y va a visitar a un vecino. La madre vuelve a casa a las 3:00 y telefonea a la vecina, quien le dice que su hijo se encuentra allí. Luego se ocupa del lavado de la ropa que tenía pendiente. Después de todo, el marido necesita camisas limpias, y los niños ya no tienen ropa interior.

El chico de doce años asistirá ese día a una reunión de los niños exploradores; la adolescente de 14 tendrá una práctica de atletismo.

A las 6:00, cuando el marido vuelve a casa, el niño de seis años ha vuelto después de jugar, el de doce salió con los niños exploradores y la de 14 avisó que volverá a casa a las 7:30. La mujer, el marido y el hijo de seis años cenan de prisa; la charla gira en torno a las cuentas que deben pagar.

Luego el padre sale a jugar a las cartas. La hija vuelve a casa antes que el padre regrese, y se encuentra dormida cuando el hombre llega. El padre pasó todo el día sin compartir algo importante con sus hijos; aunque está ocupado, le interesan los niños y quizá pregunte a su mujer cómo están. Por supuesto, ella tampoco sabe gran cosa: los ha visto en pocas ocasiones. Lo que comunica está basado más en sus percepciones que en experiencias u observaciones reales de los hijos. De esta manera, pueden transcurrir muchos, muchos días.

Estos días constituyen un desfile incesante de contactos a medias. Así, es fácil perder la pista de las personas y las relaciones. La separación puede ser continua y prolongada, y la consecuencia es que los individuos se sentirán aislados de los demás. He trabajado con familias que no pudieron reconciliarse hasta que llegaron a mi consultorio.

Quienes se encuentran en esta situación saben que, aunque viven juntos en la misma casa, no han tenido grandes experiencias comunes. Es aconsejable que se reúnan una vez al día para que todos tengan un punto en común con los demás. En las agitadas vidas que todos tenemos, *esta clase de encuentro debe proyectarse. No podemos dejarlo a la casualidad.*

Creo que la idea de que las familias viven unidas es más una ilusión que la realidad. Esto me permite entender gran parte del sufrimiento que observo en los grupos cuya comunicación por rumores y contactos a medias ha trazado el camino para toda clase de distorsiones sobre las cosas que suceden, realmente, en la familia. Al llenar el inventario de tiempo/presencia, darán el primer paso para esclarecer cuánto de tu concepción de la familia es una ilusión y qué parte es real. Con un poco de organización, y una vez que determines el problema, podrás crear oportunidades para establecer un verdadero contacto con los miembros de tu familia. Quizá también puedas realizar algunos cambios.

Otro aspecto muy importante en el buen funcionamiento de la ingeniería familiar tiene que ver con la manera como cada persona experimenta el tiempo. Por ejemplo, si a ti te emociona un acontecimiento inminente, el tiempo pasa con gran lentitud; cuando estás ocupado y participas en algo que te agrada especialmente, el tiempo vuela. La experiencia del tiempo medido no tiene una relación directa con el tiempo personal; cuando los minutos pueden parecer una hora, o solo unos segundos. Las diferentes experiencias del tiempo entre los miembros de las familias tienen relación con la forma como se hacen las cosas.

Experimentar el tiempo es un aspecto importante en la predicción del mismo; la predicción del tiempo es elemental para cumplir con los compromisos y las instrucciones. Muchas personas tienen conflictos con los demás porque uno suele llegar tarde. Concluir de inmediato que quien se demora lo hizo para fastidiar, no es necesariamente correcto. Más bien podría ser que ese individuo experimenta el tiempo de forma diferente.

A menudo criticamos a los niños por llegar tarde; y muchas familias tratan de resolver esta situación castigando, en vez de enseñar.

Empero, cuando llegamos al mundo desconocemos la forma de prever nuestro tiempo. Esto es algo que aprendemos poco a poco, a lo largo de mucho tiempo. Considero que el aprendizaje de la naturaleza y el uso del tiempo es muy complicado. Incluso, muchos adultos tienen problemas para entenderlo.

Solo pensemos en todos los factores que debemos tomar en consideración para anunciar, a las 8:00 de la mañana: "A las 5:30 de hoy estaré en tal lugar". Una vez dicho esto, debemos enfrentar el proceso constante de selección, rechazo y resolución de todas las situaciones que se presenten durante el día para llegar a tiempo. ¿Cómo satisfacer las demandas de tiempo del día? ¿Podemos tener la certeza de las circunstancias de transportación? ¿Qué medidas adoptamos para incluir las posibles interrupciones? Tenemos que conocer lo suficiente de la forma como este día puede desarrollarse para que, a las 8:00 de la mañana, podamos asegurar, a nosotros mismos y a los demás, que llegaremos a determinado sitio a las 5:30 de la tarde. Si lo piensas un poco, esto es un verdadero milagro.

Piensa en ti y tu relación con el tiempo. Retrocede y revisa el inventario de tiempo de tu familia. Si la complejidad del uso del tiempo estuviese mejor entendida, la gente se mostraría más comprensiva y menos inculpadora. Entre tanto, me atrevería a apostar que, en muchísimas familias, pedimos a los niños que administren el tiempo de la forma como los adultos tampoco pueden hacerlo.

Muchos padres de familia, hombres y mujeres, se meten en problemas al tocar este punto. Llegan al acuerdo de tener la cena lista a las 5:30 de la tarde; sin embargo, al transcurrir el día alguien llama por teléfono o va de visita. O el progenitor descubre que hay algo que debe limpiar, o queda absorto en la lectura de un libro. De pronto, son las 5:30 y la cena no está lista. Esto provoca situaciones irritantes. Hay quienes llamarían holgazana o irresponsable a una persona así.

La manera como un individuo experimenta el tiempo depende de la conciencia, la motivación, el conocimiento y los intereses; esto es un aspecto de la exclusividad de cada persona. Un factor importante en toda relación es conocer cómo cada individuo utiliza el tiempo —no hay dos personas que lo hagan del mismo modo.

Si utilizáramos los horarios como una guía útil en vez de una prueba de la personalidad, podríamos eliminar algunas de las dificultades de la programación. Después de viajar miles de kilómetros por aire, he descubierto que un avión que estaba programado para despegar a las 3:47, a veces no lo hace hasta las 8:10; por esto, he desarrollado una guía personal que dice: utilizaré mi criterio para establecer compromisos de tiempo. Luego haré todo lo posible para cumplirlos. Si las cosas no se desarrollan de tal manera que me permitan cumplir con mis compromisos, y no puedo cambiar las circunstancias, no me atormentaré por ello.

Fui educada con la idea de que el tiempo es sagrado; si llegaba tarde, me castigaban. No importaba lo demás, *tenía* que llegar a tiempo. Por supuesto, resultó que, con mucha frecuencia, llegaba tarde. Ahora, con mi guía personal, las cosas fluyen con facilidad. Rara vez llego tarde y he dejado de pelear conmigo misma.

Sin saberlo, el reloj dirige nuestra vida. En vez de ayudarnos, nos esclaviza. Nuestras actitudes hacia el tiempo influyen mucho en nuestra eficacia para desempeñar una tarea.

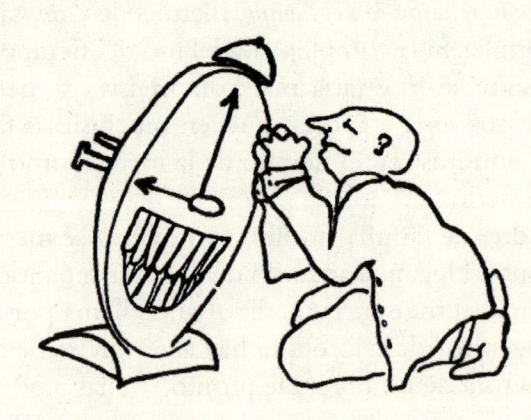

Por ejemplo, muchas personas se adhieren a un plan rígido de comidas. Esto significa que a cierta hora todos deben presentarse a la mesa y el cocinero debe servir la comida. Por desgracia, quizá no todos tengan hambre, y la persona que cocinó tal vez piense que quienes no comen con apetito en ese momento, no lo aman. Sé que esto ocurre a menudo, y para no ofender al cocinero, los miembros de la familia engordan y vomitan después de comer.

El hecho de no comer no tiene que ver con el afecto por el cocinero, sino con el apetito que sienta el individuo. No quiero decir con esto que la gente deba comer o no; para mí, lo importante es que todos hagan lo que consideren adecuado. Si no tienes hambre, entonces no debes comer mucho; si estás hambriento, comerás más. El tiempo del reloj y el tiempo personal no siempre coinciden. Las personas felices son flexibles ante este dilema.

Rara vez coinciden dos personas que se encuentran en el mismo punto al mismo tiempo; esto se aplica al sexo y a la comida, y también a los deseos y anhelos. Cuando la gente toma conciencia de que puede encontrase en estados distintos en momentos diferentes, hace concesiones. En vez de sentirse rechazada, suele negociar para alcanzar un acuerdo. Quizás esto no siempre represente las preferencias personales de todos los interesados, pero las dos partes tendrán la posibilidad de recibir algo.

Conozco a una mujer que a veces le gusta salir de compras por la tarde; comunica su deseo al marido y este responde que está un poco cansado, pero que la acompañará si no le pide que sea un compañero muy interesante. Si ella acepta, a veces los dos terminan en un cine.

Debido a que el hombre pudo manifestar su fatiga, su sensación de haber participado en la decisión de ir de compras podría hacer que su energía fluya con mayor facilidad, y también terminaría por disfrutar de la película. No tiene la necesidad de pelear para decidir quién tiene el derecho de decir qué deben hacer, y tampoco accede solo para conservar la paz.

La idea de que tienes que estar donde yo me encuentro tiene un alto precio emocional. En contraste, si esta mujer dijera a su marido: "Quiero ir de compras, y será mejor que me acompañes", él quizás evite una discusión, pero sin duda no será un buen acompañante. Entonces ella se sentiría engañada y se desataría la lucha.

Si aguardamos a que los demás lleguen al mismo punto en que nos encontramos, tal vez debamos esperar toda la vida. Si necesitamos a otras personas corremos el peligro de desarrollar dificultades interpersonales. Si preguntamos a los demás dónde se encuentran y les comunicamos nuestra situación, habremos iniciado una negociación que acepta la realidad actual del individuo y obtendremos resultados más positivos.

La pregunta es: ¿Cómo comunicar a los demás nuestra situación, y cómo encontrar un sitio individual que beneficie a las dos partes?

Todo miembro de una familia necesita contar con cierto espacio y un lugar para tener intimidad, donde se encuentre libre de la invasión de los demás; no importa que sea grande o pequeño, el requisito es que sea privado. Para mí será más sencillo valorar y respetar tu lugar si tengo uno igualmente respetado y valorado; la sensación de que no poseo un sitio asegurado, hace que no me sienta importante. Y esta falta de seguridad personal conduce a la actitud de: "No me interesa, ¿y qué? ¿Qué importancia tiene? Yo limpio la cocina y tú vuelves a ensuciarla".

¿Cuántas veces, por ejemplo, has escuchado un acre comentario de un niño sobre la forma como otro se ha apoderado de sus cosas o invadido su espacio personal? ¿O conoces a un progenitor (quizá tuyo) que grite porque alguien movió un taburete del lugar "correcto"? Lo mismo se aplica a cualquier persona que busque algo que otro tomó y no volvió a poner en su sitio. Imagina lo que sientes cuando te preocupas porque alguien pierde una de tus pertenencias.

Es muy importante contar con la capacidad de administrar tus cosas y participar en las decisiones que afecten el modo y el momento en que los demás las utilizarán. Esto te brinda la sensación de que te toman en cuenta.

La experiencia clara y confiable de la posesión allana el camino que permite compartir; representa un mensaje de autoestima y, por tanto, elimina el temor de compartir. Considero que todo niño debe entender esto con claridad: "Esto es mío y puedo hacer lo que quiera con ello". Algunos padres, por ejemplo, compran un juguete a un hijo con la expectativa de que lo comparta con los demás, y luego se muestran irritados porque la situación no resultó como querían. Si el juguete debe pertenecer al hogar, ser compartido, deben manifestar esto desde el principio. Los conflictos suelen estallar porque ninguno de los hijos se siente seguro en lo tocante a la intimidad y la propiedad.

Para mí, compartir es la decisión que toma una persona de permitir que otra participe —en la propiedad, el tiempo, los pensamientos o el espacio—. Es otro de los aprendizajes complicados que requieren mucho tiempo para ser asimilados. La gente puede compartir solo cuando siente confianza. Los progenitores piden a sus hijos que compartan antes de saber hacerlo, y luego los castigan por los malos resultados. En estas familias, rara vez encuentro pruebas de que los adultos hayan aprendido a compartir con éxito.

A estas alturas, quizá hayas realizado el trabajo necesario que te permita escribir una lista clara y definitiva de las tareas indispensables para el funcionamiento en familia. Quizá también has tomado nueva conciencia de tus prioridades. La ingeniería no sería necesaria si no hubiera personas; la ingeniería solo existe debido a que mejora la vida de los individuos. Si empeora la existencia, entonces necesitarás una nueva ingeniería.

A través de lo que he pedido que enfoques en este capítulo, tal vez hayas encontrado nuevas ideas para aligerar tu carga y tener más esperanzas. Lo que cimenta la totalidad del aspecto de la ingeniería es un sistema de información eficaz y bien entendido, el cual funciona en un contexto de confianza y humanidad.

Para facilitar todo lo anterior, recomiendo una medición de la temperatura de la familia. He desarrollado este proceso para conservar claro el clima emocional de la familia (o cualquier grupo de individuos que trabaje o viva en comunidad), de tal manera que los negocios necesarios para el grupo puedan desarrollarse y permanezcan abiertas las líneas de comunicación entre sus miembros. El objetivo es manifestar con palabras las áreas de la vida que se encuentran presentes en todos nosotros, aunque a menudo no hablamos directamente de ellas. A falta de un término más apropiado, llamaré *temas* a dichas áreas.

El primer tema es el *aprecio*. Nos sentimos bien cuando compartimos nuestros sentimientos de aprecio por los demás y nosotros mismos. Para verbalizar estos sentimientos, necesitamos conservar en equilibrio nuestro entado interno. ¿Con cuánta frecuencia damos por sentados estos sentimientos y no los expresamos? Este tema nos capacita para enviar mensajes de aprecio conscientes y verbalizados.

El segundo tema abarca los aspectos *negativos* de la vida; quejas, inquietudes y demás. También poseemos estos aspectos. Mi conducta es invitar a la persona que tiene una queja a presentarla acompañada de una recomendación para el cambio. El siguiente paso será pedir ayuda para el cambio. Este enfoque es muy distinto de pretender que otra persona resuelva tu queja o te defienda.

El tercer tema se refiere a los *enigmas*, que son los vacíos que aparecen de manera natural cuando hay muchas personas reunidas. ¿Quién se atrevería a decir a los demás todo lo que está ocurriendo? Para eso se necesitaría un sistema de mensajes muy sofisticado. Incluso los negocios fracasan en este renglón. Para resolver el problema, debes darte el permiso de expresar tus enigmas. Los enigmas se presentan cuando las personas olvidan, se expresan mal o no escuchan con atención; casi nunca son consecuencia de la maldad de los individuos. Lo importante es conservar claras las cosas. Esta es una manera de hacerlo.

Debido a las interacciones entre los miembros de la familia y el mundo exterior, o entre otros miembros de la familia, los individuos por lo regular tienen *nueva información*, que representa el cuarto tema. A menudo esto tiene relación con los enigmas. Es más fácil recordar la nueva información que posees si cuentas con una estructura que te permita recordarla.

El último tema es el de las *esperanzas y deseos* personales, que son muy valiosos para cada uno de nosotros. Muchas veces nos engañamos porque preferimos no expresar con palabras cuáles son nuestras esperanzas y deseos, por temor a que no ocurran. Jamás sabremos qué puede ocurrir hasta que hayamos verbalizado nuestros deseos. Otro aspecto importante es que cuando te expreses con palabras, los miembros de la familia, que te aman, podrán ayudarte. Quizá puedas hacer lo mismo por ellos cuando expresen sus sueños. Todos participamos un poco en esto.

Estos cinco temas se presentan en el termómetro de nuestra temperatura familiar:

- aprecio
- quejas
- enigmas
- nueva información
- esperanzas y deseos

Crea un gran "termómetro" con estas cinco lecturas. Píntalo o recórtalo de un trozo de tela o fieltro. Trata de hacerlo muy colorido. Diviértete con él. Cuélgalo en la habitación donde tu familia suele reunirse y realicen "lecturas de la temperatura".

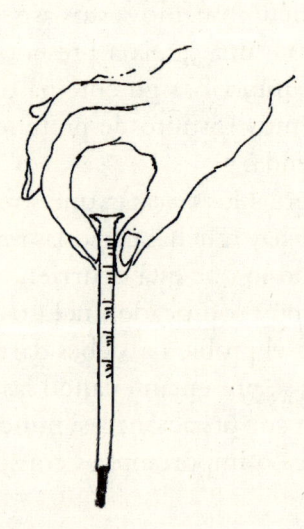

Invita a los miembros de la familia a ponerse cómodos, de preferencia en un círculo. Ten a la mano una grabadora por si quieres hacer una grabación y escucharla después. Acuerden el tiempo que invertirán en el ejercicio —media hora, 15 minutos o una hora. Nombren a un cronometrador. Pide a alguien que escriba las cosas que quizá no terminen y que puedan resolver después.

Mientras aprenden, es aconsejable que tomen los temas de la temperatura en orden. Por ejemplo, cada persona que así lo desee, puede hablar del aprecio. Luego solicita quejas y continúa con los temas restantes.

Es importante recordar que todo esto es voluntario; no todos tendrán algo que decir sobre cada tema en cada ocasión que organices una lectura de la temperatura. El objeto es escuchar y, cuando respondan, esclarecer y agregar información en vez de corregir o influir en los demás. Hagan lo mismo en los problemas difíciles.

Lo más importante es que todos los que deseen participar verbalicen los temas. Sean flexibles. ¡No se apresuren! Si todos los miembros de la familia se abrazan al principio de la sesión, esto podría servir como una muestra de buena voluntad. Si se abrazan al final, estarán dándose las gracias.

Al principio, sería útil que organizaran sesiones de lectura de la temperatura, por lo menos una vez a la semana. Después de adquirir cierta experiencia y cuando este ejercicio les resulte conocido, cómodo y útil, traten de organizar lecturas de diez minutos todos los días.

Dije que esto conservaría despejado el clima emocional. Las lecturas regulares de la temperatura levantan la confianza y la autoestima de todos los participantes. También continuamos con nuestro aprendizaje de los demás, y logramos sentirnos más unidos y libres. Observarás, como consecuencia, que tus labores de ingeniería también se vuelven más creativas.

17
La familia extendida

Todos conocemos el viejo proverbio: "Puedes elegir a tus amigos, pero no a los parientes". Los parientes políticos —abuelos, tías, tíos, sobrinas y sobrinos— son individuos que comparten contigo una relación legal, consanguínea o ambas. Existen debido a la naturaleza de las cosas, y es inútil desear que no tuvieran relación alguna con nosotros. Estos seres forman parte de la familia extendida de toda persona.

¿Te agradan tus parientes políticos, tus abuelos, nietos, sobrinas o sobrinos? En ese caso, debes tratarlos como personas reales, compartir críticas, dudas, sufrimientos y amor. También es posible que exista la situación opuesta: si tratas a tus parientes como seres reales, es posible que aprendas a disfrutar de ellos.

Todos los individuos poseen aspectos que podemos disfrutar en un momento determinado.

Empero, en muchas ocasiones conocemos a los parientes después de recibir el condicionamiento de las opiniones de otros. Por ejemplo, es común que los niños escuchen esta clase de comentarios de sus padres:

- "Tu padre es un tacaño".
- "Tu padre es un tonto. Hace todo lo que dice tu madre".
- "Tu madre jamás cuidará de mis hijos".
- "Tu madre solo quiere a sus nietos".

A veces, los progenitores dan indicaciones directas a los hijos, como estas: "Ten cuidado con lo que dices en presencia de tu abuela".

Así, es fácil comprender por qué los niños tienen ideas unidimensionales de sus parientes: antes de conocerlos, se los presentan en el papel de santos, demonios, cargas o insignificancias. Todo niño comienza por ver a los abuelos a través de los ojos de sus progenitores y esto presenta impedimentos muy importantes cuando tratan de percibirlos como seres humanos.

Es innegable que existen muchas trampas en torno a los parientes. En algunos casos, se desarrolla virtualmente una batalla; en otros, los individuos se limitan a equivocarse. Algunas personas tratan de resolver el problema existente mediante el enajenamiento. He oído que algunos dicen: "Quisiera que mis hijos conocieran a sus abuelos. A veces me siento mal al respecto; pero visitarlos me resulta muy doloroso".

O: "Mi madre siempre malcría a los chicos; sin embargo, quiero que la conozcan".

O bien: "Mi padre es muy parcial en su afecto por mi hijo e ignora a mi hija", o viceversa.

Tal vez hayas escuchado esta clase de comentarios y otros muchos; considero que son extensiones de los sentimientos que dicha persona no ha resuelto en su interior. Este individuo no solo no considera que los adultos de su familia son personas, sino que confunde a los parientes con sus papeles. Esto es muy frecuente.

Los cónyuges también actúan así en lo tocante a sus padres, al llamarlos "los viejos". Una vez que un individuo define a otra persona (como "viejo", "tía", "abuelo", o lo que sea), dejará de pensar que se trata de una persona. Estos calificativos conforman el ambiente en que se desarrolla la familia extendida. Así, pues, la brecha generacional se abre tanto entre padres y abuelos, como entre padres e hijos. He definido la brecha generacional como el área de enajenamiento que aún no ha sido resuelto.

Por otra parte, si los cónyuges se convierten en los iguales de sus padres, todos podrán tratarse como personas. Cada individuo recibirá el trato de un ser único y valioso; todos estarán dispuestos a respetar la intimidad personal, disfrutar los aspectos gratos de los demás y tratarán de cambiar los aspectos menos agradables de la vida.

Estos individuos adoptan el punto de vista de la *gente*, en vez del punto de vista del *papel*. Las parejas de la actualidad serán abuelos en 20 años; los hijos de hoy son los cónyuges del mañana y los abuelos del futuro. Mientras que esto sucede, existe *una Juana* que es esposa, *una Juana* que es madre y *una Juana* que es abuela; empero, no importa cuál sea su papel, siempre será Juana, la persona.

En otras palabras, el marido, la mujer, el padre, el hijo, el abuelo y el nieto son los nombres de los papeles que asumen estas personas a lo largo de su vida. Los papeles describen dos cosas: la manera como una persona se relaciona con las demás y cómo desempeña este papel en particular. María Concepción es mi abuela paterna; o María Concepción dice que Juana Díaz es su nieta, la hija de Enrique, su hijo. Cuando María y Juana se reúnen, ¿con quién se encuentran?, ¿son personas o papeles? Los papeles son estériles e imponentes; las personas son interesantes y humanas.

Una vez que el individuo se percata de esto, la situación resulta muy evidente; sin embargo, muchos no se dan cuenta. Detrás de todo papel nominal existe un nombre personal y dado —Alicia, Marco, Luisa o Alfredo y también una persona que desempeña dicho papel. Los papeles son como los distintos atuendos o sombreros que usamos, dependiendo de lo que hagamos en ese momento.

Veamos este ejemplo. Alicia, de 46 años, está casada con Ignacio, de 47. Alicia e Ignacio tienen tres hijos: Margarita, de 26; Alejandro, de 23 y César, de 17. Margarita está casada con Juan, de 30 años. Alejandro contrajo matrimonio con Anita, quien también tiene 23, y tienen un hijo. Cuando Ignacio se encuentra con Alicia, se llama esposo porque él y Alicia están casados y hacen juntos las cosas pertinentes a la pareja conyugal. Cuando está con Margarita, Alejandro o César, usa el sombrero de padre, suponiendo que hace algo que encaja con su idea de lo que es la función paterna. Cuando se encuentra con Juan y Margarita, es el suegro y hace cualquier cosa que exija su papel. Cuando está con los hijos de Margarita, es un abuelo.

Ahora, vamos a suponer que se encuentra en presencia de todas estas personas. Puede ponerse cualquier sombrero; empero, conozco a muchas personas que, cuando han alcanzado la situación de Ignacio en la vida, solo usan el sombrero del abuelo. Las partes que representan al suegro, al padre, al marido y al individuo han desaparecido de alguna manera.

Recuerdo a una familia que acudió a consultarme en cierta ocasión. Laura, la esposa, iba acompañada de su madre, de 73 años, a quien me presentó como "abuela". La miré a los ojos cuando estreché su mano, y le pregunté su nombre; al principio la anciana me estudió con incertidumbre y por fin, después de unos momentos, respondió con voz baja: "Anita".

Así que dije: "Hola, Anita". En este instante, las lágrimas corrieron por sus mejillas; dijo que era la primera vez que escuchaba su nombre de pila en casi 20 años.

Al ver a Anita como persona, y no solo como abuela, la familia pudo abrirse a las nuevas posibilidades de interacción como personas.

Cualquier papel nominal es solo descriptivo. ¿Por qué no dejamos que la gente sea como es y haga lo que suele hacer, olvidándonos de los títulos como el de tío, tía, primo o padre? Ante todo, nos encontramos en presencia de personas. No conozco una conducta universal que signifique maternidad, paternidad, comportamiento de marido, mujer, tía o tío, y jamás he visto a una persona que pueda definir estas conductas. La adopción de un papel es una forma de eliminar la vida individual; al vivir como personas tenemos mayor capacidad de flexibilidad y satisfacción.

Un factor importante que acompaña a todo lo anterior, es que las personas que integran a la familia casi siempre consideran que conocen bien a los demás; tú sabes a qué me refiero.

¿Qué padre no afirma que conoce a su hijo hasta los 14 o 15 años? He observado que los miembros de la familia que piensan así a menudo resultan desconocidos para los demás; lo que creen conocer de una persona determinada se limita a una definición de su papel. La manera de cerrar esta brecha es que cada miembro de la familia conozca a los demás como personas. Este proceso requiere una actualización consciente y constante. Aceptemos los hechos: hacer esto con personas que tienen un lazo legal o consanguíneo con nosotros es bastante difícil, debido a la molesta suposición de que ya las conocemos. Son pocas las personas que, creyendo que conocen a los demás, comparten realmente sus sentimientos más íntimos.

Los miembros de la familia a menudo quedan atrapados en sus papeles, y luego dichos papeles parecen ser equivalentes a sus identidades. Estoy convencida de que muchos de los problemas que surgen entre las personas mayores y los miembros restantes de la familia, tienen su origen en la situación de que los ancianos se sienten ligados a su papel de personas mayores. Olvidan, al igual que quienes los rodean, que su corazón no ha cesado de latir y que aún tienen deseos y necesidades de ser amados, valorados y de contar con su propósito.

Al igual que los sueños que tratamos de alcanzar, esta sensación de propósito es lo que nos impulsa a lo largo del día. Desde que nace, toda persona inicia un desarrollo y crecimiento que se continúa hasta su muerte. Si queremos desarrollar nuestras capacidades humanas, tenemos que evolucionar siempre a la vez que envejecemos. Hoy contamos con muchas pruebas que demuestran que nuestro cuerpo obedece al sentimiento de valía personal: la condición de la piel, los huesos y músculos tiene mayor relación con lo que sentimos hacia nosotros mismos que cualquier otro factor, exceptuando la alimentación, el ejercicio y las interacciones con las personas con quienes convivimos. Además, quienes tienen una mayor tendencia a la enfermedad a menudo poseen imágenes incompletas, distorsionadas e indeseables de sí mismos.

Del mismo modo que los papeles rígidos son inhumanos, los rituales y las tradiciones familiares pueden convertirse en una dificultad cuando la gente los considera exigencias en vez de celebraciones. Una manera eficaz de utilizar los rituales es desarrollar la manera de hacer cosas que reflejan cierto estilo de vida familiar. Conozco a una familia que tiene un ritual en el que, cuando un hijo cumple los 15 años, de inmediato recibe un reloj, a los 16 puede conducir el auto y así sucesivamente. Esta clase de rituales sirve para expresar algún acontecimiento importante en la familia, pero no están escritos con sangre; pueden cambiar con el tiempo. Otra forma de ritual es aquella que indica la sensación de pertenencia: una especie de símbolo del clan; además, el ritual no debe requerir la presencia de todo el grupo. Algunas de las cosas más negativas que suelen ocurrir en las familias, es la exigencia de que todos los miembros se hallen presentes —por ejemplo, durante una celebración religiosa en el hogar de la generación mayor—. Conozco a algunas parejas jóvenes que arruinan sus vacaciones porque consideran que deben pasar la Navidad con los padres del marido y luego con los de la mujer. Y, en consecuencia, deben sentarse a cenar dos veces, sin disfrutar de la comida.

Estas parejas de jóvenes experimentan una terrible frustración; sienten la presión de acudir a los hogares de sus progenitores y, al mismo tiempo, experimentan el deseo de algo propio. Conozco a una pareja que consideraba que tenían que ir a la casa de la madre del hombre todos los viernes por la noche, de lo contrario, les ocurrirían cosas terribles: la madre o abuela sufriría un ataque cardíaco y luego castigaría a la pareja retirándole la palabra para siempre, o eliminándola del testamento. Este es un precio muy elevado para conservar la paz familiar.

Cuando tomes la decisión de tomar en cuenta tus preferencias a la vez que las de los demás, quizá debas enfrentar algunas respuestas negativas. Todos los demás sobrevivirán a estas situaciones, aun cuando al principio opongan gran resistencia a los cambios que presentes.

Lo peor que podría hacer mi hija sería venir a cenar a mi casa la noche de Navidad para no lastimarme. En tal caso, pensaría que he fracasado rotundamente en mi tarea de ayudarla a convertirse en un individuo autónomo.

Muchas cosas que presentan dificultades son originadas por los adultos que no han sabido renunciar a las relaciones padre-hijo con sus progenitores; es necesario transformar dicha relación. Las dos generaciones tienen que encontrar una relación de igualdad entre sí, en la cual puedan respetar la intimidad e independencia de la otra parte y participar de manera conjunta cuando sea necesario. De este modo, los hijos adultos también se encontrarán en buena situación para actuar como padres de sus hijos.

También he observado la situación opuesta, en la que muchas personas de más de 60 años solicitan mi ayuda para desembarazarse de sus hijos: "Siempre dictan órdenes y me dicen qué debo hacer". Para algunos adultos, la idea de que sus padres no acepten de buena gana sus consejos puede resultar novedosa.

A partir de la percepción de la soledad de los demás, pueden surgir lazos que tal vez nos gustaría disolver y esto puede convertirse en una tarea agobiante. Por ejemplo, tú eres mi madre y yo me doy cuenta de tu soledad: no tienes amistades y yo no disfruto mucho de tu compañía porque siempre estás quejándote; empero, voy a visitarte de mala gana, o te provoco diciendo lo que debes hacer y luego manifiesto mi frustración porque no obedeces. Muchas personas actúan así y luego pagan el precio con ira y culpa. Todo adulto tiene la libertad para decir sí o no de una manera realista y, al mismo tiempo, para sentirse equilibrado al valerse por sí mismo.

Esto nos conduce a otra situación: la ayuda. Debido a una incapacidad o enfermedad, muchas personas requieren la ayuda de sus hijos. ¿Cómo es posible que dos individuos den y reciban ayuda y, al mismo tiempo, se consideren iguales? A veces, el esfuerzo para dar y recibir ayuda termina en el conocido chantaje (la "garra que aprieta"): "Tienen que ayudarme porque son mis hijos. No puedo valerme por mí misma, pues soy muy pequeña y débil", o bien "Eres mi padre y tienes que permitir que te ayude".

Una vez más, esta situación presenta a dos individuos que no han aprendido a valerse por sí mismos y, en consecuencia, resuelven sus transacciones tratando de controlar a los demás, en vez de atraerlos. Cualquiera que estudie a las familias de la actualidad, podrá encontrar cientos de ejemplos de personas que utilizan el chantaje bajo el disfraz de impotencia y deseo de ayuda. Para los progenitores, el éxito significa sentirse valorados, útiles, queridos y gratos a sus hijos, pero no verse en la "garra" de sus descendientes; me parece que lo mismo puede decirse de los hijos: si estos consideran que sus padres los valoran, los encuentran útiles, los quieren y consideran agradables, sin tratar de aprisionarlos en sus "garras", también sentirán que sus progenitores han tenido éxito.

Por supuesto, a veces la gente requiere ayuda de buena fe; sin embargo, la frecuencia con que esta "ayuda" se utiliza para aprisionar a los demás, es mucho mayor. Me parece que puedo oírte al leer esto: "¿De qué otra manera puedo establecer contacto con mi nuera, mi yerno, mi suegra, mi suegro, mi madre, mi padre, mi hija o mi hijo? Lo que describes jamás podría ocurrir entre nosotros, porque nunca hemos aprendido a disfrutar unos de otros. Mi suegra no quería que me casara con su hijo. A mi padre le desagrada mi marido. (Mi madre no quería que me casara con mi mujer.) Mi suegra siempre pide a mi esposo que haga cosas por ella". Existen muchos argumentos distintos.

Esta situación no se presenta en un momento, y tampoco es sencilla de lograr; sin embargo, es factible. Lo único que puedo decirte es que no hay un individuo que actúe de manera determinada en todos los casos. Vamos a explorar y a descubrir a estas personas, y podrás verlo desde un punto de vista distinto.

Existen diversos grados en el placer que encontremos en los demás. No quiero decir con esto que todos podamos disfrutar de los otros en la misma magnitud; esto sería irreal. De cualquier manera, la mayoría de las familias pueden fundirse y trabajar unidas de formas novedosas y distintas, una vez que cada miembro reconoce, en lo más profundo de sí, que las personas están compuestas de distintas partes y que nadie tiene que aceptar los aspectos poco agradables de los demás. Por otro lado, estos aspectos cambian con el tiempo.

La gente puede sostener relaciones sinceras y reales con los demás, y vivir en armonía. Como dije antes, esto es algo muy simple, pero no resulta sencillo; no lo olvidemos. Los hijos, en particular, suelen verse atrapados en la lucha que se desarrolla entre padres y abuelos. Esta situación suele ser desesperante para cualquier pequeño. ¿Cómo puede ir en contra de una abuela que le brinda mucha alegría, cuando su madre afirma que la abuela es una buena para nada? La experiencia que ha tenido el niño es muy distinta: la madre tal vez esté expresando la relación que tiene con su suegra. Por otra parte, una abuela tal vez diga al nieto que su padre es un bueno para nada, cuando la lealtad y posiblemente la experiencia del niño, no validan dicha información.

Es muy sencillo proyectar algunos de nuestros problemas en los demás, y luego pedir a otra persona que se muestre de acuerdo con nosotros para sentirnos a gusto con la decisión tomada. Es así como surgen muchos de los problemas de la familia extendida.

Existen otras dificultades que deben enfrentar las personas que adoptan nuevos papeles como miembros auxiliares dentro de las familias de sus hijos adultos. Hay muchos abuelos que disfrutan de cuidar a sus nietos y se ofrecen a hacerlo de buena gana; sin embargo, conozco a otros que se sienten incómodos ante la necesidad de comunicar a sus hijos que no quieren cuidar a los niños. Si existe esta complicación, surgirán problemas. A veces las necesidades o los planes de vida de los abuelos no incluyen el cuidado de los nietos. En ocasiones, los hijos adultos que no tienen una relación de iguales con sus progenitores, proceden a explotarlos, y entonces los padres, una vez obligados a adaptarse al papel de los abuelos, responden con resentimientos que mantienen ocultos. Y otras veces, los miembros de la familia —los padres y abuelos de hoy no tienen buenas relaciones, y cuando la abuela o el abuelo se queda a cuidar de los niños, a menudo surgen dificultades.

No considero que sea negativo ofrecer ayuda a los miembros de la familia cuando esto es producto de la interacción de dos personas que toman en cuenta las necesidades vitales del otro. Las peticiones como: "Tienes que hacer esto porque eres mi madre" o "Debes permitir que haga aquello porque soy tu hija", convierten la negociación de ayuda en una forma de control. Por desgracia, los niños son quienes sufren las consecuencias. Como mencioné, es frecuente que los miembros de una familia recurran al chantaje en nombre del amor y las relaciones, y esta es una de las razones que explican el sufrimiento familiar.

Si la analizamos con detenimiento, la familia extendida suele estar compuesta de tres generaciones, y a veces cuatro. Cada una de estas generaciones tiene una relación y un efecto en las demás. No puedo imaginar una familia que no incluya una tercera generación —las personas que son padres o abuelos de la pareja conyugal actual—. Después de todo, nos convertirnos en los arquitectos de la familia debido al aprendizaje obtenido de las generaciones anteriores.

Puedo imaginar una época en que todas las familias se conduzcan de tal forma que los hijos adultos sean los iguales de sus progenitores: seguros de sí y autónomos, en vez de conservar siempre el papel de niños o volverse los padres de los adultos. En mi opinión, esta es la finalidad de la crianza: que los hijos se vuelvan individuos autónomos, independientes y creativos, que gocen de una condición de igualdad con las personas que los trajeron al mundo.

18
El ciclo vital

Con el fin de que encuentres la perspectiva de tu vida, quiero presentarte las imágenes del ciclo vital.

En términos de jardinería, nos plantan, germinamos, desarrollamos un tallo principal, un botón, una flor o fruto, y ponemos en movimiento una nueva forma. Para la mayoría de las personas, todo esto ocurre en un lapso de 70 a 80 años.

Para simplificar la situación, mencionaré cinco etapas que se agrupan en tres partes de la vida. Dichas etapas y partes solo sirven para recordarnos que somos distintos en diferentes épocas de la vida. La única constante es nuestra fuerza vital.

PARTE I
Etapa 1. De la concepción al nacimiento. Deben transcurrir 9 meses.
Etapa 2. Del nacimiento a la pubertad. Requiere de 10 a 14 años.
Etapa 3. De la pubertad a la edad adulta. Tiene una duración entre 7 y 11 años.

El día en que alcanzamos la mayoría de edad legal cambiamos nuestra relación respecto a la dependencia y la responsabilidad. Desde el punto de vista de la ley, somos adultos y tenemos la responsabilidad; para ser exitosos, necesitamos adquirir —o poseer ya el aprendizaje necesario para hacer posible lo anterior.

PARTE II
Etapa 4. De la edad adulta al estado de vejez. Esta etapa dura entre 44 y 47 años, y puede dividirse en adultos jóvenes, de mediana edad y ancianos.

PARTE III
Etapa 5. Del estado de vejez a la muerte.

Lo anterior también podría dividirse en las siguientes etapas: nueva, en evolución y evolucionada.

Cada parte tiene tareas de crecimiento, responsabilidades y privilegios específicos que son inherentes. También tiene una forma distinta. Por ejemplo, pensemos en la oruga y la mariposa, que poseen la misma energía, aunque en distinta forma.

Cada parte sirve de fundamento y eslabón con la siguiente. Cuando alguna de ellas se ve interrumpida antes de su culminación —como cuando el individuo llega a la edad adulta sintiéndose un niño—, las etapas pierden su armonía y el ciclo de crecimiento se distorsiona. La energía sufre desviaciones y ocasiona problemas. Los físicos dicen que la energía no puede destruirse, que solo cambia de forma. Por lo tanto, la energía que utilizamos para propinar una bofetada, podría aprovecharse también para dar un abrazo. Esta situación plantea, una vez más, una interrogante fundamental: ¿Debemos utilizar nuestra energía para permitir el crecimiento, la salud y felicidad de los demás, o para favorecer la enfermedad, la desesperación y la destructividad? El descubrimiento y aprendizaje de todos los medios en que podemos actuar de manera constructiva, significa que debemos analizar con cuidado lo que hacemos en este momento para luego estar dispuestos a renunciar a estas conductas que nos acaban y limitan.

Para ser más plenamente humanos, necesitamos realizar ciertos aprendizajes universales y dichos aprendizajes tienen que ocurrir, de alguna forma, en cada una de las etapas y partes de la vida de todo ser humano, partiendo de la primera etapa, la infancia. Quiero ofrecer esta lista de aprendizajes que constituyen la competencia personal indispensable.

- Diferenciación: distinguir entre tú y yo.
- Relaciones: saber cómo conectarte contigo y con los demás.
- Autonomía: depender de mí misma, estar separada y ser distinta de los demás.

- Autoestima: el sentimiento de valía personal.
- Poder: utilizar mi energía para iniciar y dirigir mi conducta.
- Productividad: manifestar la competencia.
- Capacidad para amar: ser compasiva, aceptar a los demás, dar y recibir afecto.

El desarrollo de cada etapa determinará la nueva forma que adopten los aprendizajes universales. Por ejemplo, no podemos enseñar competencia personal a un niño exigiendo que adquiera habilidad para conducir un auto. El nivel de competencia del niño podría mejorar con la enseñanza del uso de una cuchara. La conducción de un auto es una forma de competencia más adecuada para adolescentes.

A continuación, muestro las etapas como se presentan en el ciclo de la vida:

PARTE I			PARTE II	PARTE III
Etapa 1	Etapa 2	Etapa 3	Etapa 4	Etapa 5
(9 meses)	(10 a 14 años)	(7 a 11 años)	(44 a 47 años)	(48 a 85 años)
Concepción a nacimiento	Nacimiento a pubertad	Pubertad a edad adulta	Edad adulta a estado de vejez	Estado de vejez a muerte

Nuestra concepción y actitud ante estas etapas determinará los resultados de nuestra vida. La actitud que aparece en el siguiente cuadro está fundamentada en el modelo dominante-sumiso de la pareja; en él, llegamos impotentes al mundo y lo abandonamos siendo inútiles.

PARTE I	PARTE II	PARTE III
Infancia a adolescencia adulta	Edad adulta	Estado de vejez
"Demasiado joven para"	"Supuestamente, en el sitio aceptable"	"Demasiado viejo para"

En términos de poder y logros, solo la fase del adulto tiene un valor positivo en este modelo. La fase previa a la del adulto es demasiado joven y la posterior demasiado vieja. Esto devalúa dos partes de la vida volviéndolas potencialmente inaceptables, privadas de sus derechos y enajenadas.

Con esta imagen, resulta muy sencillo comprender la frustración de la adolescencia y el rechazo de la vejez que manifiestan muchos individuos.

La línea de la vida se vuelve impotente en dos puntos fundamentales: el inicio y el fin. El único sitio aceptable es el intermedio: solo los adultos tienen poder, el mismo que está negado a los jóvenes y ancianos.

Después de pasar los primeros 18 a 21 años aprendiendo a ser "demasiado joven", la noche anterior a la mayoría de edad puede ser muy solitaria. Entre otras cosas, tenemos que aprender a elevar la autoestima, a utilizar el poder de manera constructiva y a tomar las determinaciones correctas para resolver cualquier situación que se presente durante esta nueva etapa de la vida. No hay duda de que nadie puede dormir.

Por supuesto, no logramos estas metas en una noche; la mañana de nuestro cumpleaños, despertamos sintiéndonos muy parecidos a como fuimos antes de acostarnos. Muchas de las habilidades y actitudes que requerimos para negociar con éxito la etapa del adulto, aún deben ser aprendidas. Y nos esforzamos mucho para hacerlo.

Tal vez la razón más importante para encontrar los medios de ayudar a los adolescentes a sentirse valiosos, capaces y eficaces, sea brindarles valor, criterio, una autoestima saludable y las otras herramientas necesarias para enfrentar las responsabilidades que presenta la vida adulta. Por desgracia, muchos individuos nacen de padres que no han aprendido lo que tienen que enseñar. Después de todo, los adultos solo pueden transmitir a sus hijos los conocimientos que poseen, por eso siguen comunicando actitudes y temas anticuados que con frecuencia consideran innatos, en vez de aprendidos.

A estas alturas, los progenitores tal vez han alcanzado el límite de su etapa adulta y ahora enfrentan la inminencia de su estado de vejez, donde serán "demasiado viejos para". Este cambio de condición suele coincidir con la menopausia y el retiro, y es la causa de gran número de casos de depresión. A veces el miedo toma el control y hace que las personas mayores se vuelvan vulnerables a las enfermedades físicas, sociales y mentales.

Es interesante observar que los adolescentes responden de manera similar a su nueva condición. Sin embargo, se enfrascan en actos de violencia y agresión con mayor frecuencia que los ancianos. Su abundante energía puede carecer de un medio de expresión saludable y la autoestima suele ser muy baja.

En la actualidad, casi todas nuestras prácticas educativas, médicas, sociales y psicológicas están sustentadas por este modelo dominante-sumiso, y son dictadas por la edad en vez de estar regidas por una condición personal. Es necesario revalorizar esta situación para que toda persona, en cada fase de cada etapa, pueda manifestarse como un ser humano completo. El dibujo que aparece a continuación representa un modelo que ofrece resultados muy distintos y esperanzadores. Las etapas y partes de la vida son las mismas; sin embargo, la actitud cambia mucho.

Nacimiento   *Muerte*

PARTE I	PARTE II	PARTE III
Primera clase	Primera clase	Primera clase
Muy humano	Muy humano	Muy humano

En este modelo de humanidad absoluta, cada individuo se encuentra siempre en el lugar adecuado, en cualquier etapa. Aun aquí todos llegamos impotentes al mundo, pero lo abandonamos con gloria en un lugar muy elevado de nuestro desarrollo. Las relaciones de este modelo no están basadas en el poder, sino en una autoestima saludable, en la igualdad de valores, en el amor y una conducta que refleja la responsabilidad personal y social.

En este modelo, enfrentamos la vida con la idea de que cada etapa sea de primera categoría: cada una nos ofrece maravillas y expresa la magia del desarrollo. Este ejemplo sugiere que cada etapa es una época que podemos disfrutar, durante la cual aprendemos, damos y recibimos, y a la cual consideramos como la totalidad en sí misma. En este modelo recordamos que las personas son seres vivos que se encuentran en constante movimiento, y a quienes tratamos en consecuencia.

Al llegar a nuestro estado de vejez, hemos tenido tanta experiencia con nuestra totalidad, que los últimos años representan otro campo donde desarrollar nuevas posibilidades.

¿No sería maravilloso que, en el ocaso de nuestras vidas, podamos decir que vivimos con plenitud todas sus partes, que a lo largo de ellas profundizamos y ampliamos nuestra comprensión y aprecio por nosotros mismos?

El desafío actual es capacitarnos para ser modelos y dirigentes de este proceso, tanto para nosotros como para los demás, y en cada una de las etapas de nuestras vidas.

19
Adolescencia

La tarea del adolescente es monumental. Motivado por la energía liberada durante la pubertad, la necesidad psicológica de independencia y las expectativas sociales de alcanzar el éxito, el adolescente se encuentra sometido a una enorme presión mientras se abre paso en el nuevo mundo. Si sumamos a esto el hecho de que no hay senderos trazados que seguir, entenderás el asombro y el temor que suele provocar la adolescencia.

Tenemos que reconocer esta situación; lo cual resulta difícil para el adolescente y sus progenitores. Los adultos debemos crear un contexto dentro del cual favorezcamos este desarrollo, y tenemos que hacerlo con el escrupuloso cuidado que pusimos para proteger a los niños pequeños dentro de la casa. Es necesario que actuemos de una manera que permita conservar la dignidad del adolescente, desarrollar su sentido de autoestima y brindarle lineamientos útiles que le darán la posibilidad de alcanzar una mayor madurez social.

El contexto psicológico de un adolescente debe acomodarse a los cambios del humor, a las ideas al parecer irracionales, a las conductas a veces extrañas, al nuevo vocabulario y a las situaciones embarazosas. Todas estas situaciones surgen al tiempo que el adolescente pone en juego su poder, autonomía, dependencia e independencia.

Para resolver con éxito la aventura de la adolescencia, los progenitores y el adolescente requieren imágenes positivas. Hay adolescentes que han realizado grandes logros que requerían enormes riesgos; tu hijo podría ser uno de ellos. Organiza un libro de recortes con fotografías y relatos de adolescentes que hayan utilizado sus energías para fines maravillosos: iniciar negocios en el patio de su casa, organizar visitas a ancianos o sobreponerse a distintos obstáculos para alcanzar una meta. Esto te ayudará a disipar algo de tu miedo.

Solicita la ayuda de tu hijo o hija adolescente para encontrar dichos relatos. Celebra los riesgos que corren los adolescentes y que producen resultados positivos.

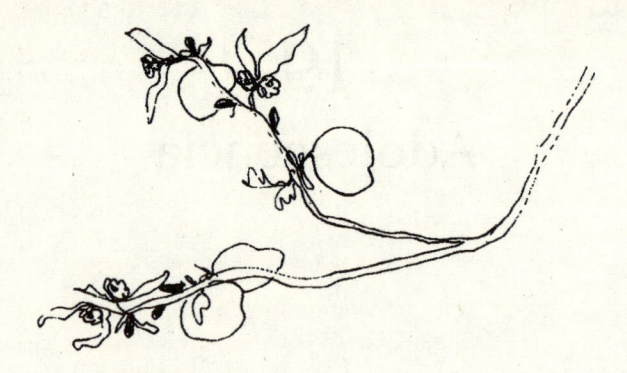

He escuchado quejas de muchos padres al hablar de sus adolescentes: "Nunca se sientan en paz. Siempre tienen que hacer algo", esto es lo habitual. Los padres nutricios saben aceptar esta inquietud y encuentran soluciones prácticas para sobrevivir mientras pasa la tormenta, que es temporal. Muchos de ellos han preparado nuevos contextos que alimentan los brotes que pueden convertirse en capullos. El resultado es una cosecha de buenos frutos.

La resolución de la etapa de la adolescencia no es rápida ni sencilla; los progenitores y adolescentes tienen que desarrollar la paciencia y conservar una actitud amorosa y comunicativa para que resulte bien. Durante este periodo de grandes cambios, todos se vuelven una novedad para los demás, y todos tienen que volver a conocer a quienes lo rodean. La diferencia entre el éxito y el fracaso es enfrentar esta situación con más amor y menos temor.

A menudo aconsejo a los padres: "Si no es algo ilegal, inmoral o que engorde, dale tu bendición". Obtendremos mejores resultados de la gente si encontramos y apoyamos todos los aspectos en que podamos pronunciar un "sí" adecuadamente, y solo decimos "no" cuando es muy necesario.

Todo adulto que lea este libro ha sobrevivido a la adolescencia —algunos llevan cicatrices, otros heridas abiertas y todos adquirieron una estructura—. La diferencia entre estructurar y lastimar puede explicarse así: estructurar es producto de la aplicación personal a la acumulación de conocimientos mediante el aprendizaje, con el fin de resolver los conflictos y frustraciones del individuo, adquirir responsabilidad y enfrentar las otras realidades de la vida. Las heridas son producto de la fractura del espíritu; las heridas abiertas demuestran que no hay curación, que ni siquiera ha aparecido una delgada capa de piel. Esto provoca estados de grave deterioro psicológico y social. En mi experiencia, los padres hacen todo lo posible para no abrir heridas en sus adolescentes. En ocasiones, los progenitores también presentan esta clase de lesiones y, en consecuencia, tienen dificultades en el trato con sus adolescentes.

Una posibilidad es que los padres organicen grupos de apoyo, donde compartan ideas y practiquen la comunicación congruente. Esto puede ser especialmente útil en familias donde ambos progenitores se encuentren ausentes durante el día y deben solicitar ayuda de otras personas y recursos comunitarios.

Con frecuencia, los progenitores enfrentan este periodo con fantasías negativas originadas en sus recuerdos de adolescencia, así como en las historias de terror sobre el alcoholismo, la drogadicción, la sexualidad y la violencia imperante entre los adolescentes. Los conflictos de sexo y violencia parecen innumerables, pero tenemos que recordar que los adolescentes tienen mucho parecido con los adultos. Si pellizco con fuerza a un adulto, sentirá dolor como cualquier adolescente. Gran parte de la experimentación sexual procede del deseo de contacto, de la necesidad de ser abrazados y tocar; y mucha de la violencia en la adolescencia es una manifestación del deseo de no parecer débiles o necesitados, como sucede también entre los adultos.

Los adolescentes que presentan adicciones representan un porcentaje cada vez mayor de la población adolescente en Estados Unidos. Estas conductas son tan notorias, que podríamos recibir la impresión de que hay más personas afectadas de las que existen en realidad. Además de los porcentajes y estadísticas, muchos padres pueden tener inquietudes especiales sobre un hijo en particular. Los progenitores que ignoran las señales de un posible alcoholismo o farmacodependencia, perpetúan el problema al recurrir a las conductas de evitación que caracterizan a los individuos que actúan de esta manera.

La resolución de problemas graves y leves implica la creación de imágenes positivas. Una vez que encontremos la manera de salir de una situación, habremos recorrido la mitad del camino hacia el éxito. Lo mismo puede decirse de tu sensación de angustia ante la adolescencia. Mira a tu alrededor y verás infinidad de cosas positivas que hacen los adolescentes. Es posible que el tuyo sea uno de ellos. ¿Te has tomado la molestia de decirle qué te agrada de lo que hace? Si no es así, ¡habla de inmediato! Exprésate cada vez que observes actitudes positivas, y hazlo cuando tu adolescente manifieste una mayor conciencia o tome decisiones positivas al resolver un problema.

Cuando padres y adultos adoptan una actitud equilibrada ante lo que representa un viaje maravilloso, emocionante y, a veces, inquietante, incrementan sus posibilidades de guiar con éxito a los adolescentes. En este periodo nos encontramos ante situaciones muy distintas de las que se presentan en cualquier otra etapa del desarrollo, así que tanto los padres como el adolescente caminan a ciegas.

Como mencioné, uno de los grandes cambios de la pubertad es el despertar de un nivel de energía que el individuo antes desconocía. Dicha energía puede ser atemorizante y requiere métodos seguros, adecuados y satisfactorios para darle una expresión saludable. Los deportes, el ejercicio y el trabajo mental y físico estimulante son maneras eficaces y nutricias de expresar la energía. Otras opciones son los programas organizados y el trabajo por una causa; los adolescentes a menudo son idealistas y se esforzarán mucho para alcanzar sus metas. Ayúdalos a encontrar un contexto donde puedan conducirse así. Los programas como *Outward Bound* en Estados Unidos, por ejemplo, permiten que las personas pasen por las etapas difíciles de la adolescencia; este programa se desarrolla en regiones boscosas o desérticas, donde los jóvenes tienen la oportunidad de enfrentar sus temores, desarrollar el valor y aprender a trabajar en equipo. Aunque este programa en particular fue diseñado para los adolescentes que presentan problemas, es muy adecuado para cualquier chico. De hecho, existen programas similares para adultos, quienes también obtienen beneficios de este aprendizaje.

Enfrentar el reto de contener y dirigir con éxito la energía es una de las finalidades de la adolescencia. La imagen de caballos agitados y enérgicos que se mueven impacientes en sus puestos en espera de iniciar la carrera, es una analogía muy adecuada para el adolescente promedio. Estos individuos son fogosos y desean ganar la carrera. Me parece que los adultos, sin proponérselo, contribuyen a la creación de dificultades durante la adolescencia al no ofrecer actividades adecuadas que tengan un propósito. Los adolescentes no son monstruos; solo son individuos que tratan de aprender a desenvolverse exitosamente en el mundo de los adultos y que quizá no se sientan seguros de sí mismos.

Considero que esta energía es lo que más atemoriza a los adultos. Para resolver sus temores, los padres a menudo agobian a sus hijos con prohibiciones y otras formas de control. Lo que se requiere en este caso es justo lo opuesto. Los adolescentes requieren estímulos para crear canales adecuados por los cuales canalizar la energía recién descubierta. También necesitan límites bien definidos, amor y aceptación. En esta etapa es importante aprender la habilidad para aceptar el valor de la persona, al mismo tiempo que la ayudamos a modificar su conducta.

Por ejemplo, en vez de lanzar amonestaciones como: "Ten cuidado. Recuerda que eres una buena chica", a la joven que saldrá a una cita, los progenitores pueden ayudarla más si le enseñan a establecer sus prioridades, anticipándose a la situación. Un joven que ha pensado con detenimiento en sus actitudes, responderá a las presiones de esta manera: "Gracias por pedírmelo, pero lo que solicitas en este momento no me parece adecuado, así que la respuesta es no".

He sido testigo de los enfrentamientos entre padres y adolescentes, y la solución más adecuada para los mismos es establecer una relación positiva entre ellos, fundamentada en la humanidad y el afecto de cada persona. Es inútil tratar de efectuar un cambio utilizando el control o las amenazas. Cuando cada persona es considerada como un individuo de valía, es posible realizar cambios y, de hecho, así sucede. Quisiera que los padres aprendieran a considerarse el laboratorio de los recursos de sus hijos.

Los adolescentes no son tontos ni perversos: tampoco lo son los padres. Ambas partes adquieren este aspecto ante la otra cuando no establecen contacto, cuando se presentan ante el otro con amenazas implícitas de enajenación y cuando provocan expectativas catastróficas.

Para establecer los cimientos del cambio, sugiero lo siguiente:

1. Tú, el padre, debes manifestar tus temores para que el adolescente los conozca.
2. Tú, el adolescente, tienes que expresar lo que te ocurre y recibir crédito. Es necesario que puedas manifestar tus temores y que sepas que te escucharán sin críticas o afán de ridiculizar.
3. Tú, el padre, necesitas demostrar tu disposición a escuchar y mostrar compresión. Este no es equivalente a ofrecer excusas; solo proporciona un fundamento claro para actuar.

4. Tú, el adolescente, puedes manifestar con claridad que necesitas que tu progenitor te escuche, y que no ofrezca consejos a menos que tú los solicites.
5. Tú, el padre, debes entender que el adolescente tal vez no actúe siguiendo el consejo que le ofrezcas.

Ahora es posible sostener un diálogo significativo entre dos personas que se sienten iguales en valía y, por tanto, desarrollar una conducta nueva y constructiva. También es posible que esto conduzca a la creación de una relación más fuerte.

Muchos adultos no han dominado la habilidad y el arte de ser congruentes, así que, aunque desean serlo, siempre parecen controladores (véase el capítulo 2, sobre la autoestima). Jamás he visto que un progenitor pierda su credibilidad a ojos del adolescente cuando reconoce, sinceramente, lo que desconoce o cuando manifiesta que puede identificarse con algún sufrimiento o sentimiento negativo en el adolescente. ("Yo también tuve miedo..." o "sé lo que es mentir", etcétera.)

Después de realizar cientos de procesos de reparación entre adultos y adolescentes, he descubierto que la mayoría de los progenitores no han completado su adolescencia; que en realidad no se consideran los dirigentes capacitados que deberían ser. En estas circunstancias, tienen dificultades para ayudar al hijo a aprender algo que ellos mismos no aprendieron.

Merecen toda mi compasión. Muchos adultos tratan de resolver el dilema con el fingimiento; es decir, actúan como si supieran lo que hacen cuando no es así. Esto, a veces, da resultado, pero no aconsejo que lo hagan como una técnica de encubrimiento; los adolescentes casi siempre se dan cuenta de lo que sucede.

Siempre invito a los progenitores a reconocer sus incapacidades y limitaciones, haciendo que dicho reconocimiento sea un símbolo de sinceridad y, por tanto, de elevada autoestima. De este modo, padres e hijos pueden convertirse en equipo y trabajar juntos en la consecución de sus intereses.

Recuerdo el caso de un adolescente que no asistía a la escuela. Los padres le hicieron súplicas y amenazas, sin resultado. Después supe que los adultos no habían terminado su educación, y juraron que su hijo sí lo haría. Querían darle lo que no habían recibido. Esto era un acto de amor hacia un hijo, pero debido a la manera como lo presentaban, el chico lo interpretaba como una forma de control. Cuando favorecí la confianza entre padres e hijo, todos pudieron escucharse con claridad. A la larga descubrieron que compartían el mismo objetivo. Una vez que comprendió los temores de sus progenitores, el hijo pudo confiar en ellos e invertir su energía en volver a la escuela por decisión propia, y no debido a que se sentía obligado a hacerlo.

Lo que provocó conflictos en esta situación no fue el objetivo de la educación, sino la generalizada actitud de ganar o perder. Esto va implícito en todos los mensajes de poder: "Te diré lo que debes hacer, y lo harás", o "Es bueno para ti, tienes que hacerlo", y otros muchos. Como era de esperar, el adolescente respondió: "No pueden obligarme a hacerlo", "No lo haré" y "No me importa la educación". Muchos padres y sus hijos suelen quedar atrapados en esta situación, a la cual denomino: "córtarte la nariz para insultar a tu rostro". Las palabras hablaban de la escuela, más el mensaje y contramensaje eran de poder y control ("¿Quién tiene el derecho de decirte lo que debes hacer?"). Los padres pretendían ser útiles, empero, el efecto fue provocar una guerra (véase el capítulo 6 sobre comunicación).

Esta conducta, en particular, es la principal causa de conflicto entre padres y adolescentes. De hecho, cuando se presenta una lucha de poder y control entre dos individuos, sin importar su edad, condición social o sexo, siempre surgen problemas, los cuales se manifiestan en las conocidas posturas de comunicación que describí antes: inculpar, aplacar, ser superrazonable o calculador y mostrarse irrelevante.

Esta actitud de ganar o perder conforma la lucha de poder. El tema subyacente de toda lucha de poder es quién será el vencedor, y la gente suele suponer que solo uno puede ganar. Considero que esto representa una tragedia personal: la relación sufre y la autoestima del vencido cae. Los padres y los adolescentes necesitan unos de otros, y pueden aprender a utilizar las actitudes de ganar-ganar. Por ejemplo, el joven dirá: "Es miércoles y me he quedado sin dinero. Necesito más". El padre que practica la conducta de ganar-perder, responde: "Lo lamento. No tengo más, así que no te lo daré". En una actitud de ganar-ganar, el progenitor responde: "Eso también me sucedía y es muy desagradable. No recibiré más dinero hasta que cobre mi sueldo, pero veamos cómo puedes obtener lo que deseas y, tal vez, podremos aprender a presupuestar mejor tu dinero".

En la primera actitud (controladora), el progenitor trata de impartir un castigo. En la de ganar-ganar, el padre enseña a ser creativo y negociar, y refuerza el afecto. El dinero no es una solución en cualquier modalidad.

Los adolescentes tienen el derecho de pretender que sus padres sean quienes dirijan su proceso de desarrollo, y en esto es muy importante la sinceridad. De hecho, es el único fundamento de la confianza. Los adolescentes no serán sinceros con los adultos que no sean sinceros a su vez. En tal caso, lo más importante es la sinceridad emocional.

Una parte importante del periodo de la adolescencia es el descubrimiento del mundo. Los adolescentes se vuelven filosóficos y cuestionan todo lo que existe bajo el sol. Me parece que esto es muy positivo; los adultos podrían beneficiarse del análisis al que los adolescentes someten nuestras creencias y también de su inmenso deseo de demostrar muchas cosas.

Los adultos deben apoyar este proceso de descubrimiento para que todos los interesados disfruten del máximo los resultados con un mínimo de riesgo de perturbación. Las familias que tienen personas en la etapa de la adolescencia pueden refrescar sus vidas si deciden hacerlo. Muchos adultos han perdido sus esperanzas y expectativas personales; la búsqueda y las interrogantes de sus adolescentes les brindan la oportunidad de revisarlas y renovarlas.

Es necesario que los adultos sean claros al fincar sus límites y determinaciones, y que actúen en concordancia con ellas. Cada cual necesita saber dónde se encuentra en relación con el otro. Esto es respeto. Cada persona tiene límites.

Por ejemplo, si tú, como progenitor, decides que, fundamentado en tu mejor realidad, puedes prescindir del auto una vez a la semana para que lo use el adolescente, debes cumplir con tu palabra. Si limitas el uso del auto a un capricho ("Puedes usarlo a veces") o un castigo ("No hiciste eso ni aquello, así que no puedes usarlo"), es muy posible que encuentres problemas. Sé sincero y real al establecer tus límites.

Un objetivo de los adultos que obtienen el respeto del adolescente es el cumplimiento de los acuerdos. No prometas algo que no vayas a cumplir. Si sacrificas tus límites para que tu hijo te ame, es muy posible que el chico desconfíe de ti y tú estarás resentido con él. Así, todos pierden.

¿Has observado que los padres y sus adolescentes rara vez disfrutan de las mismas actividades? Los adolescentes quieren seguir otras direcciones y a menudo lo hacen con sus amigos; esto es muy normal y no significa que el chico esté abandonando o rechazando a la familia. Los compañeros suelen adoptar papeles más fuertes que el de los padres durante esta época de cambios y necesidad de pertenencia.

Es necesario que los progenitores encuentren medios legítimos para recibir a los amigos de sus adolescentes, y también para reconocer que los hijos tratan de disolver la dependencia anterior de sus padres, como una preparación para la etapa de adultos. En consecuencia, los adultos deben renunciar al papel de la figura controladora en la vida de su hijo y convertirse en guías útiles. Con esta actitud, padres y adolescentes conservarán una relación donde comulguen la humanidad y el respeto mutuo.

Recuerda que cuando pasamos por la adolescencia, en un momento sentimos tener 40 años, y cinco el siguiente. Por supuesto, es necesario que así suceda. Cuando los adultos critican al adolescente diciendo: "Actúa con la edad que tienes", olvidan la confusión que experimentan los jóvenes en dicha época. Cuando los adolescentes se saben queridos, valorados y aceptados sin condiciones, pueden aceptar con mayor facilidad la dirección de los adultos. Necesitan, con desesperación, que los adultos los cuiden y planifiquen, con discreción, el viaje que deben realizar con ellos.

En vez de rodear al adolescente de un montón de restricciones y limitaciones, debes concentrarte en desarrollar una relación fincada en la sinceridad, el sentido del humor y la orientación realista. *Ante todo, los adolescentes necesitan relaciones sensibles y flexibles con adultos en los que puedan confiar.* Si disponen de esto, sortearán las tormentas que sin duda aparecerán a lo largo de este periodo emocionante, atemorizante y turbulento. Al final encontrarán una joya incomparable: una persona recién evolucionada. Agradece las buenas relaciones que tus adolescentes sostengan con otros adultos maduros. Los jóvenes pueden requerir un permiso explícito para tenerlas (de tal modo que no se sientan desleales).

Ofrece todo lo posible cuando cuentes con la atención de tu adolescente, la cual recibirás cuando este confíe en ti. Si no tienes esta atención, no la exijas; de cualquier manera, no la obtendrás y solo crearás más barreras con tu insistencia. Espera a que mejore el ambiente. Tal vez recuerdes tu poco entusiasmo por los adultos que insistían en que siguieras sus consejos, en vez de ayudarte a descubrir lo que necesitabas averiguar.

Ante todo, los adolescentes luchan para alcanzar su autonomía e identidad. Deben pasar por muchos fracasos, esfuerzos sin recompensa y, con frecuencia, tormentas hormonales; todo esto forma parte de las etapas naturales del desarrollo. Durante las tormentas hormonales, los adolescentes experimentan intensas emociones; es importante que los padres no pasen por alto estos sentimientos ("Es solo un amor juvenil", por ejemplo, o bien, "Sí, sí, todos pasamos por esto. Vamos, ¡basta ya y continúa con tu vida!").

En una ocasión escuché que un famoso escultor decía que siempre esperaba a descubrir las ideas que aportaba la piedra, en vez de imponerle las propias. La conducta del padre en la adolescencia es muy similar.

Ahora, quisiera analizar la perspectiva del adolescente. "Lo que necesito es sentirme amado y valorado, sin importar cuán ridículo parezca. Necesito que alguien crea en mí, porque no siempre tengo confianza en mí mismo. En realidad, a menudo me siento muy mal conmigo; creo que no tengo la suficiente fuerza, inteligencia, belleza o atractivo para que los demás se interesen en mí. A veces creo que lo sé todo y que puedo enfrentar al mundo sin ayuda. Experimento cualquier situación con gran intensidad.

"Necesito que alguien me escuche sin críticas para que pueda centrarme. Cuando sufro una derrota, pierdo un amigo o un juego, siento que el mundo se derrumba. Necesito una mano amorosa que me consuele; un lugar donde llorar sin que se burlen de mí. Por el contrario, necesito que alguien se encuentre a mi lado y también que ese alguien me diga 'alto' con claridad. Pero por favor, no me den sermones ni me recuerden los errores del pasado. Ya los conozco y me siento culpable por lo sucedido.

"Ante todo, necesito que seas sincero conmigo, en lo referente a nosotros; así podré confiar en ti. Quiero que sepas que te amo. Por favor, no te sientas lastimado cuando demuestre que quiero a otras personas. Eso nada te quitará. Por favor, no dejes de quererme".

Cuando amamos a las personas deseamos que sean perfectas, a nuestros ojos. Esto suele conducir al entrometimiento, situación que a nadie —adulto o adolescente agrada—. Si recurres a los medios de comunicación congruentes que has aprendido en este libro, sabrás cómo evitar el entrometimiento. Es necesario que aprendas a reconocer esta situación cuando se presente.

Podrás darte cuenta de que el viaje de un adolescente fue cumplido con éxito cuando él o ella demuestre que sabe ser dependiente, independiente e interdependiente; cuando demuestre que tiene una elevada autoestima y sepa ser congruente. Estas nuevas características tal vez incluyan una relación transformada con ustedes, sus progenitores, la cual será reflejo del deseo de trabajar juntos, como un equipo.

Sugiero que llegado el fin de la etapa de adolescencia, los dirigentes (casi siempre los progenitores) ofrezcan una fiesta. El propósito de la misma será validar, con claridad, el nuevo sitio que ocupan padres e hijo. La persona ha dejado de ser adolescente; él o ella es un adulto. Esta celebración ritual hace que padres e hijo se unan como iguales en el mundo.

Considero que la adolescencia ha cumplido su propósito cuando el individuo llega a la edad adulta con una fuerte autoestima, la capacidad para relacionarse de manera íntima, para comunicarse con congruencia, para tomar responsabilidades y correr riesgos. El final de la adolescencia es el comienzo de la madurez, de la edad adulta. Lo que no haya terminado en este periodo, tendrá que cumplirse más tarde. Espero que los padres y otros adultos puedan ofrecer una orientación más clara durante la adolescencia para forjar adultos jóvenes que sean mejores individuos y hagan de este mundo un lugar más seguro, interesante y humano.

20
Parejas positivas

Este capítulo está dirigido a todos aquellos que forman parte de una pareja; esto abarca a casi todas las personas: todos tenemos hermanas, hermanos, madres, padres, maridos, esposas, amigos y compañeros de trabajo. Cada una de estas personas constituye una pareja.

Las habilidades en las *parejas positivas* crean una diferencia importante en nuestra vida. Por el contrario, el dolor o las dificultades de cualquier índole suelen ser un síntoma de las parejas negativas. En estas páginas, me gustaría presentar el sabor y la esencia de lo que significa para mí una pareja positiva.

Empecemos nuestro aprendizaje para la formación de parejas positivas pensando que cada transacción es un acto creativo que merece toda nuestra atención. Consideremos, asimismo, que cada persona es un tesoro humano y un milagro único e irreemplazable; si recordamos esto, podremos crear interacciones nuevas y específicas para cada ocasión. La siguiente interacción se llevará a cabo en un tiempo, contexto y estado de ser distinto, y requerirá un intercambio de diferente naturaleza.

Como vimos en el capítulo de las parejas, toda pareja consiste en tres partes: dos individuos (tú y yo) y la relación entre ellos (nosotros). Las parejas positivas dan cabida a cada una de estas partes; cada parte tiene un valor equivalente. Las parejas positivas saben que, si niegan, eliminan o ignoran una de estas partes, la naturaleza positiva de la relación puede desaparecer. Con el fin de que florezca cada persona, es necesario que cuente con la autorización psicológica para ser él o ella misma, para desarrollar estos intereses y las partes que se adapten específicamente. Además, cada elemento de la pareja debe ofrecer apoyo voluntario y consciente al otro en este sentido y, a su vez, recibirá sostén. Cada individuo es respetado por el compañero; cada cual es autónomo y único.

El aspecto de "nosotros" es donde los compañeros deben establecer un trato mutuo. En él experimentan la alegría, el placer —y a veces la lucha de estar unidos, tomar decisiones y funcionar como compañeros de equipo—. Esta relación tiene una vida propia; la naturaleza de la relación recibe gran influencia de lo que cada compañero sienta por sí mismo (autoestima) y del estilo de comunicación.

Piensa en las diferentes parejas que funcionan en tu familia. Dentro del ámbito familiar, ¿Qué encuentras en algunas relaciones de pareja que te gustaría hacer más positivas?

Hay distintas formas de sometimiento y dominación que caracterizan el modelo de pareja con el cual crecimos. Por tanto, a partir de este momento lo denominaré el modelo de *amenaza y recompensa.* Las posturas de dicho modelo son: una persona se arrodilla, mirando hacia arriba, mientras la otra se encuentra de pie y erguida, con la vista dirigida hacia abajo. Simbólicamente, uno se encuentra por encima y el otro por debajo; la comunicación suele incluir alguna forma de inculpación y aplacamiento. En casos extremos, esta es la imagen de la pareja víctima-victimario.

En una variación de este modelo, una persona lleva a la otra en la espalda; esta postura ejemplifica la dependencia.

Para que una pareja sea positiva, cada individuo debe valerse por sí mismo. En las relaciones que han sido modeladas con amenazas y recompensas, una persona tiene la actitud de que su valor no es equivalente al de la otra. Por ejemplo, puede describirse como pequeña en relación con la grande, pobre en relación con la rica, impotente en relación con la poderosa, y demás. Estas designaciones son racionalizadas en términos de papeles, precedente, historia personal y prejuicios. Por ejemplo, un niño y un adulto podrían valorarse de manera distinta, como lo harían un hombre y una mujer, un estudiante y un maestro, un blanco y un individuo de otra raza.

Las relaciones fundamentadas en la igualdad de valores incluyen estas distinciones solo como una descripción de una parte de la personalidad, y no como la definición del individuo. Si las personas son grandes, pequeñas, pobres o ricas, esto no disminuye su valor como seres humanos, y tampoco sus potencialidades o posibilidades. La pareja positiva está basada en la aceptación absoluta de este concepto; cuando cambiamos nuestra conciencia para adaptarnos a él, podemos crear una verdadera seguridad y paz en el mundo.

Aún no estamos preparados para ser modelos vivientes en las relaciones de igualdad. En el fondo, todo individuo desea sentirse aceptado por los demás, pero por algún motivo, su mente no siempre entiende cómo debe proceder para lograr el objetivo. La carencia de este arraigado sentimiento de igualdad humana es, posiblemente, el origen real de las guerras. Tenemos que aprender muchas cosas nuevas para la creación de parejas positivas.

Los elementos esenciales de la igualdad son dar un valor al yo individual y hacer que el individuo se responsabilice al valerse por sí mismo.

"Mi declaración de autoestima" expresa muy bien esta idea (véase el final del capítulo 3).

¿Cuánto tiempo se necesita y qué debe ocurrir para que un individuo que aprendió a decir que sí a todo (aplacador) se vuelva autónomo y diga "sí" o "no" de una manera real? Del mismo modo, ¿cuánto tiempo se necesita para que alguien que siempre ha detentado el poder, aprenda a compartirlo? Lo bueno del caso es que, posiblemente, solo se requiera el tiempo necesario para crear la imagen personal de lo que deseamos, reunamos el valor y tracemos un plan de acción para lograr el objetivo. Espero que este libro te ayude a crear esta imagen y a reunir el valor que necesitas para actuar.

De manera específica, traza un mapa que represente a todas las parejas de tu familia. Si eres miembro de una familia u otro grupo de convivencia, tendrás alguna relación de pareja con los miembros restantes. Presento a continuación un mapa desde el punto de vista de Eloísa, una joven de 16 años. Puedes alterar tu mapa como sea necesario para incluir a todos los miembros de tu familia.

Eloísa forma parte de tres parejas; cada una de sus relaciones será distinta. Esto ocurre con cada persona de la familia.

Sería útil y provechoso que cada persona de la familia o grupo trace este mapa y luego comparta sus hallazgos con los miembros restantes. Cuando haya terminado, cada persona estudiará a cada pareja. Observen

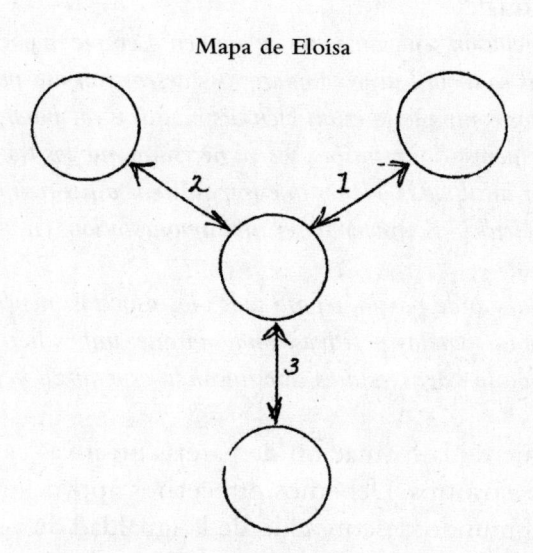

Mapa de Eloísa

cuáles les brindan la sensación de igualdad. ¿En cuáles adoptan una actitud de sometimiento o dominación? ¿En cuáles se sienten dependientes?

¿En cuáles toman la responsabilidad de la relación? ¿Pueden encontrar los medios para realizar cambios que hagan una diferencia importante? (Para recordar tus posibilidades, repasa los capítulos 4, 5 y 6, donde hablamos de la comunicación.)

Al analizar otras definiciones de parejas positivas, tal vez descubras nuevas posibilidades para remodelar tus relaciones. El objetivo es sentirte igual y valorado en tus distintas parejas, brindar a cada compañero esta misma sensación, y resolver los problemas con sinceridad, valor y creatividad. No necesitas autorización de nadie para hacer esto, como el sol tampoco necesita nuestro permiso para brillar en el cielo. Tú tienes el control de tus aportaciones a la formación de parejas positivas.

Tal vez te parezca que tus relaciones están incrustadas en concreto y que jamás cambiarán; es muy posible que esta sensación sea producto de los patrones que se han prolongado durante tanto tiempo. Empero, si a la larga te das cuenta de que no existen posibilidades, renuncia a dicha relación. Es necesario que aprendas a renunciar en el momento preciso; no tiene sentido que sigas golpeándote la cabeza contra un muro. Muchas personas se han echado a cuestas la cruz de cumplir con todo lo que han iniciado, sin preguntarse si dicha relación es adecuada, factible o, incluso, deseable.

También es importante que agotes todas las posibilidades antes de renunciar. Para cambiar una relación se requiere paciencia, imaginación y capacidad de innovación; en muchos casos, lo único que se necesita es tiempo y atención.

Si tienes una relación semejante en este momento, empieza por invitar a tu compañero a participar contigo. Luego comparte tus deseos con esa persona. La mayor parte del tiempo, los compañeros están bien dispuestos a colaborar; algunos se mostrarán tímidos o temerosos al principio, y será necesario que los tranquilices. Muchas personas temen ser inculpadas. Tienes que tranquilizar a tus compañeros y convencerlos de que este ejercicio no pretende ser una amonestación; en vez de ello, es una experiencia de amor.

Con tu compañero de pareja, repasa todos los aspectos mencionados al iniciar este capítulo sobre las parejas positivas. Imagina que ambos han alcanzado ya lo que deseas. Cuando lo hagas, estarás comunicando esperanza y ya no proyectarás energía negativa.

El aprendizaje de la formación de parejas positivas es algo novedoso para muchos de nosotros. Debemos ofrecernos apoyo, amor y paciencia al penetrar en el mundo desconocido de la igualdad de valores con otros seres humanos. Toda relación es como la experimentamos, como parejas e individuos; los riesgos son muy grandes: el reemplazo del modelo de amenaza y recompensa por uno de parejas positivas podría mejorar las relaciones mundiales así como las personales.

Aprende a ser más receptivo y a tener mayor conciencia cada vez que establezcas una interacción con otra persona. Enfoca toda tu atención del momento en ese compañero; recuerda que la postura favorece un buen contacto: la cercanía y el contacto visual hace que ambas partes se sientan más cómodas. Si existe una diferencia de estaturas, encuentra algo sobre lo que puedas pararte para encontrarse en el mismo nivel visual. Esta postura les permitirá ver, oír, comprender y escuchar mejor, y también ofrece una máxima libertad de movimiento. Tendrán más posibilidades para tocar, acercarse o alejarse. Si creas este contexto para los niños, observarás cambios milagrosos en su sentimiento de aceptación y, en consecuencia, muchos cambios en las conductas negativas.

Una vez establecido el contexto de comunicación, concéntrate en ser claro y congruente. Esto significa hablar con sinceridad y de manera directa. Debes estar completamente presente: haz que tu atención y mente permanezcan con tu compañero y no en algo externo, como la llamada que debes hacer a tu tía.

Si no estás presente, no trates de establecer contacto; si lo haces, recibirás una gran decepción. Es muy inquietante encontrarnos con una persona cuyo cuerpo está presente, pero tiene la atención puesta en otra cosa. Si alguien te pide que participes sin estar presente, solo manifiesta tu situación y organiza el encuentro en otro momento.

Si estás dispuesto a ser liberal con tu sentido del humor, afecto, respeto y buena voluntad, obtendrás grandes beneficios. Cuanto más grave sea una situación, más necesitarás los atributos antes citados. Recuerda que una relación que carece de estimulación y emoción ocasionales, pierde su atractivo. Un poco de humor puede ser de gran ayuda.

Una relación es como un capullo que se abre con lentitud, o como el universo que revela, de manera gradual, sus secretos. Y esto lo consigue con amor, sincronización y exploración. Considero que la diversión, hacer de payaso, actuar como niños o realizar actos simples y tontos con el compañero, producen la misma estimulación que una pelea, y con resultados más saludables. Respeta al niño que ambos llevan dentro; cuando se trate de familias, permitan que ese niño juegue todo lo que quiera. Tus hijos no son los únicos que pueden divertirse; la diversión compartida es una forma positiva de vinculación. Si te preparas de esta manera para las interacciones, descubrirás posibilidades maravillosas; también tendrás la mente más despejada cuando estés dispuesto a seguir las indicaciones que acabo de presentar.

Como resumen de este capítulo, los ingredientes de todas las relaciones de pareja exitosas y satisfactorias son los mismos, sin importar que las personas sean amantes, padres, hijos, hermanos, amigos o compañeros de trabajo. Estos papeles solo determinan la forma y el contexto en que se desarrolla la interacción. Del mismo modo, los elementos como la edad, la raza, la nacionalidad, el género y la condición social sirven nada más para individualizar a las personas. Cuando se establece una relación de pareja positiva entre individuos que ocupan diferentes posiciones de poder, es importante recordar que dichas posiciones no son equivalentes a su valor personal. El valor personal del individuo permanece constante.

En cualquier etapa de cualquier relación, cada interacción ofrece la posibilidad de esclarecer, fortalecer, ampliar y remodelar la relación de pareja. Esto, a su vez, tiene un efecto nutricio en los participantes.

Al entrar en contacto con tu compañero de pareja, recuerda que esa persona es un ser único, y piensa lo mismo de ti. Reconoce también que la exclusividad de cada compañero puede surgir muchas veces: el cambio es constante, y las nuevas posibilidades aparecen sin cesar. Cuando aceptamos esto, ampliamos de manera significativa nuestros límites personales, como miembros de la pareja y de la relación misma. Esto prepara el camino para una deliciosa experiencia de sentimientos armonizados, y tal vez puedan desplazarse con el mismo ritmo.

Los factores de una relación de pareja positiva son:

1. Cada persona se vale por sí misma y es autónoma.
2. Cada persona puede decir "sí" o "no" de una manera real —en otras palabras, puede ser emocionalmente sincera.
3. Cada persona puede pedir lo que desea.
4. Cada individuo reconoce y toma la responsabilidad de sus actos.
5. Cada cual cumple sus promesas.
6. Cada uno puede ser bondadoso, divertido, cortés, considerado y real.
7. Cada individuo se encuentra en absoluta libertad para hacer comentarios sobre lo que sucede.
8. Cada persona apoya los sueños del compañero todo lo posible. Y juntos, cooperan en vez de competir.

Todo lo anterior es factible, es sensato y simple. Las dificultades surgen cuando sentimos la presión de las experiencias que conocimos en el modelo amenaza-recompensa, de la ignorancia y la falta de un modelo positivo. La creación de relaciones positivas de pareja nos permite buscar nuevas formas de estar unidos.

Vivimos en un mundo que fomenta la enajenación, la competencia y la suspicacia, en vez del contacto y la confianza. Muchos de nosotros tememos que nuestros anhelos jamás se cumplan, así que nos resignamos a nuestra suerte o a algo de segunda clase. Empero, las parejas positivas pueden existir, es algo que ya está ocurriendo y que puede suceder con mayor frecuencia.

Esta es la extensión, el sabor y la esencia de las parejas positivas. Participen conmigo para hacerlas una realidad más frecuente.

21
Espiritualidad

Hace cincuenta años, solo quienes tenían contacto con la religión habrían pensado que la espiritualidad era un tema de discusión apropiado para un contexto no religioso. Algunos aún consideran que la espiritualidad es insignificante o irrelevante en la vida; sin embargo, considero que representa nuestra conexión con el universo y es un elemento fundamental de nuestra existencia y, por consiguiente, esencial para nuestro contexto terapéutico.

Mis ideas y comprensión personal de la espiritualidad se originan a partir de mis experiencias infantiles al crecer en una granja lechera de Wisconsin. Pude ver que las cosas crecían por doquier. A temprana edad, comprendí que el crecimiento era una manifestación de la fuerza vital, una forma de expresión del espíritu. Solía contemplar las minúsculas semillas que plantaba y las observaba convertirse en grandes plantas. Los pollitos salían del cascarón y los cerdos recién nacidos surgían del vientre de la madre. Luego presencié el nacimiento de mi hermano y me sentí maravillada; fue una experiencia grandiosa y magnífica. Pude sentir su misterio, emoción y solemnidad. Estas emociones me acompañan aun hoy, y creo que me han servido para encontrar los medios que permitan el desarrollo de las personas.

Sabemos cómo funciona el crecimiento, pero desconocemos la manera en que se inicia. Hasta ahora nadie ha podido inventar un huevo o una semilla que pueda reproducirse a sí misma en la forma de un ser vivo. Respeto el poder de la vida; sé que es a la vez frágil y resistente. La vida puede apagarse en un segundo, y también resistir a las circunstancias más adversas. Mi respeto por la vida se inició a temprana edad; ninguna planta crecía mejor porque yo así lo exigía, o por temor a mis amenazas. Las plantas solo crecían cuando encontraban las condiciones adecuadas y recibían los cuidados necesarios, los cuales, en mi opinión, incluyen el afecto y hablar con ellas en ocasiones. La búsqueda del lugar indicado y la nutrición apropiada de las plantas —y también de las personas— sigue siendo objeto de investigaciones y vigilancia continuas.

Todos surgimos como un retoño en un árbol espiritual universal; este árbol une a *todos* los seres humanos con sus raíces. Cada uno de nosotros debe aprender a convertirse en un dirigente que dé amor, cuidados y alimento a la preciosa vida que le ha sido otorgada.

Cuando hemos recibido alimento, podemos ofrecerlo también a los demás de una manera adecuada. Por esta razón, recomiendo que toda comunidad cuente con una "sala de abrazos", donde las personas puedan recibir alimento espiritual y psicológico. Por fortuna, algunas iglesias han adoptado medidas con este fin, y ofrecen una habitación donde descansar y establecer conexiones personales.

La organización de estas medidas de cuidado y la cristalización del reconocimiento interior (lo que denomino *conocimiento íntimo*), es el descubrimiento de que somos seres espirituales dentro de una forma humana. Esta es la esencia de la espiritualidad; la manera como utilizamos nuestra esencia espiritual demuestra el valor que damos a la vida.

La creación de toda vida procede de una fuerza muy superior a la nuestra; el desafío de volvernos más humanos es permanecer abiertos y en contacto con dicha fuerza a la que damos diversos nombres, de los cuales Dios es el más socorrido. Considero que una vida exitosa depende de nosotros y de que aceptemos una relación con nuestra fuerza de vida.

Las conexiones físicas con nuestra espiritualidad están bien resguardadas en nuestras semillas humanas. Solo cuando el espermatozoide y el óvulo se unen, se completa la semilla que dará origen a un ser humano. Un óvulo y un espermatozoide, por sí mismos, solo sirven de depósitos que aguardan la gran fusión. Para mí, las semillas y el nacimiento son la espiritualidad en acción.

Cuando ocurre la unión de un óvulo y un espermatozoide se desatan acontecimientos asombrosos. Ocurre la liberación de una poderosa energía y un ser humano —único, sin réplica exacta en otro individuo, en otro tiempo o lugar— se prepara para irrumpir en esta tierra. Me siento conmovida cuando trato de comprender la forma como este diminuto embrión humano puede producir algo tan grande, complicado y multifacético como una persona.

Además, esta pequeña semilla contiene todos los elementos de los complicados sistemas que dan origen a un ser humano vivo. La fuerza vital no solo supervisa el crecimiento de cada semilla, sino que canaliza la energía para que cada parte reciba todo lo que necesita.

¿No te parece milagroso? Tenemos que encontrar la manera de atesorar, disfrutar, nutrir y utilizar, de forma eficaz, este milagro. Tu nacimiento, el mío, el nacimiento de todos los individuos es un acontecimiento, tenemos que ofrecer el contexto más rico posible para que cada niño crezca y se convierta en un ser humano completo. Todavía no hemos alcanzado este punto; para muchos, el milagro del nacimiento está opacado por las difíciles condiciones en que nacen los niños. Sin embargo, cuando aceptemos el hecho de que cada niño contiene los elementos de un milagro que "habla y camina", habremos cimentado la base de una conducta positiva a escala mundial. Es indudable que la familia es el primer sitio donde ocurre esto. Poco a poco empezamos a adquirir esta especie de veneración por la vida.

En nuestro esfuerzo para cambiar las conductas, corremos el peligro de aplastar el espíritu, lisiando al cuerpo y aturdiendo a la mente. Esta actitud se debe, en gran medida, al deseo de equiparar a la persona con su conducta. Por otra parte, si recordamos que el comportamiento es algo que aprendemos, podremos honrar al espíritu y, al mismo tiempo, fomentar una conducta más positiva.

La curación, la vida y la espiritualidad son el reconocimiento del poder del espíritu. Muchos afirman honrar la espiritualidad sin hacerlo en realidad. Por el contrario, los eficaces programas de Alcohólicos Anónimos están fundamentados sobre la premisa de que cuando los individuos aceptan y encaran a su poder superior, surge su fuerza vital y se inicia la curación. Hay, literalmente, miles de personas que han cambiado su vida de sufrimiento al seguir esta filosofía. No existe otra proposición que haya tenido un éxito semejante.

Todos somos manifestaciones únicas de la vida; somos divinos en nuestro origen. También somos los recipientes de lo que ha acontecido antes de nosotros, lo que nos brinda enormes recursos de los cuales obtener información. Considero que también tenemos una comunicación con la inteligencia y sabiduría universales a través de la intuición, que a veces puede estar dirigida por la meditación, la oración, la relajación, la conciencia, el desarrollo de una elevada autoestima y un gran respeto por la vida. Es así como entro en contacto con mi espiritualidad.

Podemos alcanzar con mayor facilidad esta parte de nuestra sabiduría cuando estamos tranquilos por dentro, cuando nos sentimos bien con nosotros mismos y cuando aprendemos a adoptar actitudes positivas. A esto lo llamo estar centrados.

Al aprender a amar sin condiciones al espíritu, al mismo tiempo aprendo a reconocer, reorientar y transformar mi conducta para adecuarla a los ideales éticos y morales. Este es uno de los retos más importantes de nuestra época. Mi espiritualidad es comparable a mi respeto por la fuerza vital que se encuentra en mí y en todos los seres vivos.

Yo practico el siguiente ejercicio para centrarnos; al hacerlo, tú también podrás profundizar tu experiencia de espiritualidad.

Siéntate con comodidad en una silla, con los pies en el suelo. Cierra los ojos y presta atención a tu respiración.

Ahora, en silencio, penetra en tu interior y comunícate un mensaje de aprecio que sea más o menos así: "yo me aprecio". Esto sirve para dar a tu espíritu la fortaleza que emana de tus actos.

Después, visualízate afirmando tu conexión con tu creador.

De vez en cuando, al realizar el ejercicio, entra en contacto con tu respiración.

Ahora profundiza más en tu interior y localiza el sitio donde guardas el tesoro conocido por tu nombre. Al aproximarte a este lugar sagrado, toma nota de tus recursos: tu capacidad para ver, oír, tocar, gustar y percibir olores, para sentir y pensar, para moverte, hablar y tomar decisiones.

Permanece con cada uno de estos recursos el tiempo necesario para recordar las múltiples ocasiones en que los has utilizado, cómo los usas en este momento y para saber que estarán a tu disposición en el futuro. Luego, recuerda que estos recursos forman parte de ti y ofrecen el potencial de muchas imágenes, sonidos y experiencias nuevas. Comprende que jamás te encontrarás indefenso siempre que reconozcas la presencia de estos recursos.

Recuerda que, como criatura del universo, eres el recipiente de la energía del centro de la tierra, la cual te otorga la capacidad para permanecer equilibrado y ser lógico; la energía de los cielos, que te dan la intuición, la imaginación e inspiración, y la energía de todos los seres humanos que están dispuestos a permanecer contigo y a tenerte entre ellos.

Recuerda que debes tener libertad para mirar y escucharlo todo, pero también para elegir solo lo que te acomode. Así podrás decir un "sí" claro a las cosas que te parezcan adecuadas y "no" a las cosas inapropiadas. Entonces podrás realizar actos positivos para ti y los demás, en vez de cosas negativas, como pelear.

Ahora, una vez más, date permiso para respirar.

Este ejercicio puede consumir uno o cinco minutos; tú eres quien toma la determinación. Memoriza el ejercicio y practícalo a menudo. Cada vez que lo hago, recuerdo quién soy y vuelvo a tener la oportunidad de experimentar una nueva sensación de fortaleza que se convierte en mi enlace con la vida. Quisiera terminar el capítulo con otra nota autobiográfica.

Inicié la práctica privada hace más de 35 años. Como era mujer y no había recibido entrenamiento médico, las personas que acudían a mí eran "desechos" de otros terapeutas e individuos de "alto riesgo", gente que había sido maltratada, alcohólica, "psicópata" y, en términos generales, resistente a tratamiento. Sin embargo, muchos de ellos comenzaron a florecer al avanzar el tratamiento. Hoy creo que esto se debió a que estaba trabajando para establecer un contacto con el espíritu de cada una de estas personas, a las que les brindaba afecto al relacionarme con ellos. Para mí, la cuestión jamás fue si estos individuos poseían espíritus, sino cómo podía entrar en contacto con ellos; y esto fue lo que hice. El medio para establecer el contacto fue mi comunicación congruente y el modelado implícito en ella.

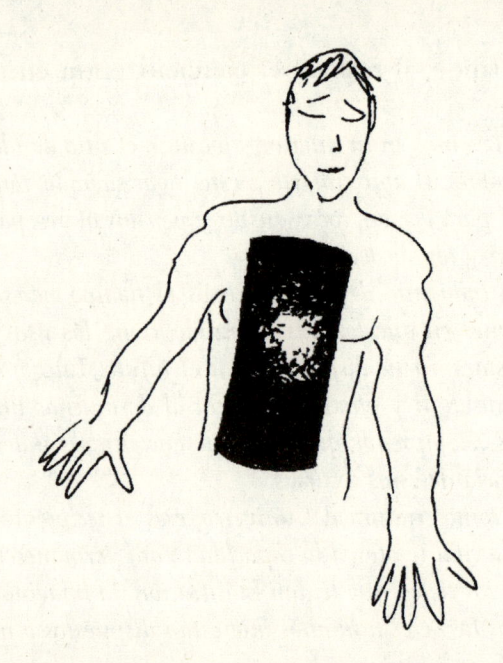

Fue como si pudiera ver el interior de cada uno de estos seres, percibir la brillante luz del espíritu cautivo en un grueso cilindro negro de limitación y rechazo de sí mismos. Mi esfuerzo estuvo dirigido a capacitar a cada persona para ver lo que yo observaba, y luego, juntos, logramos convertir el cilindro negro en una gran pantalla iluminada y crear nuevas posibilidades.

Considero que el primer paso para cualquier cambio es entrar en contacto con el espíritu. Después, juntos, podremos limpiar el camino para liberar la energía que nos permita alcanzar la salud. También esto es espiritualidad en acción.

22
Los últimos años

Una vida exitosa durante los últimos años se inicia con un proceso de transición en el que nos despedimos de lo que fue para recibir lo que vendrá. Entre los grandes acontecimientos que anuncian el comienzo de los últimos años tenemos a la menopausia y el retiro del trabajo. Estas manifestaciones concretas son innegables.

La energía liberada durante estas etapas finales puede utilizarse de otras maneras cuando estamos dispuestos a hacerlo. Por ejemplo, cuando una mujer llega a la menopausia, ya no debe preocuparse por el embarazo y puede entregarse al sexo con renovado abandono. Del mismo modo, al eliminar la obligación de trabajar todos los días, ponemos a nuestra disposición ese tiempo para invertirlo en otras cosas. Todo esto es bastante lógico; sin embargo, para que lo anterior pueda ocurrir libremente, es necesario pasar por los pasos de la transición. El proceso de la transición siempre resulta perturbador, en el sentido de que nos encontramos realizando cambios, y es necesario planificar para contar con una estructura.

Las cinco medidas que presento a continuación te ayudarán a realizar la transición y crear nuevos fundamentos para vivir los últimos años.

1. Reconocer que ha llegado el final. Esto significa que encaras una realidad: "Es cierto, me he retirado".
2. Vivir el duelo de la pérdida. Esto implica manifestar con palabras los sentimientos de pérdida, los resentimientos, el temor y la sensación de rechazo.
3. Reconocer los aspectos positivos de lo que acaba de concluir. Esto significa honrar tu experiencia mediante una manifestación abierta de tu aprecio por lo que recibiste de ella. Hay muy pocas cosas que sean totalmente negativas.
4. Encontrar y reconocer que tu vida tiene ahora espacios abiertos a nuevas posibilidades. Cuando hayas dado este paso, es posible que te sientas más centrado y equilibrado.

5. Ahora estás listo para dar la bienvenida a las nuevas posibilidades. Entra en acción. Céntrate, dirige tu energía, crea lo que quieras y sigue adelante. Continúa viviendo.

Ponte el sombrero de explorador y prepárate para emprender otro de los viajes de la vida. Como en los anteriores, tendrás que buscar los significados que más se adapten a tu vida actual. Si lo piensas con detenimiento, te darás cuenta de que has hecho esto muchas veces; cuando fuiste a la escuela por primera vez, cuando te afeitaste o menstruaste por primera vez, emprendiste estos viajes y representaron momentos cruciales después de los cuales la vida presentó distintas posibilidades. Saliste de estas etapas con nuevos aprendizajes y, en consecuencia, alcanzaste un sitio distinto en tu vida. Lo mismo sucederá ahora. Empero, esta vez quizá debas tener mayor conciencia de lo que necesitas hacer.

El paso por la transición suele ser atemorizante y provoca angustia. Toma todo el tiempo que necesites y sé paciente. Incrementa tu nivel de conciencia y fortalece tu resolución; no te precipites. Toda transición se desarrolla con un ritmo propio; a veces puede transcurrir uno o más años para pasar por todas sus etapas. Al llegar al final, te sentirás dispuesto a enfrentar los nuevos retos.

Para dar más energía a tu proceso de transición, ofrece algunas fiestas de transición ocasionales. Elige algo de lo que estés dispuesto a despedirte y otra cosa a la que darás la bienvenida.

Desarrolla un ritual de pérdida-ganancia. Invita a los amigos que estén pasando por un proceso similar; así se brindarán apoyo mutuo y se divertirán al mismo tiempo. Toda transición debe ser resuelta si quieres que tus años subsecuentes sean exitosos.

He observado que cuando las personas no pasan por una transición adecuada, no pueden enfocarse en un nuevo comienzo. Su energía y atención parecen dirigidas hacia el pasado, lo que deja poca cabida al presente. Esto suele ocasionar la sensación de soportar la existencia en vez de disfrutar de ella. También crea depresiones, las cuales son acentuadas por las fantasías e imágenes negativas de lo que será la vida durante los últimos años.

Una composición de las imágenes negativas más frecuentes de los últimos años es la siguiente:

Cuando sea viejo, ya no estaré interesado, no podré obtener satisfacción sexual. Me volveré físicamente débil, inestable y, posiblemente, tenga dificultades para oír o ver. Enfermaré debido a que la vejez y la enfermedad van siempre de la mano. Mi cerebro sufrirá deterioros; me volveré intelectualmente torpe. Seré poco atractivo, estaré arrugado y gordo. Solo provocaré incomodidad a la gente con mis necesidades, achaques o aislamiento. Tendré que conformarme con mirar novelas por televisión y ocuparme de tareas superficiales. Espero sentirme solo y rechazado. Después de todo, ¿quién quiere tener a su lado a un viejo como yo?

Me sentaré en una mecedora para mirar por la ventana, murmurando para mí, ajeno a mi entorno y con aspecto de tonto. Me sentiré derrotado, dependiente e inútil. Todo lo que tiene importancia para mí ya habrá ocurrido. Deberé resignarme a esperar el fin último, la muerte.

Si pensara que tal es el destino que me aguarda en mis últimos años, haría *cualquier cosa y todo lo posible* para evitarlo, aunque en ello se me fuera la vida. Al escribir este libro, tengo más de 70 años. En muchos aspectos, tengo la impresión de que mi vida está comenzando. Para quienes creen a ciencia cierta en la grotesca imagen que describí antes, la vejez debe ser terriblemente atemorizante.

Muchas personas resuelven estos temores paralizantes realizando un valeroso esfuerzo para ignorarlos y negando cualquier signo del envejecimiento. Esto solo sirve para incrementar la tensión y provoca un intenso odio por uno mismo el cual, a su vez, nos vuelve sensibles a sufrir enfermedades, depresión e infelicidad. Nuestros yo no quieren que los eliminemos, y por ello, luchan para defenderse. El yo desea envejecer con elegancia y ser amado sin condiciones durante el proceso. Estamos hechos para ser saludables a cualquier edad.

Otra fantasía surge en las personas que se hallan atrapadas en el tedio de su trabajo cotidiano. Viven en espera del día en que puedan retirarse y luego, como sucede en los cuentos de hadas, sus sueños se vuelven realidad. Ya no tendrán que trabajar, ya no estarán pendientes del reloj y de resolver los conflictos con jefes poco razonables. Podrán hacer lo que quieran, la vida será maravillosa.

La gente que tiene estas fantasías y no desarrolla las habilidades necesarias para disfrutar del retiro, muy pronto se da cuenta de que su nuevo estado es una pesadilla. Gilberto trabajó mucho toda su vida, tratando siempre de abrirse paso. Se había preparado para el retiro comprando y equipando un remolque de lujo en el que sería su propio jefe y viajaría adonde quisiera. Estaba decidido a ser un hombre libre; al vender la casa, a pesar de las protestas de Rosalba, su mujer, aseguró que todo sería estupendo. Al final, su esposa se resignó, de mala gana, a aceptar su palabra.

Con la venta de la casa y el remolque preparado, Gilberto y Rosalba emprendieron el viaje al nirvana *de él* al día siguiente de su fiesta de retiro. Dos meses de convivencia en un lugar tan estrecho condujeron a que dejaran de dirigirse la palabra. A los seis meses, Gilberto contrajo una enfermedad mortal, y al finalizar el año, murió. En realidad, Gilberto era un dictador que quería que todo se hiciera a su manera. Tenía poca capacidad para la comunicación congruente, poca paciencia y una autoestima muy deteriorada. No dio cabida a la transición importante y necesaria entre la vida que llevó y la que le esperaba. El resultado fue espantoso. Durante su enfermedad, Rosalba se negó a cuidar de él; cuando murió, la ira de su esposa era aún tan grande, que no asistió al funeral.

El plan de Gilberto habría resultado si él y su esposa hubiesen planificado esta nueva etapa de su vida común. Así, los dos habrían estado preparados de manera consciente y realista para este diferente estilo de vida conyugal. Después de muchos años de pasar juntos solo una hora por la mañana, y dos más por la tarde, ahora debían convivir durante las 24 horas del día. De una espaciosa casa de tres habitaciones, que incluía un cuarto de trabajo para cada uno de ellos, tuvieron que conformarse con un espacio equivalente a una pequeña sala para los dos. Se requiere una autoestima muy alta, una relación muy especial y mucho sentido del humor en circunstancias como esta. Ambos se pedían algo imposible.

Dados sus recursos disponibles, ¿cuáles habrían sido las opciones? ¿Qué habría sucedido si Gilberto o Rosalba hubieran experimentado la vida en un remolque durante un mes, para averiguar cómo sería la convivencia en esa situación? Habrían conservado la casa y también sus opciones.

Es posible que ambos se hubieran dado cuenta de que no estaban preparados para realizar un cambio tan importante; quizá habrían preparado otros planes. O tal vez hubieran averiguado qué necesitaban para adoptar este nuevo estilo de vida y encontrado el tiempo suficiente para aprenderlo.

La experiencia de Rosalba y Gilberto indica la necesidad de conservar abiertas las opciones y de analizar con cuidado cualquier cambio radical en el estilo de vida. Para disfrutar de experiencias productivas y felices en los últimos años, es importante que descubras, con claridad, cuáles son tus imágenes y fantasías. Estas imágenes ejercen una gran influencia en tu adaptación; si las conoces de manera consciente, podrás resolverlas y compararlas con la realidad que se te presenta. Estas imágenes son fuentes de pensamientos, y el pensamiento es muy poderoso.

Conoce realmente estas fantasías. Píntalas, escríbelas, coméntalas con un amigo, compártelas con tu compañero o haz una grabación y luego escúchala. Te aseguro que, si estas fantasías son negativas, se convertirán, a la larga, en las voces interiores que te inhibirán y prohibirán alcanzar lo que deseas.

Si las imágenes son positivas, te brindarán apoyo y te animarán cuando estés desalentado. Las imágenes negativas rondan tu interior y te afectan sin que te percates. Es necesario que ventilemos dichas fantasías.

Hasta que hayan salido a la luz, algunas fantasías ni siquiera se hacen evidentes. Tal vez no sabemos que las tenemos. *Si jamás has hecho conscientes tus fantasías, permite que surjan en este momento. Pregúntate: "¿Como será la vida cuando yo...?" y limítate a observar lo que aparece en tu mente.*

Es interesante comentar que pueden aparecer efectos positivos. Al escuchar con atención tus fantasías, consulta con tu sabiduría interior y pregúntate si crees en lo

que dices. Tal vez te des cuenta de que hay otras partes de tu persona que consideran que estás diciendo tonterías. Este es uno de los beneficios concretos de manifestar verbalmente tus fantasías.

Las siguientes interrogantes te ayudarán a descubrir la fuente de estas fantasías. Si analizas estas preguntas, tal vez cortes los lazos con ciertas imágenes o ideas, y te liberes lo suficiente para valorarlas a la luz de la razón, el sentido común y tus deseos del presente.

- ¿A quién has conocido que fuera anciano?
- ¿Cuál fue la naturaleza de tu relación con esta persona?
- ¿Qué oíste y observaste en esta persona?
- ¿Qué información te dio de lo que es la vejez?
- ¿Qué imagen tuviste de ti al llegar a los últimos años?

Ahora, compara tu información con tus hechos y emociones presentes.

Mediante la investigación del proceso de envejecimiento, en individuos sanos, hemos averiguado que no estamos condenados a la decrepitud, los achaques y la degeneración solo por nuestra edad. Estas situaciones son producto de la enfermedad, no del paso de los años.

Cuando las personas se aproximan a la vejez, experimentan alteraciones fisiológicas; esto es una manifestación de la vida misma.

El doctor John W. Rowe, profesor de medicina de la Escuela de Medicina de la Universidad de Harvard, afirma que: "la persona que envejece con éxito tiene un estilo de vida, una condición económica y una personalidad que fortalecen, más que entorpecer, su capacidad para enfrentar los pocos cambios que acompañan a la edad" (publicado en Robert Henig, "Aging Successfully", AARP, *New Bulletin*, Enero, 1988).

En otro artículo, publicado con la colaboración del doctor Robert Kahn, afirma que: "Dentro de la categoría del envejecimiento normal, puede hacerse una distinción entre envejecimiento habitual... y envejecimiento exitoso".

Esto concuerda con mis observaciones clínicas. La autoestima es el fundamento sobre el cual se edifica la capacidad de cualquier individuo para resolver problemas. Si no tienes autoestima, puedes desarrollarla. La experiencia del envejecimiento es una cuestión personal; como ocurre con los cambios anteriores, el resultado exitoso depende casi por completo de la creatividad que posee un individuo con elevada autoestima para enfrentar las situaciones. La imagen negativa que describí antes tiene su origen en un bajo sentimiento de valía personal y no en la edad. Los años tienen poco que ver con nuestras interacciones poco satisfactorias con los demás, con nuestra insatisfacción personal y con el trabajo, o con la manera como honremos la vida, que incluye la propia y la del universo. Podemos aprender, a cualquier edad, la manera de amarnos (tener una elevada autoestima), de desarrollar relaciones satisfactorias, encontrar un empleo y actividades enriquecedoras, y honrar la vida y el universo. El *aprendizaje* sirve de mucho, no solo para aliviar el dolor y las dificultades, sino para abrir las puertas a una vida maravillosa.

Siempre retomo el tema de mis conocidos aliados, la elevada autoestima y la comunicación congruente. Para la mayoría, el aprendizaje de estas habilidades es un proceso que dura toda la vida. Repito, *nuestras habilidades y actitudes son aprendidas.* Nuestras limitaciones radican en nuestra resistencia al aprendizaje de cosas nuevas. Para muchos de nosotros, el cambio es un proceso atemorizante; algunos se defienden con el conocido refrán: "Más vale malo conocido que bueno por conocer". Para estas personas, es difícil entender que nuestros cerebros funcionan a lo largo de toda la vida.

Hoy contamos con información autorizada que presenta un desafío a las suposiciones negativas del pasado. Los hallazgos de las investigaciones sobre el proceso de envejecimiento en personas saludables demuestran lo siguiente:

1. Nuestra capacidad para aprender aumenta con la edad. La mente continúa su crecimiento cuando recibe estímulo.
2. La capacidad para la excitación y la satisfacción sexual permanece constante y, en algunas circunstancias, aumenta. No perdemos el interés sexual solo porque hemos envejecido.
3. El cuerpo demuestra una gran capacidad de regeneración cuando se encuentra complementado por una elevada autoestima, una actividad dirigida, movimiento físico y relaciones amorosas satisfactorias.

El gran reto de los últimos años es actuar conforme a nuestros conocimientos de salud. Mantente informado respecto a los nuevos descubrimientos sobre la vejez y cambia las imágenes negativas por unas positivas y excitantes. Una imagen basada en la salud sería:

- "Cuando sea mayor, espero estar sano. Seré más sabio. Al tener tiempo e interés, buscaré estímulos para disfrutar mi vida. Experimentaré con cosas nuevas".

- "Podré divertirme a solas. También conservaré mi capacidad para contactar a otras personas cuando así lo decida".
- "Estaré físicamente activo. Me vestiré con hermosos colores. Mi cuerpo será esbelto y tendrá un aspecto agradable".
- "Tendré energía. Tendré luz propia que será un reflejo de mí mismo".

Hoy, el reto es este: ¿Qué debo aprender para lograr esto? *Por favor, recuerda que tus pensamientos, actitudes y percepciones tienen ya gran poder.* Al ver un vaso medio vacío, podrías describirlo como medio lleno, lo que servirá para elevar tu energía y te brindará sentimientos positivos. O también puedes considerarlo medio vacío, lo que disminuirá tu energía y evocará emociones negativas. Ambas descripciones son adecuadas, pero provocan sensaciones distintas. Recomiendo que imaginemos que el vaso está medio lleno.

Es lógico que veamos las cosas de manera positiva; considero que al cambiar nuestras actitudes de negativas a positivas, hacemos una invitación para atraer la energía positiva. Un ejemplo de lo anterior es ofrecer una sonrisa a quien corresponde con otra sonrisa.

Me gustaría promover la idea de que un posible resultado del envejecimiento es la adquisición de sabiduría. Las personas saludables pueden ser fuentes de conocimiento y experiencia, y tienen la capacidad para ayudar a los jóvenes y a sí mismos. ¿Qué sucedería si toda comunidad tuviera un "Consejo de ancianos"?

Conozco algunos interesantes programas que reúnen a las personas mayores con niños y adolescentes, para establecer una especie de relación abuelos-nietos. En esta época, cuando las familias se encuentran tan diseminadas, esto representa una valiosa oportunidad para todos.

Nuestra actitud y ánimo son elementos muy poderosos para el bienestar físico, emocional y espiritual a cualquier edad. Por supuesto, el cuerpo tendrá las huellas del tiempo que aparecen con la vejez: el cabello encanece y nuestro metabolismo cambia. También se alteran nuestros tiempos de respuesta y tardamos más en recuperarnos de una enfermedad. Empero, el espíritu humano, la actitud, la autoestima y las respuestas emocionales mejoran con la edad. Sucede con ellas lo mismo que con el buen vino.

Muy pocas comunidades han realizado esfuerzos para organizar programas innovadores basados en los recursos de la persona mayor. Casi todas las comunidades cuentan con programas para ancianos e instalaciones para la atención de la salud, pero son pocas las que ofrecen programas para que los ancianos hagan aportaciones significativas a la comunidad. Quizá tú, lector de este libro, puedas organizar un servicio similar en tu iglesia u otra organización de servicios públicos de tu comunidad —un programa del que todos salgan beneficiados.

A menudo me siento asombrada por la rapidez con que los ancianos se convierten en individuos vitales, creativos y saludables tan pronto como experimentan la emoción que evocan sus posibilidades, y toman la decisión de vivir su vida, en vez de "morir" en ella. En un funeral, me entristezco más por quienes jamás aprendieron a vivir.

Creo que la investigación demostrará lo que ya hemos descubierto en la clínica: la edad es un concepto mental. La baja autoestima, una mala nutrición, la falta de estímulos, las condiciones de vida inadecuadas, el aislamiento, la falta de amistades y las relaciones negativas contribuyen a volvernos más susceptibles de sufrir enfermedades físicas y mentales. El antídoto está compuesto por la elevada autoestima, una buena nutrición, estimulación física y mental, condiciones de vida atractivas y saludables, relaciones satisfactorias con otras personas, contacto humano íntimo, relaciones nutricias y propósitos claros.

La estructura es otra dimensión importante de los últimos años. El retiro es una situación nueva y desconocida; al igual que en la adolescencia, no hemos pasado por esto con anterioridad. Nadie puede decirnos qué hacer. El reloj y el calendario pierden su importancia. Los horarios del día de trabajo desaparecen y nos volvemos responsables de reestructurar todo el día. Después que hemos dejado la responsabilidad a las autoridades ajenas durante muchos años, el diseño de nuestra vida personal se convierte en un gran desafío. Ahora tenemos que desarrollar una estructura de apoyo hecha a la medida de nuestras necesidades.

El retiro es un campo de pruebas para nuestras habilidades personales de resolución de conflictos, para la madurez y la naturaleza de las relaciones. Podemos considerarlo como una oportunidad maravillosa para descubrir lo que necesitamos. Por ejemplo, tendremos la posibilidad de aprender más sobre la capacidad de adaptación, el nivel de autoestima, qué es lo que dispara la baja autoestima, cuáles son los hábitos arraigados y el ritmo de nuestro estado de ánimo, como no pudimos hacerlo antes.

Muchas personas que se encuentran en distintas relaciones sufren grandes fracasos en esta época. La situación nueva no solo crea un contexto nuevo, sino que puede poner en peligro la eficacia de lo que existe en la actualidad. Todas tus relaciones serán sometidas a análisis; si necesitan ayuda, encuentra la manera de ayudarlas. Sé tu propio Sherlock Holmes. Haz lo que sea necesario cuando percibas un problema; no permitas que tu timidez o temor se convierta en un obstáculo (véanse los capítulos sobre autoestima y parejas). Cuando descubras que tu relación se encuentra en peligro, únete (o crea) un grupo de apoyo donde puedas encontrar nuevas perspectivas. Al hablar de los conflictos con un grupo de personas interesadas, favorecerás la curación y el establecimiento de vínculos. También es útil el asesoramiento profesional.

Quizás ahora resulta más evidente que nuestro contexto no limita, de manera automática, nuestras oportunidades. La forma como funcionamos y nos desenvolvemos en dicho contexto, determina lo que nos suceda después. La vida durante los últimos años es solo otro contexto para una vida creativa.

Si ya has desarrollado una elevada autoestima y una comunicación congruente, la llegada de los últimos años será una nueva oportunidad para continuar con tu crecimiento. Sabes que tu elevada autoestima depende de ti y no de tu empleo, el dinero o tus contactos sociales. Puedes adoptar una actitud positiva o negativa. La imagen que vuelve a mi mente es la del escultor que se aproxima al bloque de piedra; lo que resulte de allí será lo que encuentre en la piedra, y no una idea preconcebida. Muchas personas llegan a sus últimos años después de alcanzar el éxito solo en apariencia; en su interior es posible que lleven a cuestas una sensación crónica de vacío y soledad. Una vez que se encuentran privadas de los adornos del éxito —dinero, autoridad, condición social, etcétera—, estas personas suelen experimentar depresión o comienzan a comportarse de manera inadecuada al llegar a la vejez. Ha desaparecido lo que habían considerado que sería su fortaleza. Si esto es lo que te sucede en este momento, trata la situación como si fuera un descubrimiento y encuentra la manera de desarrollar tu autoestima. Esta no debe ser una tarea solitaria: hay pocas personas que crecieron con una autoestima elevada y habilidades de resolución congruentes.

Hace poco ofrecí una charla a un grupo de ejecutivos retirados. Un hombre de más de 70 años, expresidente de un banco, me dijo: "No tengo un título; no tengo oficina. Soy un don nadie" (a los pocos minutos, otros tres hombres me ofrecieron versiones de la misma situación). Desde el punto de vista de un observador, este hombre había alcanzado todas las señales aparentes del éxito; lo que no logró desarrollar fue el sentimiento de su valía interior. Debido a que estos cuatro individuos consideraban que sus títulos y despachos eran las definiciones de su autoestima, el retiro significó un cruel desgarramiento que los derribó al suelo donde se tendieron a sangrar, impotentes.

Cuando la juventud y los jóvenes pierden su lustre, cuando el dinero, el poder y la posición social han desaparecido, las personas sufren terribles decepciones si han equiparado estos elementos con su valor personal. Hasta que hayan aprendido otra manera de vivir, muchos seguirán el camino del alcoholismo, la enfermedad, el divorcio, la depresión o el suicidio. La ayuda del exterior suele ser necesaria en estos momentos para descubrir la forma como pueden transformar su vida.

La gente no tiene que esperar hasta llegar a los últimos años para descubrir su valor interior. Más allá de cualquier manifestación de éxito, el significado y el valor de la vida son aspectos fundamentales para la existencia humana. Una vez que aprendamos a valorizar la vida, podremos experimentar nuestro despertar espiritual.

El primer paso es la elevada autoestima. Esta es una actitud que podemos aprender a cualquier edad y que tiene especial utilidad en los últimos años. Por ejemplo, el aprendizaje o la posesión de una elevada autoestima nos permite continuar descubriendo los recursos que no hemos tocado hasta ahora. Podemos dar cumplimiento a nuestros sueños si aún nos resultan atrayentes, o incluso crear nuevos ideales. El único límite es nuestra capacidad para soñar y la energía para hacer que se manifiesten estos sueños.

Los últimos años son una época para encontrar nuevos propósitos de vida, tal vez algo que siempre hemos querido intentar. Si el anhelo sigue presente, actúa. Si buscas una dirección nueva y completamente distinta, quizá quieras volver a los ejercicios de la fantasía de este capítulo.

Nuestras necesidades humanas comunes, presentes a cualquier edad, aparecen descritas a continuación como un recordatorio de lo que ya sabes, aunque tal vez lo hayas olvidado temporalmente:

- Necesitamos amar y ser amados, ser observados, reconocidos y respetados, ser tocados literal y figurativamente.
- Necesitamos tener importancia y un propósito.
- Necesitamos estimulación y aprender cosas nuevas.
- Necesitamos establecer relaciones satisfactorias e íntimas.
- Necesitamos divertirnos y tener sentido del humor.
- Necesitamos una seguridad económica.
- Necesitamos gozar de salud física y mental.
- Necesitamos una sensación de pertenecer.
- Necesitamos formar parte de una comunidad vital de amigos y colegas.
- Necesitamos entrar en contacto con nuestra fuerza vital, nuestra religión, nuestra divinidad.

Todas estas necesidades se hallan presentes en todas las etapas de nuestra vida, desde la infancia hasta la muerte. No siempre tenemos la oportunidad de aprenderlas en el camino; en algunas etapas, hay unas que tienen mayor importancia que otras. Al llegar los últimos años, es necesario que nos preguntemos dónde nos encontramos en todos estos puntos y adoptemos las medidas necesarias para mejorar y adquirir los que aún no poseemos.

Espera un momento y realiza un inventario mental de tu estilo de vida actual.

- ¿Ingieres alimentos nutritivos?
- ¿Haces ejercicio?
- ¿Prestas atención a tus necesidades emocionales?
- ¿Sigues desarrollando tu habilidad para la comunicación congruente?
- ¿Tienes relaciones nutricias?
- ¿Perteneces a un grupo de apoyo?
- ¿Has desarrollado tu capacidad para escuchar, ser sincero contigo y pedir lo que deseas?
- ¿Has desarrollado medios eficaces para resolver conflictos?
- ¿Te emociona la vida y disfrutas de ella?
- ¿Tratas de desarrollar más tu sentido del humor y de divertirte con la vida?

- ¿Has desarrollado medios satisfactorios para amarte y valorizarte?
- ¿Cultivas algún interés en aprender cosas nuevas?
- ¿Conoces las maneras adecuadas de relajarte?
- ¿Te ofreces la oportunidad de aprender de tus errores?
- ¿Te das permiso de amar de manera abierta y profunda?

Si has llegado a los últimos años y no puedes responder con una afirmación a todas estas interrogantes, es tiempo de que empieces a hacerlo. Perdónate si no lo aprendiste antes; tu mundo no estaba enfocado en estas ideas. La consecución de estos aprendizajes rendirá atractivos dividendos: profundos efectos positivos en ti, tu salud y la manera como percibes el mundo. Es importante saber que contamos con alternativas para lo que queremos hacer con nuestra vida. Podemos elegir entre una actitud positiva y otra negativa.

Redacta una lista de las personas que conoces personalmente, o de quienes has leído u oído hablar, y que hayan realizado aportaciones significativas a su vida y al mundo durante sus últimos años. Averigua más de estos individuos, pues pueden servir de modelos positivos para tus años posteriores. Organiza un grupo de estudio para reunir recursos. Necesitamos encontrar modelos positivos y saludables para contrarrestar el efecto de las imágenes negativas del pasado.

Busca personas saludables de sesenta años o más. Obsérvalas en los gimnasios, en las iglesias, en las clases de la YMCA o YWCA, en residencias para personas mayores, en acontecimientos organizados al aire libre, en organizaciones de vecindarios y en asociaciones para individuos retirados. Analiza su belleza, vitalidad y deseo de vivir; aprende de sus filosofías y sus actitudes hacia la vida. Experimenta la riqueza y emoción de su compañía.

Tal vez te interese entrevistar a algunas de estas personas, grabar sus palabras y entregarles una copia. Necesitamos una intensa exposición a las personas saludables que viven sus últimos años. Las imágenes negativas y desagradables de los ancianos son aún muy poderosas, y es necesario reemplazarlas con imágenes positivas y atractivas.

Si eres un lector joven que ha establecido relaciones con progenitores o parientes que han llegado a sus últimos años, ofréceles apoyo. Trátalos como seres humanos responsables y responsivos; no los limites a un tratamiento de viejos, malcriándolos o mostrándote condescendiente con ellos. En vez de esto, percíbelos como seres humanos que han entrado en una importante etapa de la vida que les ofrece muchas situaciones desconocidas y oportunidades para correr nuevos riesgos. Da cabida al hecho de que pueden sentirse angustiados, como suele ocurrir con las personas que enfrentan circunstancias novedosas.

Recuerdo a una familia de hijos adultos que llevaron a mi consultorio a su madre, de 84 años, porque mostraba señales de interés sexual por un desconocido que tenía casi su edad. La "descubrieron" sentada en un parque con el hombre. Cuando pude convencer a los hijos de que su madre, Anita, actuaba de manera responsable ante su soledad y deseo de crecer, comenzaron a percibirla como una persona: Anita, no solo como "mamá" o "abuelita". Esta mujer era más parecida que distinta respecto a estos adultos, pero las imágenes de los hijos estaban influidas por sus pensamientos, percepciones y conductas. Estos hijos habían negado a su madre la condición de persona.

La vitalidad es producto de la elevada autoestima. Es muy útil para alcanzar una actitud positiva que brinde alimento a la totalidad de la persona. Quienes poseen una elevada autoestima, tienen ojos relucientes; sus espíritus son plenos e invitantes. Son seres abiertos, con un maravilloso sentido del humor, y enfrentan la vida con dignidad y entusiasmo. Son personas eficaces y también conocedoras. Todo esto es resultado de una actitud positiva, la cual puede ser cultivada en cualquier etapa de la vida, en cualquier persona que esté dispuesta a hacerlo.

Ya he mencionado el poder que tienen tus pensamientos para afectar la salud y la actitud ante la vida. ¿No es un milagro que un cambio de pensamientos pueda precipitar resultados tan positivos?

A través del modelamiento, las personas mayores de hoy portan las antorchas de las nuevas imágenes de lo que pueden ser nuestros últimos años. Los ancianos empiezan a ser reconocidos como uno de los principales caudales de recursos, energía, sabiduría y creatividad de la sociedad moderna. Esto es muy positivo. Y también era tiempo de que nos diéramos cuenta: al llegar el año 2000, 30% de la población estadounidense tendrá más de 70 años; el país necesita de toda esta energía. El reto para las personas mayores de hoy es demostrar, con su ejemplo, la magnitud de su aportación potencial a su vida, su comunidad y el mundo.

23
La familia en la sociedad

Si reunimos a todas las familias existentes, tendremos a la sociedad, es así de sencillo. Cualquier clase de entrenamiento llevado a cabo en la familia individual, quedará reflejado en la clase de sociedad conformada por estas familias. Y las instituciones como escuelas, iglesias, negocios y gobierno son, en todo sentido, extensiones de las formas familiares a las formas no familiares.

Las familias y las sociedades son versiones pequeñas y grandes de sí mismas; las dos están compuestas de personas que trabajan juntas, cuyos destinos están enlazados. Cada una de ellas contiene los elementos de una relación: los dirigentes desempeñan papeles relativos a los dirigidos, los jóvenes a los viejos, y los hombres a las mujeres; y cada cual participa en un proceso de toma de decisiones, uso de la autoridad y consecución de objetivos comunes.

Algunas familias enseñan la conformidad individual, otras educan en la rebelión individual, otras más imparten la doctrina de la responsabilidad de grupo y aun otras, por omisión, enseñan el *laissez-faire*. Cada familia comunica algo sobre la manera de enfrentar el mundo exterior: cómo desenvolverse, qué hacer ante la injusticia y las cosas horribles del mundo y cómo relacionarse con todo esto.

Los padres pueden enseñar la actitud de *laissez-faire* al crear una barrera de protección en torno a sus hijos, dirigiendo sus pasos de tal forma que no perciban la fealdad y la injusticia. En pocas palabras, protegen a sus hijos e impiden que vean los aspectos miserables de la existencia. Así, el mundo se convierte en lo que los niños conocen, en lo que pueden ver.

La televisión ha complicado mucho esta forma de protección. Es difícil permanecer en un capullo protector cuando tenemos que ver lo que ocurre en el mundo a través de la pantalla del televisor. Empero, es posible eliminar gran parte de esto porque, después de todo, si una persona no sabe mucho del mundo y no ha experimentado lo que sucede en él, puede concluir que lo que percibe es ajeno a él o ella y procede a olvidarlo. Aunque no lo creas, conozco individuos de entre doce y 18 años que jamás han visto a una persona pobre o rica, o que jamás han tomado un baño de tina. En los *ghettos* y distritos residenciales de algunas ciudades, los niños pueden permanecer aislados del mundo en sus vecindarios y niveles económicos.

Para comprender lo que ocurre en la actualidad, en términos de familia y sociedad, sería útil recurrir a una perspectiva histórica. Hace mucho tiempo, en las sociedades antiguas, la familia era la única fuente de enseñanza que necesitaban sus miembros para saber lo que debían hacer al alcanzar la madurez. Esto significaba aprender a cuidar de sí mismos y a sostenerse sin ayuda, a cuidar y tratar a los demás, y cómo enfrentar el mundo de las cosas. El conocimiento disponible era muy limitado, y una persona, tal vez dos, podían saberlo todo.

Al principio, tal vez era muy sencillo encontrar contento en este aprendizaje. La vida era más una cuestión de supervivencia; cómo conservar la vida, cómo conseguir alimentos, cómo no morir congelados o en las garras de los animales salvajes y demás. El individuo solo tenía que vigilar a los demás y aprender de su experiencia.

Como es evidente, gran parte de lo que hoy consideramos necesidades básicas habría sido inadecuada, y aun irrelevante, en aquellos días. ¿Para qué los primeros seres humanos necesitarían aprender a leer y escribir, a estudiar sobre la nutrición o prepararse para el retiro? Muchos aspectos de la vida y la raza humana seguían encapsulados en lo desconocido; la gente desconocía lo que no conocía.

Por ejemplo, hubo un tiempo en que las personas no sabían que los bebés eran el resultado del contacto sexual. El coito ocurría tal vez como una respuesta instintiva, y provocaba la conciencia de placer, mas no se consideraba como un acto relacionado con el desarrollo de un hijo. El vientre voluminoso de la mujer embarazada sí era relacionado con la producción de bebés —era fácil darse cuenta de esto—. La explicación de la aparición del niño en el vientre no tenía que ver con el coito, sino que podía explicarse por lo que la mujer comía, lo que pensaba, o alguna intervención demoniaca o divina. Cuando los individuos entendieron la relación entre el coito y el embarazo, se abrió el camino para nuevos descubrimientos.

Cito este ejemplo como una muestra de la simplicidad de la información del pasado y los grandes progresos realizados desde entonces. Debemos reconocer que la información actual para los jóvenes en lo tocante a los aspectos sutiles del embarazo, ¡abarca mucho más que la dieta adecuada!

Debido a la complejidad de nuestra sociedad actual, no podemos esperar que una familia enseñe todo a sus hijos. Hemos favorecido el desarrollo de especialistas institucionales que participan con nosotros en el proceso de enseñanza, y la riqueza de nuestros avances tecnológicos nos ha llevado a la era de la especialización. Como tenemos que ceder algunas experiencias de aprendizaje a las instituciones ajenas a la familia, a menudo perdemos de vista el hecho de que la verdadera riqueza se encuentra en nuestra gente. A la larga, la familia ha tenido que conformarse con los despojos que los negocios, la escuela, la iglesia y el gobierno han dejado de nosotros. Estas instituciones (que creamos para ayudar a la formación de personas) empiezan a actuar contra la salud del grupo familiar. Las escuelas separan a los hijos de sus padres, los negocios pretenden que hombres y mujeres se ausenten del hogar durante largos periodos, y nuestros gobiernos nos quitan a los jóvenes, hombres y mujeres, para que presten servicio en tierras extranjeras.

Por supuesto, me gustaría ver que todas las instituciones pudieran encontrar una relación común con el bienestar de la familia. Es muy posible que las instituciones procedan de esta manera sin renunciar a sus fines.

Entre tanto, temo que seguimos encerrados en una sociedad orientada hacia el poder y los objetos, y nuestras familias se han acostumbrado a vivir de este modo. Enseñamos a nuestros hijos a ser ambiciosos y poderosos con el fin de enfrentar el mundo exterior. Pero, ¿qué sucede? Después de vencer a otra persona, ¿qué logramos? Solo nos queda el temor de saber que, sin no nos cuidamos, vendrá otra persona que nos vencerá y, de esta manera, vivimos siempre con inseguridad, a la defensiva, con recelo y miedo. Supongamos que conservas el poder y obtienes todas las cosas materiales que deseas; ¿estas cosas pueden hablar por ti o tener brazos que te consuelen y den apoyo? Jamás he visto que las pertenencias o el dinero puedan mostrarse afectuosos. Tampoco creo que se trate de una disyuntiva (o tenemos valores humanos y no detentamos el poder ni nos hacemos de cosas materiales, o somos poderosos y carecemos de valores humanos).

Una vez más, es necesario que analicemos y reconozcamos la relación entre el entrenamiento familiar y el desarrollo de nuestras instituciones. El problema se centra en el uso del poder: uso es la palabra clave. Muy a menudo confundimos el poderío con la persona ("Soy poderoso, soy algo; soy impotente, soy nada"). Comparemos esta clase de pensamientos con, por ejemplo, el uso que doy a mi poder para favorecer mi crecimiento y el tuyo. Esta variedad del uso del poder no excluye los valores humanos, sino que los resalta.

La enseñanza de las habilidades a los niños es un buen ejemplo de la forma como podemos usar —o abusar de— nuestro poder. La mayoría de los adultos en una familia consideran que son las mejores autoridades para enseñar a sus jóvenes los distintos aspectos de la disciplina, el sexo, la administración del dinero y otros más; luego los hijos van a la escuela donde otros adultos creen que saben más sobre la mejor manera de enseñar en ciertas áreas. Si los padres y maestros presentan información diferente, se plantea la interrogante, para el niño, de cómo unificar estas dos fuentes de información y aprendizaje. ¿Y qué sucede a las personas afectadas, debido a estas diferencias?

Recuerdo a un niño cuyo padre era mecánico automovilístico. El hijo asiste a una escuela del ramo y suele tener fuertes enfrentamientos con su padre sobre la manera más adecuada de arreglar un auto. Esta clase de conflicto representa más que un desacuerdo entre el estilo anticuado de reparación de un auto y las novedosas ideas de la escuela; refleja la generalizada creencia de que solo existe una manera de hacer lo que debe hacerse. Algunos tal vez nos percatamos de este erróneo razonamiento, empero, muchos de nosotros insistimos en utilizarlo.

Veamos otro ejemplo. Susi, una niña precoz de cinco años que asiste a un jardín de niños de su localidad, podía leer, realizar ejercicios matemáticos simples y poseía una gran creatividad. La escuela de párvulos le aburría, y eso dijo en casa. La madre envió una nota a la escuela diciendo que su currículum era muy aburrido para la niña, y que la maestra tenía que hacer que la asistencia al colegio fuera más interesante. Sucede que Susi es una de cuarenta asistentes al jardín de niños —una alumna que la maestra considera "siempre conflictiva". Por consiguiente, la profesora envía una nota en la que informa a los progenitores que, si no hacen algo respecto a la niña, tendrá que pedirles que la saquen de su institución.

Estas notas se cruzan en el correo. Por cierto, la maestra no sabía que Susi podía leer; los padres tampoco sabían que la niña era conflictiva en la escuela. Ambas partes poseen una información incompleta, y comienzan a surgir sentimientos de agresividad y dolor. Los participantes en el drama son "esos padres permisivos", desde el punto de vista de la profesora, y "esa maestra incompetente", desde la perspectiva de los progenitores. Susi saldrá perdiendo mientras sucedan estas cosas.

Lo que se necesitaba en este caso era un sistema que permitiera compartir la información entre todos los interesados. Esta retroalimentación prepara el camino para cambios adecuados, debido a que reconoce que nadie puede saberlo todo. Yo desconoceré el efecto total que causo en ti, a menos que tú me lo comuniques. Y ¿qué esperanza puede abrigar la profesora de cambiar a unos padres que ya ha calificado de permisivos? ¿Cómo pretenden los progenitores establecer una comunicación, y mucho menos un cambio, con la profesora a la que han calificado de incompetente? En este sentido, la actitud de: "sé que no lo sé todo" resulta muy útil. Del mismo modo, cuando sucede algo, existen muchos aspectos del acontecimiento, y no todos son fácilmente perceptibles.

Sin la retroalimentación, siempre habrá ataque, capitulación e indiferencia. De esta manera, los sistemas de retroalimentación son fundamentales en las familias, instituciones y áreas donde dos individuos se combinan para buscar una meta común.

Pueden surgir malentendidos insidiosos e hirientes cuando las personas no encuentran la forma de compartir su información; la hostilidad consiguiente reduce la autoestima y crea verdaderos obstáculos para cualquier clase de resolución de conflictos. Los malentendidos, las murallas que rodean a los individuos y las brechas que los separan, crecen cada vez más. Así, los seres humanos que se sienten incomprendidos y violados, sufren una pérdida de autoestima que, a su vez, reduce su productividad y placer ante la vida. Y esto ocurre sin importar que el individuo incomprendido y violado sea un padre, un maestro, un religioso, un ejecutivo o un miembro de una congregación.

Muy bien. A estas alturas creo que sería útil recapitular los elementos comunes a la sociedad y las familias individuales, como decía al iniciar este capítulo. Cada cual debe contender con las relaciones entre dirigentes y seguidores, jóvenes y mayores, hombres y mujeres, así como con los procesos de toma de decisiones, uso de la autoridad y consecución de las metas comunes.

En la actualidad, estos elementos están siendo desafiados por las familias e instituciones de todo el mundo. La gente comienza a tomar conciencia del eslabón común a todas las relaciones, y ahora exige que nuestras instituciones también tomen nota. Este eslabón básico es que todo dirigente es una persona, todo joven es una persona, hombres y mujeres son personas. Las decisiones, la autoridad y los objetivos son, en esencia, los medios personales para relacionarse.

Por último, es necesario que todos reconozcamos que la vida se desarrolla con personas, y que lo que sucede entre las personas es el principal determinante de lo que ocurra con ellas y el ambiente que las rodea. La familia es el sitio donde se origina lo que la gente sabe, lo que cree y la manera como resuelve sus diferencias. En estos tiempos, nuestras instituciones reflejan estos aprendizajes familiares. Además, nos damos cuenta de que algunos de dichos aprendizajes entorpecen el crecimiento y, por ende, ya es tiempo de cambiar el fundamento sobre el cual funcionamos. No te sorprenderá saber que todo esto tiene que ver con la autoestima —la forma como se manifiesta, como la comunicas y la clase de relación de grupo que surge entre los individuos que tienen una olla llena, que se comunican de manera niveladora, que saben tener intimidad y que pueden confiar abiertamente.

Puedo percibir la necesidad de que las familias soliciten volverse partícipes de cualquier institución en la que alguno de sus miembros esté implicado, y que sean consideradas como parte de dicho sistema. La familia es la unidad integral de la sociedad. En realidad, la familia es una de las pocas unidades cuyas situaciones geográfica y numérica son lo bastante pequeñas para que todos puedan sentarse en la misma habitación y darse a conocer; rara es la familia que tiene un número mayor de 15, y 15 elementos representa un grupo reconocido, de buen tamaño y completo. Así que, cuando un grupo no sea mayor de 15 y se reúna en un mismo sitio, todos pueden esperar (dentro de un plazo razonable) ser conocidos, escuchados y vistos, a la vez que conocen, escuchan y ven a los demás.

¿Recuerdas las reuniones familiares de que hablábamos en otros capítulos? Siéntate con tu familia con el único propósito de averiguar en qué punto se encuentran todos en relación con las instituciones externas: escuelas, negocios, iglesias, campamentos, niños exploradores, equipos de gimnasia y demás. Utiliza esta reunión familiar como el único sitio donde cada cual puede percibir las carencias, omisiones, injusticias, recompensas y experiencias dentro del marco de las necesidades

del grupo. Hablen de las adaptaciones que tal vez deban realizar. Esto les brindará el sistema de retroalimentación que mencioné.

¿Qué es lo que trato de decirte? Que empieces con tu familia. Todos conocen ya la autoestima, la comunicación y los procesos; ahora es tiempo de que hagan funcionar en la familia estas poderosas fuerzas. Y cuando comiencen a actuar en tu familia, volviéndola más nutricia, estas mismas fuerzas podrán aplicarse a la sociedad. Es posible que, incluso, sea el comienzo de una nueva clase de sociedad. Después de todo, la unidad familiar es el eslabón sintetizador con su fuente: la sociedad en su totalidad. Como tales, la familia y sus enseñanzas son fundamentales para la consecución de la paz.

24
Paz interior, paz entremedias y paz entre todos

Quiero ahondar en la idea de que el mundo es una familia de naciones, conformadas por personas como tú y como yo. Estas naciones están dirigidas por personas, como sucede con cualquier otra familia. La diferencia es que son personas que se encuentran en el gobierno, aunque encaran los mismos problemas, desafíos y posibilidades que los individuos que componen las familias.

La creación de la paz mundial se parece mucho a la consecución de la paz en la familia. Estamos aprendiendo a curar a las familias, y podemos utilizar este aprendizaje para curar al mundo. Nuestra familia mundial es disfuncional y, de hecho, funciona con los mismos problemas que afectan a cualquier otra familia disfuncional. En muchos gobiernos, el poder se concentra en una persona o papel; la identidad es percibida en términos de conformidad y obediencia, y la autonomía está sujeta a la aprobación de otra persona.

Dentro y entre los distintos países, los conflictos suelen resolverse con inculpaciones y castigos; alcanzan las soluciones por decreto, amenaza, fuerza y evitación. La confianza suele ser traicionada y, por tanto, está sometida al recelo. Las relaciones tienen su fundamento en la dominación y el sometimiento. Sabemos que el niño que descubre que puede obtener resultados con amenazas, por la fuerza o con manipulaciones, recurrirá a estos métodos al llegar a la edad adulta, a menos que ocurra una intervención. La amenaza que utilice un niño podría ser un puño o un palo; en un adulto, podría tratarse de un arma o una bomba... en cualquier caso, el proceso será el mismo.

Como la mayoría de las personas crecen con estos aprendizajes, no es sorprendente observar que la mayoría de los dirigentes del mundo las pongan en práctica. Mediante las crisis de guerra, hambre y las depresiones económicas, la familia mundial nos pide ayuda como lo haría la familia disfuncional que manifiesta su sufrimiento en los síntomas. En este momento, toda la gente de la Tierra vive bajo la sombra de la amenaza de una guerra nuclear. De forma paradójica, también tenemos más información y tecnología, en lo tocante a los seres humanos, que en cualquier otro momento histórico. Vivimos en una época de grandes oportunidades, así como de peligros potenciales. Nuestras decisiones crearán la diferencia; tú y yo tendremos que tomar esas determinaciones. En el mundo actual, podemos llegar a casi cualquier persona en casi cualquier parte del planeta en cuestión de segundos, utilizando satélites y otros vehículos de comunicación. En la televisión vemos lo que sucede en otros sitios, en el momento en que ocurre. Las computadoras pueden procesar enormes cantidades de información en fracciones de segundo; podemos volar a casi cualquier parte del planeta en 17 horas; construir puentes entre los continentes; hemos enviado astronautas a la Luna, incluso hablamos de instalar viviendas en el espacio.

Poseemos la inteligencia y la capacidad para crear tecnologías fabulosas y, en ocasiones, pasmosas, pero todavía debemos encontrar el medio más confiable para que todas las personas del mundo vivan y trabajen en comunión; es ahora cuando debemos utilizar nuestra inteligencia para lograr este objetivo. Una vez que lleguemos a la íntima conclusión de que ha llegado el momento de actuar, de que es necesario hacerlo, tendremos éxito.

Me pregunto qué sucedería si de pronto, en una noche, los siete mil millones de personas que pueblan el planeta aprendieran los principios esenciales de vivir con congruencia:

- Comunicarse con claridad.
- Cooperar en vez de competir.
- Capacitar en vez de subyugar.
- Fortalecer la exclusividad individual en vez de catalogar.
- Utilizar la autoridad para dirigir y alcanzar "lo adecuado", en vez de obligar a la obediencia mediante la tiranía del poder.
- Amar, valorar y respetarnos plenamente.
- Ser responsables personal y socialmente.
- Utilizar los problemas como retos y oportunidades para encontrar soluciones creativas.

Creo que despertaríamos en un mundo muy distinto, un mundo donde la paz sería posible. Es solo cuestión de un cambio de conciencia. ¿Qué provocará que cada uno de nosotros cambie de mentalidad? Creo que esto ocurrirá cuando nos amemos y valoremos lo suficiente, y reconozcamos que somos seres espirituales.

Cuando pienso en cambiar nuestro mundo, la tarea me parece tan grande que resulta atemorizante. ¿Por dónde empezar? Entre siete mil millones de personas, una sola parece una gota en el mar, impotente para cambiar algo. No soy tan ingenua como para creer que una persona podría realizar esta tarea sin ayuda; sin embargo, la conjunción de muchos individuos que compartan una visión podría iniciar el cambio.

Hace poco vi un cartel que proclamaba: "La paz empieza conmigo". Cuando vivimos en paz, se inicia el cambio. Es así como puede empezar su tarea una persona solitaria —consigo misma—. Cuando modelo paz y armonía, todos los que me rodean reciben mi influencia. Lo mismo puede decirse de ti y los demás. Margaret Mead afirmó: "El cambio siempre se produce por unas cuantas personas comprometidas".

Si todos hubiéramos recibido una crianza distinta, el mundo tendría paz. Nuestra labor es abrazar las nuevas enseñanzas que crean una nueva conciencia individual.

Mi tesis es simple y lógica a la vez. Si criamos a los niños en un contexto de paz en el que los dirigentes adultos modelen la congruencia, los niños se convertirán en adultos pacíficos que, a su vez, crearán un mundo de paz.

Sin querer, la mayoría de los progenitores se derrotan a sí mismos al crear un contexto familiar conflictivo y, en consecuencia, no presentan el modelo que predican; de este modo, se perpetúan las enseñanzas del pasado. Hoy, el reto es interrumpir estos antiguos patrones y desarrollar modelos nuevos que nos permitan brindar ayuda a los demás, en vez de hacer la guerra.

La guerra, como medio aceptable de resolución de conflictos, debe limitarse hoy a los museos, junto con otras reliquias de la antigüedad.

Hay personas que empiezan a descubrir el secreto de la congruencia; aprenden a atesorar su condición milagrosa, así como la de los demás. Entran en contacto entre ellos sobre la base de sus diferencias; creen en su capacidad para crecer y cambiar; saben que pueden ser sinceros emocionalmente; son seres humanos vitales, comprometidos, con un sentido de propósito y la capacidad para reír de sí mismos.

Estas son las personas que están calificadas para convertirse en dirigentes por la paz. Están distribuidas en todo el mundo y a menudo no se conocen. Comienzan a formarse las redes y puentes que permitirán su unión. Cuando estos individuos se reúnan, crearán una masa crítica positiva que, debido a su fuerza nutricia, atraerá una energía similar.

La sociedad permanecerá en su estado actual hasta que surja una poderosa fuerza para el cambio positivo. Todos somos miembros de la sociedad y tenemos el poder para cambiar, si así lo decidimos. Cada uno de nosotros puede crear una diferencia.

Puedes participar creando una red, solicitando la participación de tus amistades; muy pronto te darás cuenta de quiénes están preparados. A quienes no lo estén, ofréceles tu amor, permanece abierto para ellos y dispuesto a recibirlos cuando llegue el momento.

En tu esfuerzo para conectarte con otras personas, te sorprenderá descubrir que hay muchos "creyentes de *clóset*" que son demasiado tímidos para manifestar sus creencias. Tu contacto con ellos puede ser suficiente para brindarles el apoyo que necesitan para salir a la luz y unirse a ti.

Hoy, en vez de contar con una masa crítica positiva, tenemos una masa negativa que ha ido creciendo con los años. Su origen y apoyo procede de las actitudes que se manifiestan en violencia, desconfianza, ambición, coerción y apatía. Estos estados han engendrado temor, que sirve para reforzar la impotencia de quienes ya se sentían así.

La gente fuerte y poseedora de una elevada autoestima no respaldará a esta masa negativa, ni servirá de víctima. Esto no significa que la masa crítica negativa esté compuesta de individuos malos; son solo personas ordinarias que se sienten indignas o disgustadas consigo mismas. Estos seres enfrentan al mundo mediante la inculpación de los demás, ignorando los problemas o negando lo que sucede.

Por ejemplo, es fácil imaginar que los seres humanos son numerosos, categorías o estadísticas, en vez de personas. Todos leemos que 40 000 personas mueren cada año a consecuencia de accidentes automovilísticos por conductores ebrios, o que 500 personas murieron en un país asolado por la guerra. Es posible que experimentemos un momento de horror y tristeza, pero poco después volvemos a la vida como si nada importante hubiera sucedido. Permanecemos inamovibles. En muchos casos, no adoptamos un curso de acción porque nos sentimos impotentes.

La experiencia es muy distinta cuando uno de esos 40 000 o 500 es una esposa, un marido, un hijo, socio o amigo cercano. Cuando la experiencia es una tragedia personal, nos sentimos conmovidos y solo entonces hacemos algo.

¿Qué debemos hacer para personalizar estas tragedias cuando no afectan a uno de nuestros seres queridos? Si viéramos las estadísticas de los seres humanos en términos de una persona que tuvo un nombre, sueños y anhelos, y que fue padre, madre, hermana, hermano, cónyuge o amigo —que sintió, respiró, pensó, utilizó máquinas, removió tierra, lloró al sentir dolor, sangró por sus heridas y rió con alegría—, ¿no nos sentiríamos identificados?

¿Haríamos más para cambiar la tiranía política, social, económica y personal que es responsable de estas muertes? Creo que sí.

En la actualidad, tal vez "yo" no sea el blanco, pero ¿qué sucederá mañana? Poco a poco nos damos cuenta de que el lugar para iniciar una nueva conciencia se encuentra en cada individuo, en la familia. Es allí donde podemos aprender a amar y valorarnos, lo que se reflejará en la manera en que amemos a los demás. Como he dicho en otras partes de este libro, cuando uno aprecia de verdad la fuerza vital que contiene, no puede hacer algo que lastime a ese yo o al de otros.

Dicho de otra manera, las personas que de veras se aman y valoran, actúan para establecer compromisos y contactos con otros individuos de manera amorosa, respetuosa y realista; utilizan sus energías para desarrollar posibilidades que disfruten todos los seres humanos.

Jamás, hasta ahora, ha existido una sociedad cuya prioridad y principal valor fuera la valía de todos los seres humanos; nosotros somos los primeros en intentarlo. Nuestro futuro en el mundo debe ser tal que todos los países se sientan estupendamente consigo mismos. Esto requiere los mismos aprendizajes que son indispensables para acabar con la guerra y crear la paz. Cada uno de nosotros puede crear una diferencia en este sentido.

Aunque no estamos dispuestos a reconocerlo, todas las personas son manifestaciones conexas de la vida, simbolizadas por la presencia universal de un espermatozoide y un óvulo, y respaldadas por una espiritualidad cósmica. Del mismo modo, todas las naciones tienen un contacto. Las relaciones entre países conforman una trama gigantesca a través de la cual se desplaza la energía de siete mil millones de almas, todos los días y sin cesar. La calidad de esta energía afecta la salud del planeta, del mismo modo que la calidad de la sangre y el oxígeno afecta la salud de una persona.

Creo que la calidad de la energía humana depende del valor que da la sociedad a los individuos, y el valor que estos se otorgan a sí mismos. Las personas fuertes, congruentes y vitales enfrentan los problemas de manera creativa, realista y justa, con las herramientas que la vida pone en sus manos. A lo largo de esta obra, he demostrado la forma como una persona se vuelve fuerte, congruente y vital; estas cualidades están al alcance de todos. Esto hace que la paz también esté a nuestra disposición, una vez que cambiemos nuestra conciencia y nuestra mente. Con este cambio, podremos crear un mundo político y social que satisfaga las necesidades de todas las personas, a la vez que respete las diferencias y forme vínculos cimentados en la igualdad.

25
La familia del futuro

Con el fin de preparar el contexto para analizar a la familia del futuro, retrocedamos en el tiempo y echemos un vistazo a la familia de 1900, al iniciar el siglo XX. Entonces existían dos mundos distintos: uno era de hombres y el otro de mujeres. Había muy pocos puentes de unión entre ellos; el mundo masculino se consideraba superior y fuera del alcance de las mujeres. Era un mundo de competencia, resistencia física, proezas sexuales, hambre intelectual, dominio, dureza, poder, fortaleza y protección de los débiles.

Para cumplir con esta imagen, los hombres tenían que suprimir sus emociones y exagerar su capacidad intelectual y física. Esto los volvía susceptibles a las enfermedades que atacan a las personas que se contienen en el plano emocional. Según las estadísticas, los hombres morían antes que las mujeres desde la Revolución Industrial. Para conservar separados sus mundos, los papeles de hombres y mujeres estaban bien definidos.

El mundo femenino de 1900 era de corrección, suavidad, dulzura, maternidad, atención de los niños, servicio a los maridos y buenas cocineras y amas de casa. Se esperaba que la mujer llenara su mundo con el hogar, el marido y los hijos; lo peor que podía ocurrir a una mujer, en ese tiempo, era quedarse soltera, lo que era equivalente a ser una lacra social; por ello, muchas preferían un matrimonio sin alegría, como el menor de sus males. En la actualidad, las mujeres deciden permanecer solteras si deben elegir entre contraer matrimonio por el simple hecho de casarse, o permanecer solteras. Las mujeres de hoy comienzan a darse cuenta de que ya no están dispuestas a ocupar un segundo lugar.

La mujer de 1900 reprimía su aspecto intelectual para tener posibilidades de casarse; la sociedad sostenía que los hombres no querían unirse a mujeres intelectuales (las mujeres todavía no se han sobrepuesto a esta idea). Solo las más valientes y arriesgadas se atrevían a buscar una mayor educación. Por otra parte, los hombres debían educarse lo mejor posible. En la actualidad, las mujeres tienen libertad para elegir carreras; parte de la ética social es que hoy, hombres y mujeres reciban una educación. Las mujeres de principios del siglo XX debían permanecer vírgenes hasta el matrimonio; por otro lado, los hombres no eran considerados como tales si no adquirían experiencia sexual antes del matrimonio; este doble estándar aún tiene vigencia en ciertas regiones. En la actualidad, la expresión sexual previa al matrimonio empieza a convertirse en la norma en muchos niveles de la sociedad; todavía somos muy inocentes en lo tocante a la expresión de nuestro yo sexual. No hemos encontrado un equilibrio saludable.

La mujer aceptable de 1900 debía salir de la casa de sus padres para entrar en el lecho del marido. Tenía que aceptar el hecho de que su marido se haría cargo de la familia, que sería la autoridad suprema. Las leyes en algunos estados norteamericanos impedían que las mujeres tuvieran propiedades; dependían por completo de sus maridos, padres, hermanos e hijos para realizar transacciones financieras y recibir apoyo. En la actualidad, muchas mujeres son las jefas de la familia o participan en la aportación económica. Al iniciar el siglo pasado, los hombres eran dueños, literalmente, de sus mujeres e hijos; incluso los votos matrimoniales expresaban esta posesión. La mujer debía amar, respetar y obedecer a su marido; él solo prometía amarla y cuidarla. En la actualidad, las personas tienen alternativas para tomar los votos matrimoniales, y las mujeres y los niños ya no son una propiedad legal.

Debido a que las novias de entonces debían ser vírgenes, los maridos estaban encargados de su educación sexual. Sin embargo, no todos los hombres disponían de suficiente información para ser buenos maestros y, en consecuencia, el sexo muchas veces resultaba poco estimulante. Mas esto no importaba, pues las mujeres no tenían el derecho legal de rechazar la sexualidad de sus cónyuges; de hecho, las legislaturas estatales comenzaron a castigar la violación marital solo hasta la década de 1970.

La planificación familiar y el control de la fertilidad eran temas de los que tampoco sabíamos mucho. La abstinencia era el único método de control de la fertilidad; los abortos eran ilegales, muy peligrosos y se consideraban inmorales. Hoy, la planificación familiar es accesible para todos, y muchas personas consideran que el control de la fertilidad es aceptable y deseable. Los abortos son legales en algunos países, aunque aún son objeto de controversia.

En 1900, las familias eran numerosas, la mortalidad infantil muy elevada, y muchas mujeres morían durante o después del parto. Debido a los estragos ocasionados por las enfermedades y los accidentes, muchos hombres también morían a temprana edad. Estos acontecimientos provocaron un gran número de niños huérfanos de uno o ambos progenitores. Como mujeres y niños no podían hacerse responsables de sí mismos, a menudo era necesario formar una segunda familia; cuando moría un cónyuge, la pareja debía casarse de nuevo lo antes posible, para crear lo que he denominado familia mixta.

Hoy es posible que tengamos más familias mixtas que antes; sin embargo, en la actualidad son producto del divorcio y no de la muerte. Esto significa que los hombres a menudo se encuentran en la necesidad de criar a los hijos de otros, lo que origina problemas psicológicos en los padres, así como en los niños. A la vez que eran más los varones que recibían la custodia legal de sus hijos, lo mismo sucederá con las mujeres.

En términos generales, las familias mixtas —de antes y ahora— no han sido consideradas de primera. Empero, debido a que existen muchas de ellas en nuestros días, es necesario esforzarnos para crear una actitud de primera hacia estas familias.

El estigma social también atormentaba a cualquier individuo nacido de una madre soltera. La adopción era una posible respuesta a esta situación; las circunstancias del nacimiento se mantenían en secreto, por decreto legal, con la finalidad de que el niño tuviera una vida mejor.

Muchas jurisdicciones todavía obligan a mantener en secreto la información de los hijos adoptados, aunque en muchos estados de Estados Unidos existen medios para ayudar a las personas a obtener información de su nacimiento. El estigma de nacer de padres solteros aún impera en ciertos lugares; en otros, es tan insignificante que las mujeres solteras en ocasiones aspiran a volverse madres sin contraer matrimonio. Esta costumbre conlleva importantes desafíos para la crianza de hijos saludables.

Al analizar a la familia de 1900, podríamos recibir la siguiente impresión: Los hombres estaban en situación dominante; las mujeres eran serviles, dependientes y tratadas como inferiores —de hecho, se esperaba que lo fueran—. La relación más común era de dominación y sometimiento y podía ser benigna o maligna. Aunque las mujeres eran la esencia misma de la familia, este papel se consideraba inferior al de los hombres. Las emociones, el corazón y el alma no tenían mucho valor en las cuestiones mundanas.

Esto ha empezado a cambiar. La nueva información médica y psicológica demuestra, sin sombra de duda, que la longevidad y salud de los varones requiere una manifestación abierta y sincera de sus emociones (por supuesto, esto también se aplica en el caso de las mujeres). Los papeles de hombres y mujeres también han cambiado de manera importante en lo concerniente a la igualdad de poder y valor. Los estereotipos de varones dominantes y mujeres sumisas comienzan a ser desplazados por relaciones de igualdad. Algunos hombres todavía se sienten amenazados por esta situación; no están seguros de cómo tratar a las mujeres que desean detentar un poder equiparable al suyo, y tampoco conocen los posibles beneficios que derivarían de esta condición. Los muchos otros que han podido superar sus entrenamientos anteriores, experimentan una mayor libertad personal; para su satisfacción, tienen la posibilidad de compartir las responsabilidades y cargas que antes debían enfrentar solos.

Hace poco escuché esta conversación entre dos hombres que se encontraban sentados detrás de mí en un avión. El tema era muy delicado, lo que tal vez explicaba las prolongadas pausas que seguían a sus comentarios:

Primer hombre: ¿Tu mujer está mezclada en eso de la liberación femenina?
Segundo hombre: Sí.
Primero: ¿Qué te parece?
Segundo: ¿De veras quieres saberlo?
Primero: ¡Sí!
Segundo: Me encanta. Solo tengo dos piernas; hasta que mi mujer encontró las suyas, tenía que actuar como si tuviera cuatro. Ahora somos compañeros de verdad.

Considero que el naciente equilibrio entre hombres y mujeres es tan estremecedor como el descubrimiento de que el mundo es redondo y no plano. Tendrán que sucederse muchos cambios antes de que la mayoría de las personas sepan defender y lograr la igualdad de valores en sus relaciones. Cuando alcancemos esta igualdad, la familia se fortalecerá y podremos educar personas más competentes. Los niños que crecen con modelos de igualdad masculina y femenina tienen mayores posibilidades de convertirse en adultos completos. A su vez, estos adultos podrán funcionar como padres y guías que produzcan adultos saludables. Este logro representará un acontecimiento monumental y confirmará que el desarrollo humano se encuentra en el camino positivo.

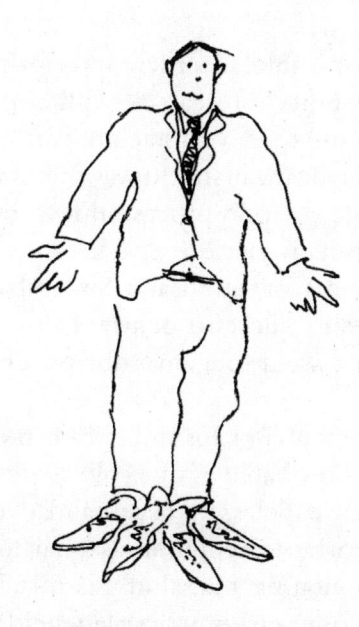

Con el fin de acelerar este desarrollo, necesitamos remodelar nuestras percepciones espirituales, psicológicas, emocionales, sociales, físicas, legales e intelectuales. Hasta hoy, hemos tenido pocos parámetros y modelos de igualdad entre los individuos: hombres y mujeres, jóvenes y viejos, blancos y negros, ricos y pobres. El ideal se encontraba en nuestros corazones, mas no en los actos. Nos hemos hundido en la conformidad y la obediencia, en la subordinación y la superioridad, en el sometimiento y la dominación durante tanto tiempo, que a veces tenemos la impresión de que tal es el estado natural de las relaciones humanas.

Ahora necesitamos aprender más de la igualdad y cómo, dentro de este contexto, podemos conceptualizar y vivir con autonomía, libertad, responsabilidad, capacitación, dirección, tomando decisiones y resolviendo satisfactoriamente los conflictos. Es necesario que seamos pacientes y creativos para provocar estos cambios.

Vivimos una época cambiante y selectiva. El caos actual, en particular en lo tocante a la familia, es fundamental para dar el siguiente paso en la evolución y convertirnos en seres más humanos. Hemos dejado una huella en el estado actual de las cosas.

Cuando ocurre un cambio, el orden anterior se altera y aparece un periodo turbulento. Durante este caos, es difícil percibir lo que hemos logrado, y se presenta un nuevo obstáculo para el progreso acelerado cuando la gente trata de alcanzar sus nuevas metas utilizando un proceso anticuado. El aprendizaje de todo proceso nuevo requiere tiempo.

Las familias siempre han querido ser felices y saludables; han deseado una vida más plena y de mayor significado. Sin embargo, son pocas las personas que de veras esperan que esto ocurra. Hoy estamos más cerca que nunca de desarrollar a la clase de personas que pueden permitir estos acontecimientos.

Hace poco más de cien años los individuos no se habrían preguntado si eran felices; lo más probable es que solo tuvieran conciencia de que vivían correctamente sus papeles. En la actualidad, el cuestionamiento de la felicidad es muy importante; empezamos a darnos cuenta de que la felicidad es un elemento vital para la salud y la fortaleza. Todavía no componemos una sociedad que sepa practicar la felicidad y, al mismo tiempo, sea cada día más competente. Muchas personas aún actúan como si la felicidad redujera su incentivo para trabajar con ahínco.

A principios del siglo XX, la única forma familiar que recibía la condición de primera clase era aquella en la que un hombre y una mujer se elegían mutuamente y permanecían unidos hasta su muerte. El reto actual es lograr que cada familia, y cada persona que componga dicha familia, se sienta de primera. Hay miles de individuos felices y bien adaptados en todas las formas familiares. También existen miles de personas que viven en familias que no funcionan bien. La diferencia no radica en la forma, sino en las relaciones que se establecen dentro de la familia. Necesitamos reemplazar, específicamente, el estilo de relación dominante-sumiso.

Las relaciones exitosas pueden describirse de una manera muy simple: Dentro de la familia, los adultos trabajan en equipo, permanecen abiertos a los demás, demuestran su presencia como individuos y su respeto y estimación por los miembros restantes. Tratan a los demás como seres únicos, tienen conciencia de sus semejanzas y edifican su relación sobre este fundamento, a la vez que crecen y aprenden de sus diferencias. Modelan las conductas y valores que desean enseñar a sus hijos. La resolución de conflictos (que tiene que ver con las diferencias) se convierte en un vehículo que favorece un nuevo desarrollo. La nueva generación aprende a actuar así desde la infancia, observando el ejemplo de los adultos. Para poner en práctica lo que predican, para modelar de esta manera, los adultos tienen que haber desarrollado un elevado grado de autoestima.

Para vivir en concordancia con nuestra naturaleza superior, es útil que aprendamos a sentirnos iguales a los otros seres humanos. Nuestro largo historial de dominación y sometimiento quizá represente el principal impedimento para entrar en contacto con nuestra naturaleza superior; para vivir así, hemos tenido que dividirnos y vivir con las formas negativas del poder, más que con el amor y el respeto de la espiritualidad propia y de los demás. Cuando los adultos de hoy aprendan a ser personas más íntegras, proporcionarán modelos para adultos nuevos y más humanos en el futuro, y crearán así grupos familiares más fuertes. Entonces se romperá la antigua cadena y surgirá una nueva manera de ser.

Creo que el camino para alcanzar nuestro yo superior se encuentra en el desarrollo de una mayor autoestima, y esto depende de la familia. Como terapeuta, he observado que el fundamento para la liberación de los síntomas y el surgimiento de la salud ha sido el desarrollo de una elevada autoestima individual. Yo, al igual que muchos otros, he demostrado una y otra vez este concepto. Muchas personas llevan vidas más acordes con sus naturalezas superiores. *Todas las personas pueden aprender a actuar en concordancia con sus naturalezas superiores.* El primer paso es cambiar nuestras percepciones negativas a positivas.

Tal vez algunos crean que es demasiado pedir que todos los habitantes del planeta aprendan a tener una autoestima elevada. Otros más presentarán objeciones sobre la base de que la conducta humana actual representa a la naturaleza humana. Quiero expresar mi desacuerdo con esto. La conducta humana representa, a grandes rasgos, lo que el ser humano aprende, enseña y modela, y *no* es una manifestación del potencial humano. Necesitamos cambiar las percepciones y confiar en las posibilidades de la humanidad.

Cada uno de nosotros puede vivir este cambio; tenemos que partir del punto en que nos encontramos con el fin de que la familia se convierta en un sitio maravilloso para la enseñanza y la práctica.

Presenciamos el nacimiento de otra evolución en la historia de la humanidad. Jamás hubo tantas personas tan desalentadas e insatisfechas con el estado actual de la condición humana. Al mismo tiempo, empiezan a surgir muchos centros de fuerte energía creativa en todo el mundo. En apariencia, la necesidad principal es la de mayores sentimientos de autoestima individual, más relaciones sinceras y amorosas con los demás y la creación de contextos adecuados.

Creo que somos testigos del fin de las relaciones interpersonales establecidas mediante la fuerza, la dictadura, la obediencia y las categorías estereotipadas. Hoy comenzamos a relacionarnos a través de la cooperación, la elección, la dirección capacitadora y una comprensión real de la necesidad de ser más plenamente humanos.

Recordemos que las actitudes anticuadas, tradicionales, arraigadas y conocidas desaparecen con lentitud. Necesitamos ser pacientes y, al mismo tiempo, lo bastante osados para reunir el valor necesario y seguir avanzando. Podemos encontrar inspiración en nuestra compasión e inteligencia. Estoy trabajando en el aspecto nutricio de los nuevos estilos, y te invito a participar conmigo. Si alguna parte de este libro tiene lógica para ti, ya has iniciado el camino. Al acercarnos a la consecución de la autoestima individual, la familia se verá fortalecida. A su vez, esto producirá una sociedad más madura, donde las personas puedan disponer de diversos medios creativos para disfrutar su vida, encontrando un mayor significado en ella y volviéndose más responsables en el aspecto social y personal.

Si, como espero, son más los individuos que comprenden lo que es ser verdadera y completamente humanos, y desarrollan medios para que esto ocurra, el futuro de la familia será muy alentador. Son cada vez más las personas que saben lo que es sentirse plenas y reales, que saben amar y ser amadas, ser productivas y responsables, y que consideran que el mundo es un mejor lugar porque se encuentran en él. Cuando imagino como será la gente del futuro, creciendo en familias nutricias que habitan un mundo nutricio, experimento una avasalladora sensación de asombro y reverencia.

Acerca de la autora

Virginia Satir (1916-1988) es una de las fundadoras de la terapia familiar y se encuentra entre las diez líderes más influyentes del campo de la psicoterapia. Después de trabajar como profesora en varias escuelas públicas se graduó de la maestría en Trabajo Social en la Universidad de Chicago.

Su primer libro, *Conjoint Family Therapy*, fue publicado en 1964. Su segundo libro importante, *Peoplemaking*, salió a la luz en 1972. Es también coautora de numerosas obras que explican su perspectiva sobre la terapia familiar, la psicoterapia, y cómo convertirse en un ser humano mejor y más completo.

Después de su trabajo en el Mental Research Institute y el Esalen Institute, en California, se hizo preparadora, directora de talleres y consultora de gobiernos, instituciones de educación superior y asociaciones profesionales en todo el mundo. La mayoría de lo que cuenta en este libro está tomado de transcripciones de sus talleres y programas de entrenamiento.

Nuevas relaciones humanas en el núcleo familiar
se terminó de imprimir en la Ciudad de México en
agosto de 2022 en los talleres de Impresora Peña Santa S.A.
de C.V., Sur 27 núm. 457, Col. Leyes de Reforma, C. P. 09310,
Ciudad de México. En su composición se
utilizaron tipos Bembo Regular
y Bembo Italic.